U0519116

谨以此书献给创刊卅载的

《中国知识产权报》（原《中国专利报》）

暨纪念本书作者新闻生涯三十春秋

知识产权新闻十堂课

刘鸿锋题

刘瑞升◎著

知识产权出版社
全国百佳图书出版单位

图书在版编目（CIP）数据

知识产权新闻十堂课 / 刘瑞升著 . —北京：知识产权出版社，2018.4

ISBN 978-7-5130-5505-5

Ⅰ . ①知… Ⅱ . ①刘… Ⅲ . ①知识产权—新闻采访—基本知识②知识产权—新闻写作—基本知识 Ⅳ . ① G212

中国版本图书馆 CIP 数据核字（2018）第 062566 号

责任编辑：孙　昕　　　　　　　　　　责任校对：潘凤越

文字编辑：阎　庚　　　　　　　　　　责任出版：刘译文

知识产权新闻十堂课

刘瑞升　著

出版发行：	知识产权出版社 有限责任公司	网　　址：	http://www.ipph.cn
社　　址：	北京市海淀区气象路 50 号院	邮　　编：	100081
责编电话：	010-82000860 转 8111	责编邮箱：	sunxinmlxq@126.com
发行电话：	010-82000860 转 8101/8102	发行传真：	010-82000893/82005070/82000270
印　　刷：	三河市国英印务有限公司	经　　销：	各大网上书店、新华书店及相关专业书店
开　　本：	720mm×1000mm　1/16	印　　张：	24
版　　次：	2018 年 4 月第 1 版	印　　次：	2018 年 4 月第 1 次印刷
字　　数：	320 千字	定　　价：	58.00 元

ISBN 978-7-5130-5505-5

序

一

记得去年记者节的时候，刘瑞升打电话给我，说，他正在写一本与本职工作有关的书，待差不多的时候拿给我，请我作篇序。他说了几个理由，有两三条还记着：一个是说我曾在《农民日报》工作，是新闻前辈；二是我是他徐学研究的引路人，是他的师父。新闻前辈不敢当，徐学研究倒是比瑞升早些时候。

一晃儿，我们相识得有十二三年了，与瑞升接触多，了解他，认同他，我就答应了。

一

那是2004年8月、9月的一天，中国徐霞客研究会秘书长曲兴元招呼我说，有一个在报社工作的年轻人，准备重走霞客路，他希望和咱们见个面。当时我还任《徐霞客研究》（以下简称《研究》）主编，心想，认识一下这个新闻同行，以后请他为《研究》多写些文章。于是与瑞升相识了，聊了几句后，我就喜欢上他了。

转年的10月，研究会邀请瑞升参加在江阴举行的两年一届的徐霞客国际学术研讨会，在会上他用幻灯片的形式图文并茂地讲述重走霞客路的经历，受到与会者的好评。这以后便与瑞升的接触多起来，他不仅成为《研究》的撰稿人，还积极参与其中，这正是我希望的。

他每年都要利用工作之余自驾车走徐霞客的路，一直到2013年才结束，前后出行十几次，合计200多天，累计五六万公里啊！他不是走完就完了，还要形成文字。瑞升是一位"快笔头"作者，自打与他认识，几乎每期《研究》都有他的文章，有的还很有新闻性，比如，他发现了沈松泉校点本《徐霞客游记》，上面有梁启超作的代序，这个版本是20世纪20年代出版的，被湮没在时间的长河中。我约他整理篇文章，于是《沈松泉校点〈徐霞客游记〉史料》一文，在第15辑《研究》上刊登，这个版本的发现，在徐学界引起了不小的轰动呢。

在徐学研究领域一发不可收的瑞升，接二连三地给我惊喜：《徐霞客 丁文江研究文稿》《跟着徐霞客去旅行Ⅰ》《木府血脉》出版发行了。这不，为纪念徐霞客诞生430周年而著的《徐霞客游记书影》马上就要面世，这部囊括了他多年收集的一百七八十部《徐霞客游记》版本的著作，是徐学研究的重大成果。不怪刘汉俊先生曾经称赞瑞升是"徐学界的'徐霞客'"（见《徐霞客 丁文江研究文稿》序一），意思是说他用徐霞客的精神研究徐霞客，体现了一种当今社会尤其需要推崇的精神和学风。不久前，听说他把多年来拍摄的徐霞客游线上的图片无偿地奉献出来，与徐学同人一道，以中国徐霞客研究会的名义编辑《徐霞客游线图文集》。我猜想，这一定是一部别具特色的作品。

后来，瑞升被补选为研究会副秘书长，还担任《研究》的编委。2015年3月，中国徐霞客研究会新一届领导班子产生，瑞升担负起副会长的重任。

二

如果把瑞升的徐霞客研究冠以"业余爱好"的话，那么新闻采访与写作，做记者当编辑，就是他的本职工作了。

不久前，30多万字的《知识产权新闻十堂课》样书摆在了我的案头，这部书稿，让我认识了一个新的瑞升。回顾与他这十余年的交往，我们谈的话题几乎都与他的本职工作无关。这本书让我知道了他的另一面——一名敬业的新闻记者和一个管理者。我从书稿里寻到了他的工作轨迹：

《感言世纪行》编者按如是说：

本报记者刘瑞升，1999年11月至2001年4月，以自行车为伴，走过大江南北，长城内外，完成了"中华知识产权世纪行"活动，骑程达9500多公里。其间他采访了数百个单位，发表新闻稿件近百篇。此番感言，记载了他途中对知识产权问题的进一步思考和对人生新的感悟。

好一个"大江南北"，好一个"长城内外"，一人一车独行祖国大地，快哉的同时伴着的一定是艰辛啊！

从他1989年刚入新闻行当不久写作的《亚运礼品，从这里诞生》，就能够看出瑞升的新闻潜质。这篇只有1000字的通讯作品，讲的是座包凭着专利技术而成为受欢迎的亚运会的礼品。不仅在见报当日就在中央人民广播电台早晨的"新闻和报纸摘要"节目中播出，而且获得首届全国专利好新闻一等奖第一名。

瑞升的另一篇作品《春城无处不飞花》也吸引了我的视线。如其所言，他借助中国绘画散点透视的方式写作，多视点、全方位报道了昆明几天内发生的不同内容的新闻事件，包括全国书市、全国发明展览会、颁发科学技术大奖，还有发明创新的学术交流活动等。他把一场"盛会"中多内容、多头绪梳理成符合《中国知识产权报》需求的新闻稿，是一件很不易的事情。这种全面把握较为复杂新闻事件的例子还有很多，比如《此"冠生园"非彼"冠生园"》《感言世纪行》等。还有《西部资源优势转变成经济优势》《江苏的专利故事》《访湘专利手记》《赴澳大利亚培训工作札记》等系列报道，既有高屋建瓴的宏观把握，又有微观的细节叙述。我以为，如果没有对政策的深刻理解、对新闻事件合乎逻辑的解析及深入实地扎实的采访，是不可能有这样的新闻作品问世的。

令我惊叹的是，瑞升的这部书稿，举的所有新闻作品的例子，都是他自己发表的作品，即或别人的作品，也是报道他"世纪行"活动的文章。书中涉及了各种新闻体裁，包括绝大多数记者不曾涉猎的日记体新闻。我看到新闻摄影也单为一课，翻看后得知，瑞升也是拿自己的新闻图片为例的。瑞升简直就是一个全能的做记者的人才啊！

瑞升从事记者职业成绩斐然，而担任报社通联记者部主任以后，转型为一名管理者，同样很出色。按他自己的话说，十多年来，举办文字和摄影通讯员培训班三四十次，学员涵盖除中国台湾地区外所有省份。估计得有两三千人次参加过培训，这些通讯员都听过他的新闻课。其自序《我以我心荐新闻》的题目，足以说明他对新闻事业的执着，对培养通讯员工作的热爱。

而以他和他的同事们开创的学习和实战相结合的培训方式，即：新闻知识讲座—企业采访—写作业—作业点评—优稿见报，瑞升称之为"急就印"式的速成班，也非常值得新闻同行学习。真心为瑞升用心、用意、用情的工作作风点赞。

三

很是欣赏瑞升把本职工作与业余爱好完美"结构"在一起。结构本是建筑学的术语，后来借用到写作中，表现文章的布局艺术。瑞升布局的这篇"文章"，结构有特点、有创意，是值得尊崇的，其实也是可以当作样板推广和学习的。我喜欢瑞升所言"人的一生，在干好本职工作的同时，做一两件自己喜欢的事"。如此这般，在人生终极的时候应该就无憾了。

最近在微信上看到一篇关于"斜杠人生"的短文,其大意是在本身的职业之外,要拥有多重身份,在文字表述时,以斜杠分隔。比如:某某,记者/律师/画家/某市摄影家协会主席。想要成为斜杠人士,必须在本职工作上足够突出,而一条条斜杠后面的"爱好"也必须是专业级别的。

我以为瑞升是一位斜杠人士,他的本职工作可圈可点:仅通过他的《知识产权新闻十堂课》,就能够看到他是如何爱本职。20多年来,稿子写了七八十万字;十二三篇新闻稿获得过好新闻奖;单骑完成"中华知识产权世纪行";出版新闻作品集《专利情怀》和《上道就好》。他把本职工作干得风生水起、有声有色。

瑞升的业余爱好也是一般人难以企及的:他把读书与行走有机地结合在一起,丰富了他的旅行内涵。出版了几部独特的著作,堪称旅行作家——虽然他从没有这么自称过,也从来没有给自己冠上什么名头,但其作品不仅质量高,数量多,且受到不少专家学者的关注。比如,《跟着徐霞客去旅行Ⅰ》,有江牧岳(曾担任中国徐霞客研究会执行会长、中国日报社首任社长、中国记协书记处书记、中国旅游文化学会会长),张宏仁(曾担任中国徐霞客研究会会长、地矿部副部长、中国地质学会理事长、国际地质科学联合会主席),艾若(曾担任中国徐霞客研究会文化艺术委员会副主任、中国作家协会鲁迅文学院副院长兼教务长)写就的序文;《徐霞客 丁文江研究文稿》,有刘汉俊(中国徐霞客研究会副会长、中国作家协会会员、《党建》杂志社社长),曹立波(中国徐霞客研究会副会长、中央民族大学教授、中国红楼梦学会常务理事)的序;《木府血脉》,有白庚胜(国际纳西学学会会长、中国作家协会副主席)作序;《徐霞客游记书影》,有朱惠荣(云南徐霞客研究会会长、云南大学博士生导师)的序文。

瑞升说,他请作序的这些人士,都是与这本书内容相关的专家学者。比如白庚胜先生,纳西族,著作等身,请其为纳西族文献类的著作《木府血脉》作序,再恰当不过了。同样,凡是为他徐学著作作序的作者,都是徐学研究领域里的专家。此刻,他们的行政职务仅仅是"配角"。瑞升告诉我,从序作者的身份可以看出都是或工作繁忙或年事已高的"行家",但所有序文,都是他们心血和汗水的结晶,这让瑞升很感动。在翻阅瑞升的几部著作时,我发现并非中国作家协会会员的瑞升,竟然有3位作协的人士为他撰写序文。

与瑞升接触，我很愉快，我喜欢这个充满活力的"年轻人"。我与他的年龄相差30多岁，在与他的交往中，从来没有什么代沟的感觉。他待人很谦恭，做事很热忱，我很欣慰。在他身上，我看到他的责任感、使命感，还有奉献精神。瑞升肯干事，能干事，他在本职工作和业余爱好方面干成了一些事，这可以算作是他的优秀品质对他的一种回报吧。

时代在变迁，社会在进步，价值观可以多元化，但我想，一个人，一个民族，如果没有优秀品质，是很难获得成功的，是很难受到尊重的。一个人，一个民族的优秀品质，不应该被忽视，而应当永远被珍视。

这篇稿子是我用了好几天的时间断断续续写出来的。近几年写东西已经大不如前了。说是序实不敢当，充其量是一篇很不全面的读后感。这些心里话是我"听"了《知识产权新闻十堂课》后的感受。写出来，也是一种纪念——纪念我与瑞升有幸相识且延续了十几年的友谊。

九十一叟

黄 实

2017年1月

记于北京万寿路寓所

（作者系原《农民日报》新闻研究所所长，原中国徐霞客研究会副会长兼秘书长、《徐霞客研究》主编。2017年8月7日逝世。）

序

二

其实，这篇序言的写作，是从一场"误会"开始的。瑞升说，他把他前些年的作品，攒了个集子，请我作序。作为有着多年紧密工作关系的同事，在这个问题上似乎没有多少客气的余地，于是没等他把话说完，我就急忙表示了同意。现在，等我坐下来，开始认真阅读这本书的时候，才发现，这根本就不是一本作品集，而是一部集作品与作品分析于一体的新闻普及类读本。

现在，大家都已看到，这本书的书名叫作《知识产权新闻十堂课》。光看书名，就已经让我足够兴奋的了。兴奋的原因，在于它开宗明义，在出书的意义上，率先打出了"知识产权新闻"这面旗帜。那么，为什么此举如此值得称道呢？那是因为，新闻是一个大家庭，如同科技新闻、法制新闻和体育新闻一样，知识产权新闻也是新闻这一属概念之下的种概念。然而作为最年轻的家庭成员之一，知识产权新闻确有其从潜到显的紧迫需求。

20世纪80年代，随着改革，国家废除了实行多年的单一党报体制，允许各行业主管部门都可以办一份报纸。于是一时间，数以百计的行业报，如雨后春笋般涌现，其中就包括了中国知识产权报的前身中国专利报。几乎就在同一时段，随着开放的深入，中国开始大规模从国外引进技术、品牌和艺术作品。在西方，这些智力劳动成果的创造者被赋予某种法定权利后，这些权利被统称为知识产权。于是，为了统一游戏规则，中国开始建立知识产权制度。然而，与新闻大家庭中的绝大部分行业新闻不同，知识产权新闻从呱呱坠地的那一天起，就注定要担负起事关民族振兴的重大职责，即让知识产权制度在中国尽早生根、开花、结果。当今世界，知识产权已日益成为企业和一个国家发展的战略性资源，以及国际竞争力的核心要素。谁拥有的知识产权越多，谁就抢占了发展的制高点。三十多年的实践表明，知识产权是实现中国梦的必经之路；知识产权事业的高歌猛进，离不开知识产权新闻的保驾护航。然而，要想让知识产权新闻不断地为知识产权事业输送能量，就要像其他老的新闻种类一样，在大量实践的基础上，通过不断地挖掘其功用、辨识其优势、寻觅其规律，进而从采写到编辑，从实操到理论，从感性到理性，尽快建立起一整套属于自己的知识体系与价值体系，从而使其早日羽翼丰满。正是在这样的背景之下，该书的问世，不仅使知识产权新闻这一概念被广为传播，也使得知识产权新闻的全面打造，有了良好的肇端。由此我也坚信，只要有了一，一就能生二，二就能生三。

与一本作品集明显不同的是，普及类读本的作者，不能仅仅提供自己的得意之作，而是要拿出更适合解剖之用的作品。因此出这样的书，方方面面的难度都会加大。然而我们看到的是，作为分析对象之用的作品，笔走龙蛇，几乎篇篇佳作；对所有作品的解构，慎重缜密，也是丝丝入扣。据此统观瑞升的新闻成就与新闻理想，虽属管窥蠡测，却仍然可以说，在相当程度上折射出了我报那一茬儿老报人的光荣与梦想。

时刻想着"科普"，瑞升在观念上领先于大家的，正是他的培训意识。行业新闻的命运，除了行业的状态以外，很大程度上取决于新闻来源的质量。这种质量既包括了信息来源的广度、深度和密度，还包括了信息持有者对新闻的理解与运用的程度。换句话说，就知识产权新闻而言，要想加大我们对知识产权事业发展的贡献度，除了对报社编辑记者队伍的打造以外，对全国广大通讯员的培训，就成为事关重大的当务之急。

这使我想起了十六年前。当我们刚刚开展本报通讯员的培训工作的时候，没有任何的经验可资利用，没有任何的资讯可供借鉴。完全凭借对事业的忠诚，和对未来的期许，本着"少花钱多办事"，以及"一次培训效益最大化"的原则，我们创立了"老师授课—新闻实战—总编讲评—优者见报"的培训模式，极大地激发了每一期学员的学习热情，他们中的很多人都把参加过这样的学习视为一份光荣。而我们，也把这一模式坚持到了今天。作为当时创建了这一模式最主要的三人之一（另一人为报社的杜颖同志），可以说，培训意识，已深深地植入了瑞升的脑海。因此，从某种意义上说，这部书的出版，有其逻辑上的必然。

在国内新闻界，一直就有"社会责任"之说。这部书的面世，恰恰验证了社会责任的刚性功效。可以说，对每一名新闻从业者而言，有了社会责任，不一定能成事；但如若丧失了社会责任，则必将一事无成。

是为序。

张岳庚

2017年6月3日

（作者系《中国知识产权报》执行副总编辑，高级编辑。）

自序

有朋友，特别是"徐学界"的朋友问我，你写了好几本研究徐霞客的大部头，好像整天价没别的事儿似的。我赶紧解释说我是有"组织"的，而且挺忙。俗话说"干什么吆喝什么"，自我感觉本职工作"吆喝"得还不错呢：早年从事新闻采访，一年得有半年在路上，熬夜赶稿是家常便饭；后来到通联记者部做管理工作，其中一个重要的工作就是对通讯员进行培训。

从举办第一期培训班至今已有十四五个年头了，我一直担任主持人的角色。每次培训班开始，我都会有一个大同小异的开场白，大意是说很高兴与来自全国各地的通讯员朋友一同就新闻体裁与新闻采访进行交流。

接着，我讲："此次培训班我们仍采用学习和实战相结合的方式，即：新闻知识讲座—企业采访—写作业—作业点评—优稿见报。这种'急就印'式的速成班，已被实践证实，效果良好。一批批新秀不断脱颖而出。"

这里要解释的是由我和我的同事独创、屡试不爽的培训模式：第一天授课，分别将消息、通讯、评论、摄影一股脑地灌输给学员。第二天上午，分若干个小组到三四个企业采访；下午学员写一篇作业，消息、通讯或言论不限；晚上交作业。本报副总编辑张岳庚先生连夜逐篇批改。第三天上午，由张岳庚进行点评。最后从每个小组选一篇比较优秀的新闻稿，刊登在本报上。

培训班上评论的讲座，是由本报资深记者且一直是负责本报评论部的王少兄先生担任，他曾在《中国冶金报》工作，新闻业务能力颇强；担任摄影讲座的是本报在新闻界名声显赫的摄影记者王文扬，他获得过全国摄影金像奖等大奖；消息的讲座由与我一个部门的记者杜颖负责；曾在《中国青年报》工作的张岳庚是一位优秀的新闻工作者，几种新闻体裁都能自如道来。期间，本报记者安宗翰先生还讲过"特稿"等。在人马齐备的时候，我主要介绍通讯的写作及新闻采访方法。

随着培训工作的不断扩展，一些记者站或通联站不定期地也会举办本地区的通讯员培训班。大凡我去的时候，消息、通讯等各类新闻体裁和摄影全方位开讲。特别是摄影，我以一个非摄影记者的身份，用通讯员的视角与他们交流我拍的新闻图片，畅谈拍摄感受，很接地气，通讯员也比较喜欢。

在本书中没有"评论写作"的内容，第一是因为写作评论的通讯员少之又少，且后来取消了评论的讲座。之二是本人在报社多年没有写过几篇评论文章，故不足以支撑起一讲的篇幅。其实，评论是一张报纸水平高下的重要体现，评论是报纸的旗帜，是报纸的灵魂。本人不才，无以在评论上有几分自己的"言论"。

话再转到本文开始，为鼓励参加培训的学员回到工作岗位积极为本报投稿，我在每次的开场白中还会说："报社在每年的全国通联工作年会上设有一个'新人奖'，表彰那些在该年度涌现出来的优秀通讯员。根据往年的经验，可以肯定地说，通过这次培训班，在座的诸位中，一定会有学员成为今年年会上的'新人'。我衷心地希望在年会上我们能够第二次握手。"（掌声）

·3·

《中国知识产权报》（原《中国专利报》）1989年创刊，至今已近30个春秋，我从始至今与其同行，从没有改弦易辙、另谋他就的想法。我一直认为，记者是最适合我的职业。这些年，稿子写了七八十万字，还有十二三篇新闻稿获过几个不大不小的奖。自认为还是有些新闻写作与采访的经验及体会的。在培训班上，把自己从业经验梳理出条条款款，与通讯员分享，确是一件非常惬意的事情。

屈指一数，至今举办文字或摄影通讯员培训班三四十次之多，学员涵盖除台湾地区外所有省份。估计得有两三千人次参加过培训，这些通讯员都听过我的新闻讲座，其中还包括为各省自办班的授课。

本书是我在培训班讲义基础上整理而成。出版的目的有二：一是为了感谢，感谢《中国知识产权报》对我的栽培；二是为了留下一些经验和体会——如果说对后继的通讯员有一点点帮助的话。

本书有以下四个特点：

之一，这部新闻写作讲义，准确地说是写作知识产权新闻的心得，完全是围绕着知识产权进行的，是一本纯粹为知识产权新闻宣传服务的经验、经历之作，是知识产权新闻采访与写作普及读本。从《知识产权新闻十堂课》的书名就可知晓其内容。

之二，我试图通过9种新闻表现形态，把自己积累的经验和体会与通讯员分享。我讲述的内容都是我亲身的经历，且以换位思考来考虑假如我要是一名通讯员希冀获取什么样的新闻知识。可以说这是一本实用手册。

之三，本书涉及的新闻体裁，包括消息、通讯、专访、专题、日记体、人物通讯及系列报道等，所有的例文均是我自己的新闻作品，且是在报纸或杂志上发表过的。另选用的部分其他记者或通讯员的文章，均与我有直接的关联，比如其他记者对我之"中华知识产权世纪行"活动的报道。新闻摄影课，除赏析一节是选用《中国知识产权报》摄影记者的作品外，余下的图片均是我拍摄的且在报纸上发表的。

之四，本书都是新闻实践中需要的"干货"，没有论述新闻观及记者职业道德等方面的内容，其实新闻观等内容是一个新闻从业者必须了解与遵守的，在其他有关新闻写作的书籍中论述都很全面，故此，在这本书中没有做过多的阐述，特别说明。

第十堂课的内容是关于文献综述的撰写方法与基本规范，这是受邀为中国专利信息中心《知识产权与信息化》编辑培训时的讲座提纲。后来发表在博客里，在写作这本书的时候，无意间发现三四年间竟然有7000多次的访问量。文献综述的撰写与新闻的写法看似不属一类，但相互有借鉴参考之处。在知识产权领域，做一名记者了解专利文献的使用也是必要的，况且，如果能够掌握一两种其他文种的写作，对新闻写作也是有帮助的。

附录部分主要收入了三个方面的内容，一是通讯员习作，二是通讯员随笔，三是《通联工作简报》摘登。所谓习作，就是学员的作业，文章略显稚嫩，但他们的新闻意识、写作潜质是显而易见的；而随笔则是部分通讯员对参加培训班的感受，情真意切，值得存照；《通联工作简报》是我担任通联记者部主任后，创办的一份旨在与各站进行交流的内部刊物。

· 4 ·

我把自己的全部身心投入到《中国知识产权报》上，与其一起成长。对这份报纸的深厚感情无以言表。正是依托这份报纸，我实现了一个个梦想：单骑全国9500多公里，实施中华知识产权世纪行，采访报道全国各地的知识产权新闻；《亚运礼品，从这里诞生》《专利战争》等多篇新闻稿件获得全国专利好新闻奖或中国产业报协会好新闻奖；业余时间研究徐霞客、丁文江等历史人物；重走徐霞客之路；考察红二十五军长征之路等。出版新闻作品集《专利情怀》《上道就好》，还有《徐霞客　丁文江研究文稿》《跟着徐霞客去旅行Ⅰ》《木府血脉》《在长征路上旅行》《徐霞客游记书影》等专著行世。

《在长征路上旅行》一书的后记中我曾写道："其实，当一名真好的记者是很难的一件事，意味着一种责任，一种担当，一种勇气和不怕吃苦勇于牺牲的精神。还要具有自由的思想境界，独立的思考能力。"我知道，自己距离一名合格的记者相差甚远，但我始终没有放弃这个追求！

此时此刻，我要说，没有《中国知识产权报》就不会有我的今天。我以我心荐新闻，我把青春献给了知识产权宣传事业。这张报纸也给了我巨大的回报，为我提供了一个发挥个人潜能的舞台。今天写作这本小书，就是我向《中国知识产权报》郑重地报告：

瑞升一直在努力！

瑞升为有幸服务于《中国知识产权报》而骄傲！

瑞升今天交上一份作业——可视为奋力耕作后的一颗果实。

借这本书的问世，瑞升由衷地向《中国知识产权报》致以崇高的敬意！

最后以朋友井水余赠瑞升的一副嵌名联作为结语，我深知过誉了，谨当作鼓励，鼓励我再接再厉，不断进取：

耿耿忠心，披肝沥胆新闻路；

蒸蒸瑞气，水起云升壮举图。

刘瑞升

2017年1月

北京市海淀区花园路七号

新时代大厦508室

中国知识产权报社通联记者部

知识产权新闻十堂课

目录/CONTENTS

I

第一课
消 息

一、消息的基本特征

（一）什么是消息

这里说的消息，就是人们通常所称的新闻，它是一种以简要文字迅速、及时地报道事实的新闻体裁。报纸上发表消息时，通常有电头或"本报讯"字样。

消息不提倡记者直接抒情或议论，而是注重用事实说话。常规消息的结构是倒叙，俗称"倒金字塔结构"。通过导语，将新闻事件的结果、新闻事件的精要，首先呈现给读者。继而在主体部分，充分引入与主题相关的事实，对导语作具体全面的阐述，以达到体现消息主题思想的目的。消息这种新闻体裁是报纸、广播和电视新闻的主角，其他新闻报道方式，如通讯、新闻评论等都是它的发展和补充。

（二）消息与通讯的区别

1. 消息的特点

消息一般报道事实比较单一，突出最新鲜、最重要的新闻事实，文字简洁，时效性最强。通常以叙述为主要表现手法，着眼新闻事件的"概貌"。消息可以及时地使受众了解到某一新闻事件概括性信息。

2. 消息的基本特征

简明扼要，迅速及时。

3. 通讯的特点

通讯是一种全面、详尽、生动地反映新闻现象的新闻报道体裁，运用叙述、描写、抒情、议论等手法，使文字形象、情节生动。通讯着眼新闻事件的"过程"。

4. 通讯的基本特征

全面详尽，形象生动。

5. 消息与通讯的不同作用

一个新闻事件出现了，"消息"往往迅速地将事件的几个新闻要素公之于世，即何时、何地、何事、何人、状况、原因等，使读者在最短的时间内，了解这一事件最重要的信息。消息简约、快捷。

"通讯"则往往在消息之后，运用描写、抒情、叙述等手法将这一新闻事件的来龙去脉，各方面的细节，即"过程"全面详尽地进行报道。通讯是一种内容全面、详尽、生动、深入且具有感染力的报道体裁。

例 1-1-1

点燃知识产权"火种"呼唤知识产权保护
"中华知识产权世纪行"活动昨日启程
国家知识产权局数百名群众为记者刘瑞升送行

本报讯（记者吴晖北京报道）当本报记者刘瑞升"全副武装"地骑着插有彩旗的自行车，离开国家知识产权局大门的那时刻，他身后响起了热烈的掌声。"中华知识产权世纪行"调研采访活动11月9日在这里举行启程仪式，国家知识产权局副局长马连元在仪式上讲话，姜颖局长亲自为"中华知识产权世纪行"活动启动了里程表。我局数百名员工为记者送行。

由刘瑞升同志发起、倡议并亲自以自行车为交通工具实施的这项活动，旨在通过深入全国各地采访报道知识产权工作，特别是专利工作所取得的成就，传递党和国家有关知识产权的方针政策，传播知识产权法律知识，进一步提高全社会知识产权保护意识，推动我国知识产权事业的发展。马连元副局长代表国家知识产权局党组对此活动给予了充分的肯定。他说，随着知识经济的到来以及国际经济一体化趋势的形成，知识产权保护的重要性更加凸现出来。以宣传、报道知识产权方针政策为主要目的的这次活动，对提高全社会知识产权保护意识将起到积极的作用。

该活动得到了社会多方的关注和支持，中国知识产权培训中心、中国专利信息中心、摩托罗拉公司、捷安特公司还专门为此次活动提供了资金和交通工具。据悉，此活动将深入全国20多省（市），历时一年多。

本报将从即日起对此次活动做全程跟踪报道。（原载于《中国知识产权报》1999年11月10日）

国家知识产权局局长姜颖按下启程表（原载于《中国知识产权报》1999年11月10日，本报记者张子弘摄）

1. 报道"世纪行"活动启程报样（原载于《中国知识产权报》1999年11月10日，本版编辑吴晖）

2. 3. 4. 5. 启程时接受媒体采访及现场情景（原载于《中国知识产权报》1999年11月10日，本报记者张子弘摄）

例1-1-2

传播知识产权法律知识使者出征

刘瑞升单骑走中华

　　本报北京11月9日讯（记者李立）41岁的刘瑞升今天圆了他多年来的一个梦想，这就是骑自行车走遍中华，到第一线去采写我国知识产权制度建设的鲜活报道。

　　刘瑞升是中国知识产权报社的记者，他外表文质彬彬，内心却刚毅与坚定，对自己所从事的工作充满热情。他给自己的这一行动取名为"中华知识产权世纪行"，他渴望以此去传播知识产权法律知识，呼唤社会树立知识产权保护意识。同时他还把这一行动看作自我人生价值的一个体现。

　　在国家知识产权局为他启程送行的有他的领导、同事、亲属和朋友，上百人掌声鼓励目送他蹬车远去。他打算分阶段用一年多的时间走遍全国二十多个省区市。第一阶段行程包括天津、山东、江苏、上海、浙江、福建、广东、海南和广西。（原载于《法制日报》1999年11月10日）

例1-1-3

"中华知识产权世纪行"活动启程

　　本报讯　记者蒋建科报道：国家知识产权局11月9日举行"中华知识产权世纪行"启动仪式，欢送中国知识产权报社记者刘瑞升骑自行车赴全国调研采访。刘瑞升将走遍二十多个省（市），历时一年多时间，以他的行动呼吁全社会重视知识产权工作。（原载于《人民日报》1999年11月10日）

　　【简析】

　　1999年11月9日，本书作者从国家知识产权局出发，踏上"中华知识产权世纪行"的采访之路。第二天，即11月10日，《中国知识产权报》《法制日报》《人民日报》《科技日报》《新闻出版报》《中国日报（英文版）》及中央电视台等均发了消息。

读者通过上述例文，即《中国知识产权报》590字、《法制日报》340字消息及《人民日报》仅有130字的消息，都能了解到有这么一位记者，于11月9日启程，以骑自行车的方式，到全国各地采访报道知识产权工作。相关媒体用消息的形式以最快的速度作了报道，言简意赅，一目了然。然而，对于这样一件引人关注的新闻事件，人们对"简约"的消息报道感觉不解渴，可能有的读者对此事的细节更感兴趣，比如：当时的现场是什么样子，什么人为他送行，各级领导怎么看待这件事，他的亲属又怎么说，以及骑什么车，行囊有多重等。这一"重任"将由通讯这种新闻体裁来完成。

例1-1-4

他向你走来

《中国知识产权报》记者　吴晖

20世纪最后一年的11月9日，修葺一新的国家知识产权局业务大楼门前，一改往日的威严，相识和不相识的人们陆续聚集到这里，他们的目光都聚集在一辆车和一个人身上。人——中国知识产权报社记者刘瑞升，在这个大门进进出出了十几年；车——一辆插着彩旗、再普通不过的自行车。然而，正是这一车一人，肩负着为中国的知识产权保护、为专利工作者和专利发明人去奔走呼号的使命。

早9点，印有"中华知识产权世纪行"几个字的大红条幅挂在局业务大楼的正中、庄严的局徽下面。人群中有局领导，有多年的同事，有亲友还有专程赶来的各新闻媒体的记者。人群中不时闪现的"瑞升，一路顺风""亲友愿你一路平安""报社同人祝你成功"等条幅交相辉映，在场的人们无不为这样的场面激动。这样的场景赶走了些许深秋的凉意。9点30分，刘瑞升出现在现场，他一身崭新的印有"中华知识产权世纪行"字样的运动服和周围人的厚重服饰形成了鲜明的对比。他略显瘦弱的身体多少有些让人担心，但一看到那张棱角分明的脸，那双坚毅的双眼，人们知道了，什么也阻挡不了他前进的步伐。

送行的气氛很热烈。广播喇叭里深情地唱着"党啊，亲爱的妈妈"，恰到好处地表达了游子即将远征的心情，面对摄像机、照相机镜头，面对一张张熟悉的面孔，此时此刻，我想瑞升平静的外表下一定有一颗十分不平静的心。紧接着领导和亲人的讲话冲淡了离愁。

"希望他更加努力做好知识产权的宣传普及工作，这一活动局党组高度重视，让我们共同支持他的行动。"——国家知识产权局副局长马连元。

"作为战友为他送行，希望他继续以孜孜以求的革命精神，以无坚不摧的毅力，开创知识产权事业新局面！"——知识产权报社社长郭玉绮。

"我代表他父母和妻子女儿为有这样的亲人感到骄傲，并全力支持他的事业。"——刘瑞升的哥哥。

人们发现，代表亲友发言的是瑞升的哥哥，当记者问他为什么瑞升的妻子没有来时，还沉浸在送行的激动中的他，声音有些哽咽地告诉记者，瑞升的妻子正在天安门等着，因为她受不了这样的场面，更想把离别的最后一刻留给他们两个人。

启程仪式简单而又隆重。不到10点，背负42斤重行囊的刘瑞升向依依不舍的亲友、同事挥手告别，"放心吧，肩负重要使命的我一定会安全归来！"（原载于《中国知识产权报》1999年11月12日）

【简析】

这是两天后的11月12日，《中国知识产权报》发表的题为《他向你走来》的通讯，以较为详细的内容，充满感情色彩的文字将这些疑问一一作答。

　　通过上述同一新闻事件采用不同的新闻体裁进行报道，读者可以看出，消息简洁概括，它省去新闻事件中的细枝末节，不赘述新闻事件的发展过程。如果一个事件具有新闻价值，构成新闻事实的要素清楚明确，即使记者没有掌握详细的情节，也可以写出消息。在例1-1-1中，读者可以看到，即便是消息体裁，现场感也是很强的："当本报记者刘瑞升'全副武装'地骑着插有彩旗的自行车，离开国家知识产权局大门的那时刻，他身后响起了热烈的掌声。"

　　通讯则必须将事件的前因后果进行详细深入报道，能够满足读者欲知详情的需要。通讯《他向你走来》较为详细地叙述"中华知识产权世纪行"启程仪式的现场情况，通过记者的笔触，再现了送行画面，读者随着文字，仿佛也来到现场，看到一幅幅条幅，听到一声声话语，产生了如临其境、如闻其声、如见其人的效果。现场的新闻材料给读者留下较深的印象，比如悬挂在大楼上的"中华知识产权世纪行"大红条幅，还有"瑞升，一路顺风""亲友愿你一路平安""报社同人祝你成功"等，形象生动且富有感染力。

《他向你走来》报样（原载于《中国知识产权报》1999年11月12日，本报记者张子弘摄，本版编辑王岚涛）

一个新闻事件发生后，有时候消息、通讯及图片等不同的新闻体裁要交替出现。比如"世纪行"活动，本报11月10日第一时间发表了消息《"中华知识产权世纪行"活动昨日启程》，在11月12日有《他向你走来》的通讯见诸报端，11月19日又发表了题为《刘瑞升抵天津首站采访》（见例1-1-5）。而对本报社而言，随着"世纪行"活动的进程，记者所到之地，当地的通讯员也不断提供稿件。比如记者到达沈阳市后，辽宁省知识产权局以"世纪行"活动为契机，召开了一次专利、版权和商标三个部门的座谈会，这在当时实不多见。随后本报刊登了一则消息（见例1-1-6）。求新求变，重视新闻内容及新闻体裁的变化，是一张报纸不能忽视的工作之一。

例1-1-5

"世纪行"活动受众人瞩目
刘瑞升抵天津首站采访

本报讯（记者王岚涛　通讯员吕志英　袁文广天津报道）10日下午3时，备受瞩目的"中华知识产权世纪行"活动发起人、本报记者刘瑞升抵达天津，这是他此次活动的第一个采访站。

"世纪行"记者的到来，引起了天津市专利管理局和当地众多媒体的重视和关注。天津市专利管理局特意举行了简单的欢迎仪式，并不失时机地向闻讯而至的当地记者介绍了该市近期专利工作的重点。天津人民广播电台、天津有线电视台、《天津日报》《今晚报》《中国技术市场报》《北方市场导报》等媒体记者在采访时表示了对"世纪行"活动的关注及对此行记者本人的钦佩。

面对众多记者同行的采访，"世纪行"记者刘瑞升显得有些兴奋，他说："自己当了10年记者，从来都是采访别人。而今天要面对这么多的同行，这样的角色转换一时难以适应，但我知道必须适应。因为大家是通过我的行动来关注我国知识产权事业的发展以及所面临的问题。我希望通过这一活动，使各界人士了解我国知识产权保护的现状和未来。"

刘瑞升还对记者讲述了这样一件事：在河北廊坊，当他骑车去吃早餐时，一位当地群众指着他对周围人说："看，这就是那个骑车采访知识产权的人。"刘瑞升当即向前询问他是如何知道的，原来是从电视台的新闻里知道的，再问知识产权为何时，那人摇头。即日，记者发现，此事对刘瑞升是一个启示又是一个不小的鼓舞，使他更加认识到了此行意义的重要，并坚定了不惜一切做好此事的决心。

从北京起点至天津，刘瑞升骑行了约170公里，目前，无论是他本人的身心情况，还是技术装备都状态极佳。他感谢所有关注此次活

1．"世纪行"记者采访天津的报样（原载于《中国知识产权报》1999年11月24日，本版编辑阎庚）

2．"世纪行"记者采访天津的报样（原载于《中国知识产权报》1999年11月26日，本版编辑王岚涛）

3．"世纪行"记者（左2）在天津企业采访（原载于《中国知识产权报》1999年11月26日，本报通讯员袁文广摄）

动及关心他的人，并表示他一定不负众望。

"世纪行"记者刘瑞升在天津进行两天的采访，于13日起程奔赴下一站——山东省。（原载于《中国知识产权报》1999年11月19日）

例1-1-6

专利、版权、商标三部门共话大业

"世纪行"记者行至沈阳

本报讯（通讯员薛军沈阳报道）日前，在辽宁省知识产权局会议室里，省知识产权局、版权局、工商局及国家知识产权局有关同志，与"中华知识产权世纪行"记者刘瑞升欢聚一堂，共话新世纪辽宁知识产权大业。

座谈会上，省版权局版权处的同志及工商局负责商标工作的同志分别介绍了版权、商标管理及执法等方面的情况，并对如何加强知识产权保护促进辽宁经济的长远发展，特别是如何面对中国即将加入世界贸易组织的机遇与挑战交流了看法。

据了解，"世纪行"东北线开始于4月13日，记者经唐山、塘沽、大连、鞍山、辽阳、本溪等地于4月25日到达沈阳。（原载于《中国知识产权报》2000年5月17日）

（三）消息的标题

1.消息标题的特殊性

消息的标题与其他文体的标题有很大的不同，消息的标题简明清晰，直面新闻事件主体，揭示新闻事件要旨，突出消息所包含的重要信息。它是新闻内容的点睛之笔，是对新闻事件最鲜明、最精练的概括，让读者产生阅读欲望。

2.消息标题的类型

（1）按结构区分可分为单行题、双行题、多行题三种。

1）单行题。

单行题应用比较广泛，直接切入主题，使新闻的精粹一目了然。

例1-1-7

有色金属总公司将专利纳入涉外谈判

（原载于《中国专利报》1993年1月4日报眼，作者刘瑞升）

例1-1-8

全国首次专利代理人资格考试圆满结束

（原载于《中国专利报》1993年1月13日，作者刘瑞升、王云）

例1-1-9

湖南省第四次专利工作会议在长沙举行

（原载于《中国专利报》1995年11月20日报眼，作者刘瑞升、张志良）

例1-1-10

京泰专利信息中心成立半年成绩显著

（原载于《中国知识产权报》1999年12月15日，作者刘瑞升）

例1-1-11

湖南商标执法成为重头戏

（原载于《中国知识产权报》2001年8月31日，作者刘瑞升）

2）双行题。

双行题分为一引一主和一主一副两种。

例1-1-12

警惕"专利墙"（主题）

有关人士呼吁加强专利战略研究迎接国际挑战（副题）

（原载于《机电日报》1993年1月12日，作者刘瑞升）

例1-1-13

传播知识产权法律知识使者出征（引题）

刘瑞升单骑走中华（主题）

（原载于《法制日报》1999年11月10日，作者李立）

例1-1-14

独自骑车穿越南北传递知识产权"火种"（引题）

"中华知识产权世纪行"记者抵泰（主题）

（原载于《泰安日报》1999年11月26日，作者乔瑾）

例1-1-15

山东完善著作权行政管理体系（主题）

各地市均设有版权管理机构（副题）

（原载于《中国知识产权报》1999年12月24日，作者刘瑞升）

例1-1-16

中南大学5个项目获国家科技奖（主题）

湖南共有14个项目获奖中南大学占35%（副题）

（原载于《中国知识产权报》2001年5月11日，作者刘瑞升）

例1-1-17

展示科技发明　促进西部开发（引题）
第十三届全国发明展览会将在昆明举办（主题）
（原载于《中国知识产权报》2001年9月12日，作者刘瑞升）

3）多行题。

此类标题一般由引题（眉题、肩题）、主题（正题）及副题（子题）组成。

引题（眉题、肩题）：在主题之上，它主要是从一个侧面对主题进行引导和说明，起到烘托或渲染的作用，一般字号较小。

主题（正题）：是新闻标题的主体，它是新闻内容的精华，其作用是提示和概括新闻最主要的事实和思想。主题占据的位置最显著，字号最大且醒目。

副题（子题、辅题）：是置于主题之后的次要标题，它起到对主题补充或注释作用，字号最小。

例1-1-18

在部委专利工作座谈会上，代表们一致呼吁：（引题）
加强专利战略研究迫在眉睫（主题）
会议商定明年召开部委专利战略研讨会（副题）
（原载于《中国专利报》1992年12月14日，
作者刘瑞升，本文获1993年全国科技报优秀作品三等奖）

例1-1-19

有的放矢研制　工作重点实施（引题）
有色金属总公司专利实施率达36%（主题）

高出全国平均实施率6个百分点（副题）

（原载于《中国专利报》1993年1月20日，作者刘瑞升）

例1-1-20

点燃知识产权"火种"　呼唤知识产权保护（引题）

"中华知识产权世纪行"活动昨日启程（主题）

国家知识产权局数百名群众为记者刘瑞升送行（副题）

（原载于《中国知识产权报》1999年11月10日，作者吴晖）

例1-1-21

中国共产党的优秀党员　久经考验的共产主义战士（引题）

武衡同志遗体告别仪式在八宝山举行（主题）

江泽民、李鹏、朱镕基、胡锦涛、李岚清等送了花圈（副题）

（原载于《中国专利报》1999年2月3日一版头条，作者刘瑞升）

多行题中还有一引双主、双引一主、双主一副等情况。

例1-1-22

在第六届中国专利博览会上（引题）

四大钢铁公司展示风采（主题）

指定推荐产品各具特色（主题）

（原载于《中国专利报》1997年7月23日，作者刘瑞升）

例1-1-23

高品位的外观设计金玉其外（引题）

高科技的全心投入琼液其中（引题）

表里如一使金沙酒厂日趋兴旺（主题）

（原载于《中国专利报》1992年11月30日，作者刘瑞升）

例 1-1-24

拥有六十八项专利（引题）

珠海工业第一把交椅（引题）

格力集团建成珠海最大规模工业基地（主题）

一九九四年订货额达二十八点六亿（副题）

（原载于《中国专利报》1993年12月29日，作者刘瑞升）

（2）按内容区别可分为实标题和虚标题两种。

实标题是揭示新闻事实的题目，重在叙事，突出表现新闻事实中的人物、事件等要素，多用精练的一句话说明事实。单行题必须是实题，必须以叙事为主，点明必要的新闻要素，使读者看题就知文章的基本内容。多行题至少有一题是实题。

虚标题内容可以较为抽象含蓄，或者是摆明观点，说明主题思想等，可说理可抒情，侧重说明某个原则、道理等。

例 1-1-25

上虞建百万元市长专利基金（单行题，实题）

（原载于《中国知识产权报》2000年3月24日，作者刘瑞升）

例 1-1-26

"世纪行"记者结束吉林采访（单行题，实题）

（原载于《中国知识产权报》2000年6月9日，作者王圣东）

例 1-1-27

京城专职机构打盗版（单行题，实题）

（原载于《中国知识产权报》2001年11月30日，作者刘瑞升）

例1-1-28

经十余载风雨艰辛　建两千多客户网络（引题，实题）

上海专利商标事务所成立12周年（主题，实题）

（原载于《中国专利报》1996年12月9日，作者刘瑞升）

例1-1-29

"世纪行"活动受众人瞩目（引题，虚题）

刘瑞升抵天津首站采访（主题，实题）

（原载于《中国知识产权报》1999年11月19日，
作者王岚涛、吕志英、袁文广）

例1-1-30

一次拿出百万元奖励科技人员（引题，实题）

大连机车车辆厂出手不凡（主题，实题）

共有57人获奖　最高获奖额10万元（副题，实题）

（原载于《中国知识产权报》1999年11月10日，作者刘瑞升、于晓丹）

3.消息标题的制作要求

（1）消息标题字数要以少胜多，语句要求凝练，特别是主标题，若在修辞手法上运用对仗、押韵等，便更胜一筹。

（2）好的消息标题不仅要符合新闻事实，而且还要有好的思想内容，要有很强的表现力、吸引力、说服力和感染力。

（3）消息的标题就是消息的眼睛，要生动传神，一定要将那些最能传达新闻事实和新闻主题的词语写入标题。

总之，消息标题要准确鲜明、简洁工整、新颖别致。

（四）消息头——消息的外在标识

　　报社编发自己的消息体裁的新闻稿件时，其第一段的开头，往往冠以"本报讯"字样；通讯社则统称为"电头"，两者合称为"消息头"。消息头是消息的外在标识，它表示报社或通讯社对发布的新闻消息负责，接受社会监督；同时告知读者发布新闻的地点和时间，用来说明新闻的来源及时效。若是本报记者或通讯员的来稿，需要署名。比如，本书引用报道"世纪行"的3篇消息（见例1-1-1、1-1-2、1-1-3），消息头不尽相同，各报纸自己的固定模式，不能改变。例1-1-2的消息头是"本报北京11月9日讯（记者李立）"，其特点是在消息头内注明了时间，其文内便省略了新闻事件的时间。

　　消息头一般是以不同字体或加括号区别于正文的内容。消息头的三要素是：新闻机构名称（多为简称）、发布新闻的地点及时间，若是报纸还要署上记者或通讯员的名字。

　　消息头的作用：

　　之一，使消息与其他体裁的作品有显著的区别。一份报纸上同时刊登消息、通讯或文学等不同体裁的作品。为了使不同体裁的新闻作品有所区分，也与虚构的文学作品不相混淆，消息头便成为消息体裁独有的标识。

　　之二，一篇消息作品前冠以"本报讯"，意味着"版权所有"。也就是说，此消息是本报独家报道的新闻，其他媒体未经许可不得任意转载。

　　之三，表明消息来源。有时在一份报纸上，就一个新闻事件同时刊登不同国家通讯社的报道，内容相同，说法各异，甚至还矛盾重重。孰是孰非，请读者自己鉴别。

之四，媒体的身份证明。既然是身份证明，发布新闻的媒体机构就要谨慎从事，力求每篇新闻稿件客观、真实。倘若新闻报道失实，读者一看消息头，便知是哪家媒体机构了。

二、消息写作

（一）消息导语

导语是消息的开头部分，一般以简要文字突出最重要、最新鲜及最具吸引力的新闻事实。其主要作用是以提纲挈领的表现形式，引领全文，吸引读者，揭示新闻的核心内容。

早期的导语要求新闻六要素一应俱全，即五个"W"和一个"H"：When（何时）、Where（何地）、Who（何人）、What（何事）、Why（何故）及How（怎么样）。这就是新闻界所称的第一代导语，也叫做"全型导语"。其要求在新闻开头的简短文字中，必须体现出全部新闻要素。特点是完整、具体；不足之处是单调枯燥，主次不分。

例1-2-31

本报讯（通讯员尹茂　赵强　李嘉卉廊坊报道）11月9日下午5时许，骑自行车进行"中华知识产权世纪行"采访活动的中国知识产权报社记者刘瑞升，出现在廊坊市科委门前。廊坊市专利管理办公室的同志们关切地接过自行车，询问路上的情况。据了解，这次活动是当日上午在国家知识产权局启程的，廊坊是这次活动记者下榻的第一站。（摘自《"中华知识产权世纪行"记者第一天到达

廊坊》，原载于《中国知识产权报》1999年11月17日）

新闻发展到今天，竞争十分激烈。各个媒体面对同一个新闻事件，怎么才能写出吸引眼球的消息呢？选材的角度和消息的结构是一个关键点。导语作为消息的开头，想方设法寻求有一个独特的视角，成为记者不懈追求的目标。这便产生了第二代导语，也称为"部分要素"式导语。在消息中只写进一两个最富有概括力或感染力的要素，将消息写得重点突出、生动活泼、引人入胜，余下的要素放到消息的主体中加以展开。

例1-2-32

本报北京11月9日讯（记者李立）41岁的刘瑞升今天圆了他多年来的一个梦想，这就是骑自行车走遍中华，到第一线去采写我国知识产权制度建设的鲜活报道。（摘自《刘瑞升单骑走中华》，原载于《法制日报》1999年11月10日）

传统的新闻写作以倒金字塔为精髓，强调把最重要的信息置于导语。究竟新闻事实中五个"W"哪个最重要，读者最想知道哪个"W"，记者就先从哪个方面下笔写。面对同一个"W"，写作功力深厚的记者也会选取一个独特的切入点。

导语主要分为以下几种类型。

1.叙述式导语

这种类型就是对所报道的新闻事实直接叙述，开门见山，直截了当。简明扼要地反映出新闻中最主要、最新鲜的事实，突出新闻要旨。一般来说，叙述式导语的主要内容包括时间、地点、人物、事件主体等方面，要用尽量简短的文字，让读者了解新闻事件，不要面面俱到，不要层次过多，不要语言烦冗。

例 1-2-33

　　本报讯（记者马秀山北京报道）"中华知识产权世纪行"活动在社会上引起巨大的反响。12月6日，内蒙古伊克昭盟的专利申请人南建民来到本报，向社领导表示了对"中华知识产权世纪行"活动和刘瑞升本人的赞佩之情，并就此捐资300元钱，以表达一个专利申请人的心意。（摘自《专利申请人关注"中华知识产权世纪行"》，原载于《中国知识产权报》1999年12月24日）

【简析】

　　这个导语据实著文，用具体的而非抽象的事实叙述了捐资人的行为，新闻要素齐全。

　　2.描写式导语

　　亦描亦述、描述兼有是描述型导语的特点。记者根据目击的情况，对新闻中所报道的主要事实或者事实中的某个有意义的侧面，作简练而有特色的描写，给读者形象、生动、具体的印象。描写式导语的写作，要求记者在采访时注意捕捉形象生动的画面，还要把握所描写的画面一定与事件有内在联系，有助于揭示主题，不要游离于主题之外。

例 1-2-34

　　本报讯（记者刘瑞升北京报道）11月11日上午，北京海淀剧院内一片漆黑，只有银幕上不时变化的幻灯片中巨大的星体，让人产生无限的遐想。在一束台灯光线的讲台前，中科院李启斌研究员绘声绘色地讲述一年前苏梅克—利维9号彗星撞击木星的情景。（摘自《第七届国际科学与和平周大型科普报告会在京举行》，原载于《中国专利报》1995年12月6日）

例1-2-35

　　本报讯（记者吴晖北京报道）当本报记者刘瑞升"全副武装"地骑着插有彩旗的自行车，离开国家知识产权局大门的那时刻，他身后响起了热烈的掌声。"中华知识产权世纪行"调研采访活动11月9日在这里举行启程仪式，国家知识产权局副局长马连元在仪式上讲话，姜颖局长亲自为"中华知识产权世纪行"活动启动了里程表。我局数百名员工为记者送行。（摘自《"中华知识产权世纪行"活动昨日启程》，原载于《中国知识产权报》1999年11月10日）

1 ｜ 2

1．"世纪行"记者在天安门前留影（原载于《中国知识产权报》1999年11月12日，本报记者张子弘摄）
2．1999年11月9日"中华知识产权世纪行"活动启程仪式在国家知识产权局举行，马连元副局长代表国家知识产权局讲话（张子弘摄）

例1-2-36

　　本报讯　11月24日下午，随着气温急剧下降，在阵阵寒风中一辆插有"中华知识产权世纪行"彩旗的自行车徐徐抵达泰城，骑手是《中国知识产权报》记者刘瑞升。（摘自《"中华知识产权世纪行"记者抵

泰》，原载《泰安日报》1999年11月26日，作者乔瑾）

【简析】

例1-2-34的导语是以"漆黑"剧院为场景，通过"巨大的星体""无限的遐想""一束台灯光线""绘声绘色地讲述""彗星撞击木星"等富于联想的画面，展现了一次"身临其境"的科普活动。

例1-2-35的导语描述颇为详细，用"全副武装""插有彩旗""响起了热烈的掌声"以及"启动了里程表"等字眼儿精确地记录了"世纪行"记者出征现场的细节，镜头感很强。以情境感染读者，让读者有感性认识，从而，强化新闻的报道效果。这篇消息让读者仿佛亲临现场，看到的是一个有声音，有形象，有动作的立体画面。

例1-2-36的导语强调"阵阵寒风"中插有彩旗的自行车徐徐抵达泰安的情景。作者没有使用艰苦、困难等字句，但读者在描述中已经体会出，仿佛目睹了风雨兼程中飘动的彩旗、徐徐到来的自行车，这一切的铺垫，是为了描写顶风而至的"骑手"刘瑞升克服困难、奋勇前行的人物形象。

3.引语式导语

引语式导语就是在消息的导语中，引用某人或某些人能够揭示主题或者表达主要事实的原话做导语。这种导语，观点鲜明，主题突出。未加改动的直接引语要加引号；略有调整的被称为间接引语，不能加引号。

例1-2-37

本报讯（记者刘瑞升北京报道）加强专利战略研究迫在眉睫！这是记者从近日由中国专利局组织召开的部委专利工作座谈会上听到的一致呼声。（摘自《加强专利战略研究迫在眉睫》，原载于《中国专利报》1992年12月14日）

例1-2-38

　　本报讯（记者刘瑞升银川报道）"宁夏在西部大开发中选择的是一条发展特色经济的路子。为特色经济保驾护航的重要手段之一就是专利。所以说，专利发明人是代表先进生产力的一个重要群体。"这是不久前记者在宁夏采访时，自治区主席马启智说的一番话。（摘自《专利发明人是代表先进生产力的一个重要群体》，原载于《中国知识产权报》2000年12月6日）

　　【简析】

　　例1-2-37的导语属间接引语——"加强专利战略研究迫在眉睫！"是与会很多代表在发言时讲到的，因此在文章中没有使用引号。但这句话很有分量，也很精彩，放在导语是开头部分，以显示其重要性。

　　例1-2-38的导语是直接引语，言简意赅阐明宁夏在西部大开发中的策略，且通篇文章都是围绕着这个主题展开，又是出自自治区主席之口，越发显示出其重要性。

　　4.设问式导语

　　设问式导语就是在消息开头即提出一个问题，引起人们的关注和思考，即把新闻报道中已经解决的问题先用设问句式鲜明地提出来，而后用事实加以回答。

例1-2-39

　　本报讯（记者刘瑞升长沙报道）"是什么原因，在一年的时间里，使中南大学科技成果转化发生如此大的变化？"面对记者的提问，中南大学科技处的负责人感慨地说，是观念的转变。（摘自《"三个流失"促使观念"聚变"》，原载于《中国知识产权报》2001年5月18日）

【简析】

设问式导语往往能够引起读者的关注。这就要求记者抓取读者感兴趣的话题。问题的提出是吸引读者，而不是考读者，因此在设问之后，一般要立即解答。

另外还有直接式导语、延缓式导语及流线式导语等。

（二）消息主体

消息主体就是导语之后，结尾之前的这部分内容，就其外化表现形式来看，内容比导语详细、充实、具体，一般篇幅要比导语长。主体是在导语的基础上，充分引入与主题相关的事实，对导语作具体全面的阐述，以达到体现消息主题思想的目的。

1.解释和深化导语，详说新闻事件

鉴于导语是简洁的，是新闻事件中最吸引眼球的内容，其不免在叙述时也取概括的方式，有些新闻要素被省略。导语中对新闻要素仅仅是作了提示，使读者知其然不知其所以然。优秀的导语，能够在最短的时间里把读者吸引来，但其不一定能让读者了解新闻事件的全貌，"消息主体"便担当起这个重任了，它可以补足导语中尚未出现的新闻要素，将导语中概念化的事实具体化。主体的责任就是抖落开"包袱"，对五个"W"中的What——"何事"进行详细解说。

例1-2-40

笔耕千行为知识产权呐喊

跋涉万里愿专利事业辉煌

"中华知识产权世纪行"活动圆满结束

本报讯（记者王岚涛北京报道）4月1日前夕，即我国专利法实施16

周年之际，《中国知识产权报》"中华知识产权世纪行"记者刘瑞升一路风尘回到北京，至此，这一跨越3个年头的活动圆满结束。

1999年11月9日，刘瑞升骑自行车踏上征程，开始了他的"中华知识产权世纪行"。他从北京出发，先后到过河北、天津、山东、江苏、上海、浙江、辽宁、吉林、黑龙江、内蒙古、湖北、湖南、广东等省市区，以及南昌、郑州等城市。此间，他还参加了国家知识产权局与中央电视台合拍的12集专题片《知识产权在西部》活动，到陕西、宁夏、甘肃、青海、新疆、西藏、内蒙古、重庆等省、自治区、直辖市采访，总行程4万多公里，其中骑自行车达9500多公里。

活动期间，刘瑞升采访了10余位省长（主席），走访了20多个省市的科技部门，20多家工商局、版权局，50多家知识产权局、专利管理局、专利代理事务所，他还深入20多所大专院校、科研院所及几十家大中型企业、中外合资企业、民营企业进行了深入的采访。

刘瑞升共记下了数十万字的笔记，录了几十盘录音带，收集了众多的文字素材，途中发回稿件60余篇。

《中国知识产权报》将继续在"世纪行"专栏中刊发刘瑞升在活动期间采写的报道。（原载于《中国知识产权报》2001年4月11日）

【简析】

这篇消息的标题和导语，都对"中华知识产权世纪行"活动做了介绍，标题虽然简略，但在"笔耕千行"和"跋涉万里"修饰下的"中华知识产权世纪行"，确已吸引读者的阅读欲望。导语进一步提供了此活动的记者姓名身份及长达三个年头的时间跨度，再一步调动读者的胃口，但细况仍不明朗。真正说清来龙去脉、表明事件细节的是消息的"主体"。通过主体，读者知道了刘瑞升骑自行车开始"世纪行"的时间、走过的省份、采访了多少位省级领导、多少个知识产权管理部门、发表了多少篇稿件及共行多少公里等。这些是继导语之后进一步揭示新闻主题，实现报道真正意图的重要内容，达到了让读者了解新闻事件全貌的目的。

2.扩充新闻信息量，提升主题高度

与"解释和深化导语，详说新闻事件"有所不同的是，新闻主体不仅要补足导语中尚未出现的新闻要素，将导语中概念化的事实具体化，还要补充新闻背后的故事，其蕴含的道理，扩大读者视野，挖掘新闻事件深处的内涵，提升新闻主题的高度。

例1-2-41

在部委专利工作座谈会上，代表们一致呼吁：

加强专利战略研究迫在眉睫

会议商定明年召开部委专利战略研讨会

本报讯（记者刘瑞升北京报道）加强专利战略研究迫在眉睫！这是记者从近日由中国专利局组织召开的部委专利工作座谈会上听到的一致呼声。

据了解：机电部曾于前些时候围绕录像机生产现代化这一国家"八五"期间重点课题进行专题检索，结果发现，在检索出的7000多件各国有效专利中，我国仅有在结构或装置方面的几件申请。这表明，国外录像机生产专利技术已对我国录像机出口形成一堵专利墙，并已形成专利覆盖势头。无独有偶，航空航天部对近年来华申请的本领域专利进行检索，其结果也令人愕然：有近1/3的专利是围绕着新型飞机螺旋桨申请的，而研制开发民用飞机新型螺旋桨技术正是我国"八五"及今后十年重点发展的项目。行家们分析，这是有计划地运用专利战略，控制我国民用航空技术及市场的行动，目的在于垄断这一领域。诸如此类的问题在化工部、中国医药总局、中国石化总公司也同样存在。

面对国外对我国一些领域的专利占领，以及国际市场出现的专利屏障，我们何以应对？社会主义市场经济体制在我国的建立，以及关贸总协定缔约国地位的即将恢复，标志着我国经济、科技已经或正在步入国际化大经济、大科技圈。参与全球性经济、科技竞争，专利已成为各国运筹帷幄的一个关键手段。因此，我国各个部门对专利工作再不能不予以重视了！

参加座谈会的部委专利工作负责同志一致呼吁：必须尽快进行我国专利战略的研究。大家认为，从目前我国实际情况看，首要工作就是要认真做好国内外专利信息的检索收集，分析掌握国外来华专利申请的动向，及其对我国科技发展的总体影响。研究应对策略，必须提到议事日程上来。要加强专利战略的主动性策略研究，要了解本行业哪些技术领域已被国外专利覆盖，并对国外市场情况进行分析，了解我国技术、产品的优劣状况。对在国际上领先的技术、产品要积极运用专利战略申请国外专利，占领国际市场。

另外，还要加强专利战略的防御性对策研究，利用国外已有的专利技术或非专利技术，在一些有实力的重要的科技领域，组织人员进行技术攻关，形成技术突破，并注意及时申请专利，打破国外在一些领域专利垄断的格局。面对新形势，既不能悲观消极，也不能熟视无睹，而应有针对性地积极主动地开展扎扎实实的工作。

记者从此次会上获悉，一些部委院所已经开始采取措施，加强这方面的工作。中国科学院决定从每年的专利基金中抽出一部分设立"专利择优基金"，重点投在经过全方位论证的项目上，改变过去那种"撒芝麻盐"式的基金投入方式；冶金部已将有关专利行家邀集北京，进行为期一年的外语培训，以增强国际专利合作的实力；机电部已建立起中国电子数据库，还与北京大学联合举办两年制的知识产权函授班。

中国专利局在此次会上与各部委代表商定，明年将在北京召开部委专利战略研讨会。（原载于《中国专利报》1992年12月14日，本文获1993年全国科技报优秀作品三等奖）

【简析】

消息中的数字是触目惊心的：7000多件各国有效专利中，我国仅有在结构或装置方面的几件申请。这表明，国外录像机生产专利技术已对我国录像机出口形成一堵专利墙。无独有偶，航空航天部对近年来华申请的本领域专利进行检索，有近1/3的专利是围绕着新型飞机螺旋桨申请的，而研制开发民用飞机新型螺旋桨技术正是我国"八五"及今后十年重点发展的项目。数字的背后，是外国专利覆盖，是专利占领，是专利垄断。毫不夸张地说，专利已是一个国家发展、一个民族强盛的国家战略。那么，专利战略研究确确实实迫在眉睫。消息蕴含的道理自然而然地被读者接受，其新闻事件深处的内涵，不仅扩大了读者的视野，更是提升了新闻主旨的高度。

写作消息主体部分，不要重复导语的语句，防止内容空洞无物，要紧扣主题思想，同时，段落分明，启承自然及叙述要生动。另外，主体一般是按"时间顺序"或"逻辑顺序"写作。

（三）消息背景

什么是背景呢？在消息写作的五个"W"中，有一个Why（为什么）。新闻背景就是来解答这个"W"的。写新闻要交代背景，目的在于帮助读者理解新闻的内容和价值，起到衬托、深化主题的作用。背景的具体作用是：说明新闻事件的起因；显示或帮助读者理解新闻事件的重要性；突出新闻事件的价值。

例1-2-42

在"三五"法制宣传教育中

本报刘瑞升获表彰

本报讯（记者 安宗翰 北京报道）在"三五"法制宣传教育工作中，涌现出一大批成绩突出的先进集体和个人。为了鼓励先进，进一步推动全民法制宣传教育和依法治理的开展，中宣部、司法部于2001年做出决定，对22个先进城市、162个先进县（市、区）、504个先进单位、135个先进普法依法治理办公室、1121名先进个人予以表彰。中国知识产权报社的刘瑞升名列其中。

刘瑞升于1999年11月至2001年4月，以自行车为伴，走过大江南北，长城内外，圆满地完成了"中华知识产权世纪行"活动，骑程达9500多公里。期间他采访了数百个单位和企业，发表了近百篇知识产权方面的新闻稿件，为宣传普及知识产权法律法规做了大量的开拓性工作，被评为法制宣传教育先进个人当之无愧。他本人则谦虚地说："我之所以能够被评为先进，主要是因为有国家知识产权局领导和中国知识产权报社领导大力支持以及本社同人的密切协同，我只不过做了一件自己应该做的事，没有领导和同志们的支持和合作，我是一事无成的！"（原载于《中国知识产权报》2002年1月23日）

"世纪行"记者（左3）在上海企业采访（本报记者张子弘摄）

【简析】

例1-2-42的第二自然段就是本消息的背景，它们用来解释和说明刘瑞升被中宣部和司法部授予先进个人的原因，即：他于1999年11月至2001年4月，骑车9500多公里，完成"中华知识产权世纪行"新闻采访活动。没有这些背景材料，孤立地报道刘瑞升被授予先进个人，不能说是一篇完整的新闻。由此可见，背景在新闻中的重要性。

（四）消息结尾

结尾，是消息的最后一句话或最后一段话，结尾是主体部分的自然延伸或归结。常见的结尾写法有以下几种方式。

1.小结式结尾

是对消息内容作概括性小结，使报道内容趋于完整和立体。

例1-2-43

《"中华知识产权世纪行"记者来济南采访》（原载于《济南日报》1999年11月23日，本报记者杨齐虹、通讯员贾文涛）一文，前面写刘瑞升到达济南及"世纪行"的目的意义等。结尾写道：

我省是专利大省，数量位居全国第二，而我市又稳居全省首位，今年专利申请量近千件。市领导陈国栋接受了"世纪行"记者的采访并介绍了我市知识产权工作进展情况。

【简析】

这是对前文的呼应，也是对全篇文章的一个小结。

例1-2-44

《第十三届全国发明展览会开幕在即》（原载于《中国知识产权报》2001年9月12日，记者刘瑞升）的结尾是这样的：

据组委会称，这次发明盛会参展项目达1200余项，展位349个。世界知识产权组织等国际组织和日本、韩国等发明团体也将参会。展会还邀请泰国、缅甸、老挝等国政府官员和驻昆领事馆官员参加。届时，本报将对这次展会作相关报道。

【简析】

消息的前面详细介绍了展览会的准备状况，云南省如何借此良机促进该省发明成果在西部地区转化实施、促进发明成果商品化和产业化。结尾的几个数字和国际组织的参加，反衬出本次盛会的影响力。这种结尾往往补充新闻导语和主体部分未提及的新闻要素，使新闻报道更趋完整。例文的最后一句话也非可有可无，告知读者，本报对展览会的关注度。

2.引语式结尾

就是引用当事人、专家、学者或与新闻事件有关联的人士的话作为结语。

例1-2-45

《在"三五"法制宣传教育中本报刘瑞升获表彰》（原载于《中国知识产权报》2002年1月23日，作者安宗翰）的结尾是引用刘瑞升的一段话：

我之所以能够被评为先进，主要是因为有国家知识产权局领导和中国知识产权报社领导大力支持以及本社同人的密切协同，我只不过做了一件自己应该做的事，没有领导和同志们的支持和合作，我是一事无成的！

【简析】

这种结尾让读者有一种与当事人亲密接触的实在感，感受到当事人受到中宣部、司法部的表彰后的谦逊、实在的态度。

例1-2-46

《武进市专利工作跃上新台阶》（原载于《中国专利报》1996

年12月4日，作者刘瑞升）一文的导语及主体部分，详述武进市以专利为龙头，连续保持职务发明百分之百实施率等一系列利好的信息后，在结尾处引用该市科委庄副主任的话说：

我市的专利工作纵向看进步不小，横向看差距很大，因此，我们还必须强化"用科技武装自己，靠专利快速前进"的意识，只有这样，我市的专利工作才会不断取得新成绩。

【简析】

这个引语式结尾，强调了武进市再上一层楼的工作思路，加强了该消息的主题表达。

消息的结尾还有评论式、抒情式、启发式、号召式、分析式等。不论采用哪种方式结尾，都要紧扣新闻事件，不可作空泛议论；可以增添信息含量，但不要啰唆重复、拖泥带水。结尾的作用在于加强主题的表达，加深读者对新闻的感受。

古人为文，通常把文章的开头、中间和结尾喻为"凤头、猪肚、豹尾"，即文章的开首要精致精美，主体部分要充实饱满，结尾要洗练有力。消息写作亦然。

第二课
通 讯

第三课
专 题

一、通讯的基本特征

（一）什么是通讯

　　这里说的通讯即通讯报道，是一种综合运用叙述、抒情、描写、议论等多种手法，详细和生动地报道客观事物和典型人物的新闻体裁。通讯不仅告诉读者发生了什么样的事，而且交代事情的来龙去脉，以及细节和环境气氛等。它的作用是评介人物或事件，推广工作经验，介绍地方风貌等。

例2-1-1

风采依旧
——江苏省专利管理局陈燕平局长谈企业专利工作
本报记者　刘瑞升

　　几年前，本报通讯员施光亚撰写的《国家队的风采》，详细介绍了江苏省国有大中型企业专利工作的可喜情况。文章在全国专利系统引起不小的震动，还获得全国专利好新闻一等奖。本文记者曾在江苏采访时也对企业专利工作进行过报道。转瞬几年过去了，如今江苏企业专利工作进展的如何呢？在采访了江苏省专利管理局陈燕平局长后，记者得出这样一个结论：江苏企业专利工作，风采依旧！

　　40岁出头的陈局长，虽然步入专利领域时间不久，但对专利谈吐到位。他说，走过宣传普及、建章立制阶段，当前国企专利工作的重头戏是使其认识到专利是他们的内在需要，拥有自主知识产权是他们的战略目标，技术创新是他们发展的必由之路。

陈局长在回顾企业专利工作试点工程时说，搞试点是推动企业全面发展的良机，因此，省局一方面推荐扬子石化公司、熊猫电子集团、常柴集团等列入由国家知识产权局和国家经贸委组织实施的首批试点单位，另一方面在全省范围内选择了包括上述单位在内以及小天鹅集团、金城集团、江动集团等27个大中型企业为首批省级试点单位。

据了解在企业试点工作中，省局针对新形势下，因人才流动等原因造成企业无形资产流失严重的现象，要求企业与职工之间就专利等知识产权保护签订相关协议。泰州、无锡、苏州、盐城、南通、常州、镇江等市的近百家企业与职工签订了知识产权保护合同。

另外，省局针对科研与生产相脱节的现象，要求企业与科研机构加强合作。例如小天鹅集团与东南大学以股份制形式成立了研究机构，使小天鹅集团生产的每个新产品都包含一项或多项专利。协助好孩子集团开展专利工作，该集团与上海轻工学院合作，仅1998年一年就申请了278项中国专利和12件国外专利。1999年1月至11月该集团又申请了349项专利。"好孩子"还从上海、北京、南京、杭州、苏州等地聘请了一批律师，先后在武汉、上海等地立案起诉26家，判令侵权厂家赔偿损失140多万元。

陈局长总结说，就江苏全省企业专利工作而言，"九五"前3年江苏企业专利申请量超过"九五"之前11年申请的总和，达到5435件；今年1月至10月，全省企业专利申请量超过1998年全年申请量，占申请总量的43%，继续保持在全国各省企业专利申请量的第二位。陈局长最后说，江苏的企业专利工作一定要不断前进，一定会风采依旧。（原载于《中国知识产权报》2000年1月7日）

【简析】

这是一篇围绕江苏企业专利工作展开的通讯，通过陈燕平局长之口，了解到"走过宣传普及、建章立制阶段，当前国企专利工作的重头戏是使其认识到专利是他们的内在需要，拥有自主知识产权是他们的战略目标，技术创新是他们发展的必由之路。"这段话为"风采依旧"奠定了基础。本文采用白描手法，以朴素简练的文字平铺直叙，没有过多的辞藻渲染烘托，但使读者感到"步入专利领域时间不久，但对专利谈吐到位"的"40岁出头的陈局长"对企业专利工作领导有方、措施有力、愿景明确。"江苏的企业专利工作一定要不断前进，一定会风采依旧"是必然的结果。

陈燕平局长（左1）在江苏好孩子集团公司调研报样（原载于《中国知识产权报》2000年3月10日，刘瑞升摄影报道，本版编辑吴晖）

（二）通讯与消息的区别

消息立足于让读者"早知道一点"，通讯立足于让读者"多知道一点"。因此有人比喻说，消息类似发电报——言简意赅速度要快；通讯类似写信——有头有尾叙述要详。从内容上看，消息主要以报道事件为主，向读者报道新近发生的事。通讯报道以人为主，写人的思想及活动。即使是事件通讯也要事中见人，因为事情是人做出来的，围绕着事件，刻画出与事件有关的人物的形象，通过写事来写人，表现人的思想、感情和精神世界。

从结构上看，消息往往把最主要、最新鲜的内容放在前面的导语里面，呈倒金字塔结构。通讯则根据主题的需要，可以运用倒叙、描写、抒情、议论等手法，将新闻事件以讲故事的方式展开，情节可以精细地进行描述。整体构思，可以按时间顺序写，也可以按因果关系来写。

下面的例子是一篇日记体通讯，选取的事实材料形象生动，不仅内容翔实，而且通过感性的素材将原生态的生活画面呈现在读者面前，具有一定的感染力。

例2-1-2

"世纪行"记者日记选登之二

愿将科技扶贫大旗扛到底的人

本报记者　刘瑞升

2000年5月15日（星期一）上午

昨夜送走国清已12点多，回到房间顿感疲惫不堪，毕竟从早5点开始就没闲着。本该洗个热水澡，但错过了供应热水的时间，只好罢了。躺在床上我提醒自己早6点半一定要起床，因为7点吃早餐，按计划今天到省局采访一位发明人，并见《黑龙江日报》记者。

黑龙江省专利管理局在哈尔滨市中山路上。在赵作审局长的办公室，我见到了我报特约记者张少军，印象中又高又瘦的他比原来好似又瘦了许多。我开玩笑地说："看看，为专利事业又瘦了一圈。"他答道："世纪行不仅让你瘦一圈，还黑一层呢！"我们在笑声中紧紧握手。

谈话间，从门外走来一位40来岁的男子，他就是今天要采访的发明人孙景文。

寒暄后我请他谈谈情况。他介绍说，他目前担任哈尔滨市功能食品研究所所长。搞的各种技术革新有几百项，申请了几十项专利。他从1997年7月13日开始，进行了一项艰苦的、许多人不理解的活动——

科技扶贫万里行。至今已走过山东、江苏、陕西、辽宁、吉林、河南、黑龙江等省份，行程已达7万多公里，无偿将自己的研究项目转让给贫困地区。

"为什么要进行这一活动呢？"我问。

他没有正面回答，而是递给我一张证书，上面写着："孙景文同志：您在第六届全国发明展览会期间，怀着对陕西革命老区人民的深厚感情，热情支持陕西老区经济建设，无偿转让儿童保健杯、多用组合笔等12项技术。"落款是陕西省科委、陕西省发明协会和武衡的印章。时间是1991年10月31日。

他陷入了对往事的回忆之中："记得那天，中国发明协会武衡会长语重心长地对我说，小孙啊，你年轻，要多搞些发明，这是利国利民的事业啊！我真是备受感动和鼓舞。从那时起，我就立志，不仅要搞发明，还要将自己的技术无偿转让给贫困地区。

"在第六届全国发明展上共有15人向老区无偿转让技术29项，我一人就有12项。

"然而，在后来对转让的技术进行回访时，只有我一人回去了。这不仅令我惊讶，而且也让老区的人民难过呀！几年前，偶遇当年一同无偿转让技术的一位发明人，谈及此事，那人对我说，当年太傻了，现在要多挣钱！

"许多人都称我是傻子，吃饱了撑的。人各有志，他们怎么知道我的快乐是什么。"

他边说边递给我一份份盖着公章的无偿转让合同书：威海金谷面粉厂、潍坊面粉厂、蓬莱面粉厂，这些面粉厂都是无偿使用富叶酸挂面、碧珠营养大米的单位。

他最后坚定地说："我愿将科技扶贫这面大旗扛到底！"

"将科技扶贫大旗扛到底！"直白易懂的口号。为了这一目标，孙景文表示愿付出一切！

由于时间关系，我不可能去采访受惠于他发明项目的单位。之所以今天记上他一笔，是有感于这种可贵的精神！（原载于《中国知识产权报》2000年7月26日）

【简析】

这是一篇日记体新闻作品（日记体新闻写作详见本书第六课）。记者在这篇通讯中再现了一位利用自己的发明创造，进行科技扶贫的发明人。读者随着记者的提问，看到一张有陕西省科委、陕西省发明协会及中国发明协会会长武衡印章的证书。读者听到了武衡会长的鼓励之声，看到了一份份盖着公章的无偿转让合同书。随着记者的描述，读者仿佛看到了孙景文对老区回访时，当年15个无偿转让的人中只有他一个人回去了。特别是他在几年后"偶遇当年一同无偿转让技术的一位发明人，谈及此事，那人对我说，当年太傻了，现在要多挣钱"使读者如临其境、如闻其声。这些感性的材料，使读者了解到这位发明人的艰辛，也看到了他愿将科技扶贫大旗扛到底的决心。

假如以消息的体裁叙述这一新闻事件，可以如下方式表述。

专利发明人孙景文科技扶贫万里行
行程7万里无偿转让技术数十项

本报讯（记者刘瑞升哈尔滨报道）"世纪行"记者到达哈尔滨后，见到专利发明人孙景文，他从1997年7月开始进行了一项艰苦的活动——科技扶贫万里行。至今他已走过山东、江苏、陕西、辽宁、吉林、河南、黑龙江等省份，行程达7万多公里，无偿将自己的研究项目转让给贫困地区。

孙景文曾于1991年在陕西举行的第六届全国发明展览会上，将12项技术无偿转让给陕西革命老区，受到陕西省有关部门的表扬，中国发明协会武衡会长鼓励他要多搞发明。虽然许多人对他的行为不理解，但他决心已定，愿做将科技扶贫大旗扛到底的人。

【简析】

这则消息使读者可以看出，消息所报道的事实概括性较强，以叙述为表现手法。通讯则全面详尽地反映新闻现象，素材丰富具有感染力。

（三）通讯的种类

　　从报道的内容来划分，一般分为四类：一是人物通讯，报道先进人物、新闻人物为主要内容，报道的目的是反映他们的先进事迹，展示人物的崇高品质，为社会树立榜样。二是工作通讯，总结实际工作中的经验和教训，或者探讨有争议的亟待解决的问题的报道。它的政策性、指导性较强，要求写出背景、做法、成就、经验、教训，概括带有规律性的东西。三是事件通讯，事件通讯是以记事为主，通过某一事件的发生、发展和结束的记述，反映一个新闻事件的前因后果。四是概貌通讯，也称风貌通讯，它主要反映现实生活中的新风貌、新气象、新变化。报刊上标以"见闻""巡礼""侧记""纪行"一类字眼的通讯，大体皆属概貌通讯。

　　现就工作通讯试举一例。本篇工作通讯系本书作者2009年11月27日至12月17日，作为赴澳大利亚"知识产权战略"培训班一员，走访了澳大利亚联邦知识产权局、澳大利亚科学与工业研究组织（CSIRO）等11个单位。作为国家知识产权局智力引进工作的一个项目，培训班从一个侧面反映了自我国专利制度建立以来，国家知识产权局国际交流与合作所取得的成果。

例 2–1–3

历史从这里走过
——赴澳大利亚培训工作札记之一
本报记者　刘瑞升

　　坦率地讲，记者在参加赴澳"知识产权战略"培训班之前，对"智力引进"4个字的概念较为模糊。其实，简单的理解就是"请进来和派出去"。由国家知识产权局智力引进办公室安排，此次培训班分为国内和国外两个部分。国内培训阶段，邀请了国家知识产权局有关司、部的领导上课，使记者和参加培训班的学员对"智力引进"有了初步的认识。在澳大利亚期间，包括记者在内的学员们充分感受到"请进来和派出去"的"智力引进"形式，的确是学习国外先进管理方法、借鉴他国有益经验的一种良好方式。

培训班结束后，在着手写作赴澳工作札记时，有一个重要问题有必要先作一个简要陈述和历史回顾，即，在我国专利制度的建立和发展过程中，"智力引进"发挥了哪些重要作用呢？其意义如何？为此，记者专访了国家知识产权局副局长兼国家知识产权局智力引进领导小组组长李玉光。

李玉光首先向记者介绍了什么是"智力引进"。李玉光表示，智力引进工作分为两种形式，即通过国际交流与合作，聘请国外专家来华和组织人员出国（境）培训。目的是学习掌握国外的先进管理经验和科学技术。实践证明，引进国外智力省时省力省经费，可达到事半功倍的效果。通过"请进来和派出去"，直接借鉴和吸收其他国家最新科技成果和管理经验，实现技术和管理的跨越式进步，从而推动经济的快速发展。

就智力引进工作在我国专利制度建立伊始和发展过程的作用，李玉光认为，在国际交流与合作过程中，智力引进工作起到了巨大作用。从国外请来专利方面的专家，为我们"答疑解惑"；派出去的审查员、管理人员、技术人员或大中型企业主管知识产权工作的干部取回"真经"，为我所用。培训的主要内容包括专利战略与专利评估、专利管理与执法、专利技术的产业化、企业知识产权保护、入世后企业知识产权战略研究、入世后专利技术的产业化与专利市场的规范化、专利制度管理机制和发展趋势等方面，内容全面丰富。

李玉光强调，做好智力引进工作，吸收和借鉴各国的先进技术和管理经验，加快发展自己，是党和国家长期坚持的一项战略方针，是对外开放的重要组成部分。长期以来，国家知识产权局智力引进工作一直紧紧围绕着局的中心工作，特别是《国家知识产权战略纲要》颁布后，为智力引进工作提出了新的要求和更高的标准。"智力引进"要与时俱进，要适应新形势，解决新问题。

……

打开电脑浏览采访素材时，国家知识产权局国际合作司司长吕国良提供的一组数字出现在屏幕上，可以作为智力引进工作对我国专利制度初创和快速发展的最好注释：仅1984年到1995年11月间，中国专利局派遣93批472人前往国外参加短期或长期培训；德国先后有92批196人来华讲授专利业务知识，德国有两位专家长驻我国，协助我们工作。

国家知识产权局智力引进办公室提供的资料显示，1995年至今，共有638人先后到美国、加拿大、德国、法国、荷兰和澳大利亚进行培训。同时还引进国外专家30人在国内开展专业培训。这些培训项目均为国家知识产权局向外国专家局提出申请，由外国专家局审批立项并给予经费资助。

链接：近年国家知识产权局与澳大利亚的交往大事记

2007年11月，国家知识产权局局长田力普访澳大利亚，与澳大利亚联邦知识产权局局长举行了会谈。会上，双方对今后在互办研讨会、审查员交流、人员培训等方面开展合作达成了共识。期间，还访问了澳大利亚外交贸易部及拜会了我驻澳大利亚使馆。

2008年10月29日，副局长李玉光参加由国家知识产权局和澳大利亚联邦知识产权局在北京联合举办"澳大利亚知识产权制度"宣讲会，李玉光与澳大利亚联邦知识产权局局长菲利普·努南先生分别致辞。澳大利亚驻中国大使馆大使杰夫·雷比先生也到会。

2008年10月31日，田力普会见了来访的澳大利亚联邦知识产权局副局长法蒂玛·贝蒂女士一行。法蒂玛·贝蒂对中国政府颁布《国家知识产权战略纲要》表示赞赏。她说，在知识产权领域，中国用了不到三十年的时间完成了澳大利亚用一百年才完成的工作。

2009年5月，副局长张勤率代表团访澳大利亚，介绍中国国家知识产权战略并就有关问题与澳方进行交流。访澳期间，代表团还访问了澳大利亚国立大学和悉尼科技大学。

2005年至今，国家知识产权局已先后组织5次赴澳培训班，共有75人参加。（原载于《中国知识产权报》2010年1月20日）

【简析】

这是一篇典型的工作通讯。文章以札记的形式，通过记者的视角对这次活动进行了报道。这组报道由6篇文章组成，作为6篇中的首篇，记者必须先以统领全篇的高度，向读者交代清楚赴澳"知识产权战略"培训班的性质。记者采用欲擒故纵的写作手法，说，在参加这个班之前，对"智力引进"4个字的概念较为模糊。其实，简单的理解就是"请进来和派出去"。在写作本文时，就"智力引进"我在网上搜了一下，没有二三百字是说不清楚的，还不包括国家知识产权局特殊的"智力引进"。如果在开场白中就抛出几百字干巴巴的"定义"，势必影响读者的探知欲，还是留给后面借管理者之口解说为妙。

文章第一句，就让读者有一种"亲切"的平等感，记者放下身段，告知自己的"无知"，略显趣味性。我们的记者有时把自己打扮成无所不知的"超人"，时时刻刻以老师的面目出现，让读者倒胃口。其实，安告天下：我与您一样，这个领域我与您半斤对八两，反而会彰显出文章的生命力。与读者达成了共识后，接下来的几段，详尽道来"智力引进"的背景材料且采访的是负责这项工作的主管领导，确定了新闻事实的权威性。

由于这是系列报道，读者有心理准备，"陪"记者走入接下来的文章中，那么，本文便可以从容不迫地把记者要说的内容表述出来。当然，也不能让读者感到疲惫，记者有意识地改变了一下阅读形式，即把有些话以"链接"的方式延伸，增加了文章的信息量，为之后的几篇札记奠定了基础（余下5篇见第七课）。

二、通讯写作

（一）通讯的主题

任何体裁的新闻作品都要有明确的主题思想，通讯的主题就是通讯作品的中心思想。记者通过一篇通讯，宣传什么思想，解决什么问题，提供什么经验，这就是通讯的主题思想。主题决定着通讯的社会价值，也支配着通讯写作的全过程。它是决定材料取舍、谋篇布局、语言运用等一系列问题的依据。因此，正确地选择主题，深刻地提炼主题，完美地表达主题，是一篇成功的通讯作品必备的条件。

例2-2-4

创新——专利贯穿全过程
——大连化物所专利意识报道之一
本报记者　刘瑞升　通讯员　于晓丹

在大连化学物理研究所采访，听到这样一条经验："选好课题，工作就完成了一半。"这个"好"字包括什么呢？回答是基础、水平和创新思想。如何向这个"好"字上靠拢呢？这里的科研人员会告诉你三个绝招——

绝招一：开题立项先查新。其实，这已是老生常谈，也许在其他单位只是说说而已，但在这里可是一条铁的规矩。新开课题立项、论证之时，必须进行专利文献的检索和查新。特别是国家攻关项目、"863"计划、中科院重大课题，通过查新避免盲目性和低水平重复研究。

通过查新进行分析比较，使科研工作在制定方案和技术路线时，避免与国外专利撞车，恰当地选定保护的范围，形成自己的专利。

绝招二：始终抓住创新点。虽然我国科技总体发展水平还比较落后，原始创新和自主创新较少。但单项创新是有可能实现的，因此在开题立项时，一定要把研究工作的"焦点"聚在自己的创新点上。该所在科研计划的管理中，对课题的检查或中期评估时，依据专利信息和掌握的本领域技术情况，不断调整计划，使之保持始终的创新性。虽然有些课题整体工作还未结束，但对研究过程中取得的阶段性创新也及时申请专利。

绝招三：结题尽快报专利。由于在立项和科研中对要形成的专利已心中有数，因此，每年对结束的课题，在发表论文和鉴定之前，先办理专利申请。该所"七五""八五"攻关所取得的重大成果都申请了专利。

以"863"计划为例，据有关资料显示，自"863"计划实施至1997年，"863"鉴定的成果总数为1500余项，而其中专利只有340项，仅占总数的22%。大连化物所承担"863"计划共5个项目，其中4个项目共计申请了24项专利。

再以"八五"重大科技攻关项目"天然气（合成气）经二甲醚制取低碳烯烃"为例，这是一项自主创新项目。经专利文献查新发现这个研究课题和构想属国际首创，在申请专利的同时，继续不断了解、跟踪国内外这方面技术的发展情况，继而在研究中采用硅磷铝小孔分子筛和循环流化床等创新技术，保持了该项目的创新性。从1991年攻关开始到1996年完成中试的5年中，又分别从不同的单元技术方面申请了9项发明专利。这些专利约束和限制了国外几家大公司拟在我国开发此技术的想法，转而与化物所进行合作。这一技术引起中国石油天然气集团等企业的关注，并就建设年处理1万吨甲醇制烯烃的工业试验装置进行了论证。该装置建成后，将成为世界上第一套从天然气出发经甲醇制取低碳烯烃的工业规模的装置。目前催化剂正在申请美国等国家的专利。

不难看出，大连化物所在创新过程中，专利一马当先。那么，他们又是如何在漫长的创新过程中，保持着对专利的一往情深？且看下篇报道：创新——要有"十年寒窗"精神。（原载于《中国知识产权报》2000年5月17日）

例2-2-5

创新——要有"十年寒窗"精神
——大连化物所专利意识报道之二
本报记者 刘瑞升　通讯员 于晓丹

古语云："十年寒窗无人问，一举成名天下知。"大连化物所的科研实践表明，一个创新项目，从实验室小试到中试再到工业化生产，需要8到10年的时间。该所负责同志向笔者介绍了几项重大科研项目——

项目一：催化裂化干气制乙苯。实现产业化时间为8年，申请中国发明专利8项，并在11个国家和地区申请了专利，获国家发明二等奖，目前已推广应用于抚顺石油二厂、林源炼油厂、大连石化公司。

项目二：甲氰菊酯新农药。实现产业化时间为9年，申请中国发明专利8项，获国家科技进步三等奖，已在大连、江门等9家农药厂投入生产。

项目三：氮氢膜分离器。实现产业化时间为8年，获中国发明专利8项，国家科技进步二等奖。已在国内100多家工厂推广应用。

项目四：汽车尾气净化器。实现产业化时间为9年，中国发明专利5件，已在北京蓝天大气环保设备厂生产，年产10万套……

十年寒窗过后，大连化物所迎来的是科技水平领先世界的捷报。

该所负责同志特别向笔者介绍了"甲氰菊酯新农药"的研制经过：这是一种广泛应用于棉花、水果、蔬菜等经济作物的农药。通过专利查新得知，这种高效低毒的农药世界上只有某一国家能够生产，多年来，这个农药垄断着我国广大的农村市场。大连化物所的科技人员决定独立进行开发，并在催化剂和工艺技术方面避开国外专利。经过3年实验室工作，完成了小试并通过中科院主持的技术鉴定。后又完成中试且实现了工业化生产。该农药前后花了9年时间。这是根据国家的需要，以独创的技术路线，形成完整的生产技术的一项发明。该农药在催化剂配方及其制备、工艺路线和技术方法均进行了创新。从1990年到1997年先后申请了8项发明专利，已获上亿元的经济效益。

　　这些事例使人感到，不管是哪个科研院所在几年或十几年的研制过程中，必须时刻瞄准自己的创新点，并及时将自己的新发明申请专利，使之在产业化阶段既有自己的专利又不会侵犯他人的专利权。

　　读者也许注意到了，上述的例子均以产业化为归宿，即我们常说的实施。那么，专利实施在化物所这样一个研究机构是如何做的呢？请看下篇报道：创新——产业化为你锦上添花。（原载于《中国知识产权报》2000年5月19日）

例2-2-6

创新——产业化为你锦上添花
——大连化物所专利意识报道之三
本报记者 刘瑞升　通讯员 于晓丹

　　大连化物所的科技人员明白这样一个理儿：新技术的生命在于通过实施向产业化转移，而要延长新技术的生命则有赖于专利的保护。专利实施促进了科技与经济的结合，这种结合能最大限度地调动科技人员的积极性。向专利技术要效益，这已在化物所蔚然成风。该所主要是通过以下三种形式促成专利技术产业化的——

　　形式一：所办公司，自行实施。对技术含量高、市场前景好、效益显著的重大专利项目，该所创造条件自行实施。这样可最大限度地把握市场，在最短的时间里，将积累的资金投入科研和生产之中。几年来，该所创办了一批科技开发型的公司。1996年成立的凯飞高技术发展中心，下设4个实体部门，对所里的科研项目进行产业化，取得了可喜的成绩。

　　以拥有8项专利的氮氢膜分离器为例，凯飞中心每年生产分离器100套。目前已向全国100多个厂家提供产品，年创收超过千万元。还有甲氰菊酯新农药中间体——甲氰菊酸，该产品占据了南方全部市场，年产值达几千万元。再有"一种钯/氧化锰脱氧剂"专利技术，是针对石化系统的大中企业需求而开发的项目。这种产品先后在齐鲁石化、武汉石化、南京化工、大庆石化等5个大型石化企业的8条引进生产线以及国内近百个厂家应用，累计产值3.3亿元。

形式二：会同企业，联合实施。这种优势互补的方式，可形成合力，并能在生产实践中不断完善创新点。"催化裂化干气制乙苯技术"是该所与抚顺石油二厂联合开发成功的项目。该技术创出了一条独具特色的干气制乙苯技术路线。为进一步完善这一技术，中石化和抚顺石油二厂再一次与化物所合作，进行高层次的研究，如新一代催化剂的研制，气相改液相新的反应工艺等，总计投资320万元。不断的联合开发、实施，使该技术的水平迅速有了新的发展。此技术有望作为技术工艺包向国外出口。目前已申请了美国、加拿大、日本等11个国家的专利。

形式三：专利许可，转让实施。对于一些生产技术专利，该所采用多家专利许可的方式，使这些技术迅速传播开去。比如甲氰菊酯新农药生产技术，目前已转让了9个厂家，这种形式实施，使新农药覆盖了全国20多个省市，已生产的农药可在1亿多亩的土地上使用。该专利的年产值已达2.8亿元。

据不完全统计，由于采用灵活多样的实施形式，已有近20项专利技术使大连化物所获得百万元以上的利益，其中甲氰菊酯新农药、氮氢膜分离器等已获得几千万元的经济效益。这些效益的得来，究其原因，不仅仅是创新、转让和实施，那么，还有什么是其强有力的支撑呢？请读下篇报道：创新——依法保护是核心。（原载于《中国知识产权报》2000年5月24日）

例2-2-7

创新——依法保护是核心
——大连化物所专利意识报道之四

本报记者 刘瑞升　通讯员 于晓丹

拥有1200多名职工、高级研究人员250人、在学博士硕士研究生200余人的大连化物所，是如何加强专利意识的呢？这是许多人提出的问题。该所负责人给笔者讲了这样两个故事——

故事一：认"专利"不认"成果"的故事。八九年前，意大利某公司对化物所的一项技术颇感兴趣。经协商以38万美元的入门费进行合作。当在北京郑重签署合同时，外方老板询问这项技术的专利法律状态。化物所的负责人告诉外方这一技术已通过成果鉴定。外方表示，他们只认专利，不认成果！

故事二：科技人员擅自转让专利的故事。大连某精细化工厂四处推销由大连化物所研制开发的专利产品"401锰型脱氧剂"。经查，原来是该所退休不久的科技人员，即曾参与该技术研究的3人受聘于这个厂，他们将技术私下与这家工厂合作。为此，化物所向大连市中级人民法院提出起诉。经调查核实，法院做出被告停止对原告专利技术侵害的判决。被告不服，向辽宁省高院提出上诉，经高院终审判决，化物所胜诉。

类似重视专利的故事还有不少。诸如美国某公司原计划在福建建厂研制生产某种催化剂，但经专利检索得知化物所已将这种催化剂申请了专利，使该公司改弦更张……这些故事告诉人们一个道理，创新出来的技术或产品，必须依托专利法的保护，才能结出丰硕的果实。

据了解，化物所的几任所长都非常重视专利工作，有些所长还带头申请专利。该所有关负责同志不无自豪地告诉笔者，在专利法实施不久，化物所就设立了专职的专利管理干部，并先后将他们送往日本、美国进修和考察。尔后，出台了一系列相关规定：《项目立题查新检索制度》《发表文章前申请专利制度》《鉴定会前申请专利制度》《专利申请、实施、授权的奖励制度》。经过不断完善，全所工作人员签订了知识产权保证书，离职或退休人员也签订了有关协议书。

由于强化了专利意识，自90年代以来，全所每年的专利申请量都居中科院榜首。

采访结束了，回望挂在办公大楼内江泽民的题词："实施知识创新工程，把大连化学物理研究所建成世界一流研究所"，不禁令人感叹：在创新被称为是一个民族之魂的今天，有着强烈专利保护意识的大连化物所，实现这一目标，为期还会远吗？（原载于《中国知识产权报》2000年5月26日）

【简析】

这是"世纪行"记者在大连采访大连化物所的4篇报道。文章紧紧围绕着"专利意识"这一主题层层剥茧，步步展开，折射出科研机构在面临"入世"、转换机制、注重双重效益中一些共性问题。在求生存、求发展的今天，如何在高唱"创新之歌"的时候，谱好"专利之曲"，记者通过报道，给出了答案。

1. 2000年10月6日报样，刘瑞升摄影报道，本版编辑阎庚

2. 2000年6月9日报样，本版编辑王岚涛

3. 2000年8月23日报样，本版编辑阎庚

（二）通讯写作的基本要求

1.通讯的主题鲜明，事件完整，文体较自由

通讯的主题是指通讯要表现的中心思想。鲜明的主题是通讯的主要特征。因为通讯是作者有意组织起来的一种文体。作者要在一条主线的串联下，将各式各样的事实材料组织起来。这些材料运用在文章中都是为主题服务的，都是文章的有机组成部分。

一篇成功的通讯必须有头有尾，结构完整，合乎逻辑，不容任意拆散。

下面这篇题为《亚运礼品，从这里诞生》的通讯，讲的是座包凭着专利技术而成为受欢迎的亚运礼品。通过这一件事证明专利法给企业带来的好处，主题鲜明，生动具体，有说服力。

例2-2-8

亚运礼品，从这里诞生

本报记者　刘瑞升

山不在高，有仙则灵；水不在深，有龙则名

——采访题记

来到北京门头沟区龙泉镇，从柏油路转下一条石子小径，见前方有一弯浅水，河乎？溪乎？问及路旁老人，回答只是摇头。在这不知名的水流旁，有一个名叫"北京市龙腾旅游用品厂"的校办工厂，不久前的它，就像这弯浅水一样鲜为人知。然而，今天在这名不见经传的校办厂中，却生产出了在第十一届亚运会上我国将送给各国运动员、官员和记者的礼品——座包。

记者见到了副校长兼校办厂厂长曹永诚，他三十七八岁，大学中文专业毕业。一见面，他就激动地说道："在众多的包类产品中，我厂生产的专利产品——'座包'被亚运会组委会确定为礼品，我们感

到非常荣幸。"这个座包以其既能背又可坐的功能，将伴着万余名运动员、记者云游四方……

在众多的产品中，亚运会组委会选座包为礼品，这不能不说是一件幸事，也不能不说是一件奇事。可曹厂长却觉得，这并非奇事，他认为座包之所以取胜，是依赖于吸引人的专利技术和良好的产品服务。

他介绍说，"座包"顾名思义，就是能当凳子的包。包与凳本是风马牛不相及的两回事，而现在却合二为一，形影不离，仅这点就增加了人们强烈的好奇心。座包集盛物和可坐于一身，在不影响挎包功能的前提下，内部安装了一个重量仅为400克的金属支架，并由内衬控制支架受力。支架打开后，可承受100公斤的压力，即使包内装有鸡蛋之类的易碎品也可照坐无妨。曹厂长还说："这个专利产品，在北京地区是独家经营，所以从某种意义上说，专利就是我们的'护身符'。"亚运会的礼品要求非常严格，首先，不同人员背的包的颜色各不相同，这一点就要了真格的。就说运动员用包吧，需要绿色，偏偏在制包业中，绿色又不常见，更何况绿色的配套材料，如拉锁、背带、衬布等都必须专门定做。

在生产过程中，曹厂长前前后后跑亚运会集资部几十次，还要与其他合作厂家反复商谈，同发明人重新设计图纸等。他感到克服困难成了一种享受。

就是靠这专利技术和良好的服务，赢得了组委会的信任。特别是当张百发、伍绍祖等领导同志看到座包后，也被那独特的构思和功能所吸引，经研究决定作为亚运会礼品，送给各国来宾。

在面积不大的成品车间里，只只色彩绚丽的座包，真像整装待发的"战士"。看到它们就仿佛依稀见到身体强健的运动员在取得优异成绩后坐在绿色座包上休息的情景；又好像看见一群群动作敏捷的记者，身背红色的包穿梭于运动场的里里外外……

校外的小河的确很浅，但它身边却诞生了制作亚运礼品的龙腾旅游用品厂。笔者不知厂名的含义，但"水不在深，有龙则名"的古语久久萦回于脑际。（原载于《中国专利报》1990年9月12日，本文获首届全国专利好新闻一等奖第一名）

【简析】

这篇通讯讲的是一家校办工厂，如何生产出成为亚运会的礼品——座包的故事，材料运用得当，事件叙述完整。从这篇作品可以看出，通讯的文体比消息要自由，在表现形式上可以从始至终顺叙事实，也可以运用倒叙的手法，还可以用抒情、白描、议论等方式。可以用第一人称，也可用第三人称，可以用日记体，还能用对话体。《亚运礼品，从这里诞生》这篇只有1000字的通讯，不仅在见报当日就在中央人民广播电台早晨的"新闻和报纸摘要"节目中播出，而且获得首届全国专利好新闻一等奖第一名。

中国人民大学新闻学院教授薄浣培对这篇通讯的评语是：

通讯讲的是座包凭专利技术而成为受欢迎的亚运会礼品，通过这一件事说明专利法给企业带来好处，生动具体，有说服力。新闻报道就是以个性反映共性，能通过具体的东西反映一般的。作者选材得当，收到了"举重若轻"的效果。写作技巧不错。开头运用"倒起法"，欲扬先抑，文字有波澜。厂长介绍的情况，直接引语与间接引语交替运用，读来不枯燥。行文流畅。倒数第二段运用联想，写得较形象。结尾与开头紧相呼应，加强了主题的表达。

记者（左3）在企业采访座包生产情况
（原载于《中国专利报》1990年9月12日，本报记者张子弘摄）

2.通讯的内容翔实，情节生动，具有感染力

通讯是一种全面、详尽、生动、深入的报道体裁。通讯运用描写、抒情、叙述等手法给读者讲"故事"。通讯有利于读者较为完整地了解新闻事件的详细内容，较为深入地探求新闻事件深层次的原因。

例2-2-9

向远方……

本报记者 刘瑞升

一个生产浴盆的工厂，商标上却画着杠铃和射击运动员的图案，厂名竟叫弘亚体育器材厂，这里面肯定有什么讲究。怀着好奇心，我走访了这个厂的厂长——王冰。

"召开亚运会时，我们正为办厂奔波。没能给亚运会做些什么。"见面后，王厂长不无遗憾地说。他指着楼道内五颜六色用尼龙绸制成的折叠式浴盆接着说："这儿，正为申办奥运会准备呢！"难道在奥运会上要给每个运动员发个浴盆？本来我就为厂名与产品不符疑云满腹，现在一听这番话，更是丈二和尚——摸不着头脑了。

王厂长好像猜到了我的心思，爽快地笑着说："这种专利浴盆是我设计的，中国专利局已经公告。这款浴盆，折叠后不仅占地面积减少，适合家庭使用，而且受到野外作业者的欢迎。它配有GKQ—A型常压锅式开水器，在各种炉灶上都可以提供充足的热水源，若将上面封闭罩打开，还可进行健身蒸汽理疗呢。总之，销路很好，前景乐观，效益不错。有了经济基础，就可为咱们的体育事业出把子力啦！"

突然，窗外传来"啪、啪"几声枪响，打断了我们的谈话。王厂长把我引到窗前，凭窗望去，在不远处有个靶场，几名衣着红色运动服的青年人，正在进行射击训练。记起刚才进门时，门牌上写着"丹东陆上运动学校"的字样。

攀谈中我了解到，体委是靠国家拨款过日子，训练经费有限。常言道，射击运动员是用子弹堆出来的。可每颗子弹平均得花一元左右。王厂长语调沉重地说："我们的运动员是数着子弹练射击的。"就是因为有这切肤之痛，他才决心为体育事业干点实事。

"丁零零……"电话声中断了我们的谈话。王厂长接电话时，我的目光再次移到窗外。射击场上，运动员们有序地忙碌着：步枪、手枪、飞碟，各个项目的运动员分别在自己的区域内瞄准、射击。

接完电话的王厂长走了过来，指着射击场旁边正在拆迁的一片平房说："这里，准备建一座气枪馆。"

我插言道："那投资可不小呀。"

"是的，大部分经费由国家投资，不足部分由各界支持，我们厂当然不会落空的。"

我带着玩笑的口吻问："你们赚了多少钱啊？"

王厂长含笑回答："别看我们只有40多人，养活射击队还是不成问题的！刚才的电话，就是要包销我们产品的，您说前景如何？"

我们又坐回沙发上。王冰继续说："按照既定方针，已迈出了第一步，由我厂出资，组建了丹东弘亚射击队。现有运动员12名，经过集训，已代表我市开赴南昌，参加全国城市运动会。据昨天传来的消息，尽管我们的枪支质量较差，但成绩还是不错的，飞碟男子双向进入了前三名，参加决赛不成问题。"他的语调轻松自然。但稍有常识的人便会知晓，在短短的一年里，投资建厂、销售产品，还要担负一支射击队的全部费用，这里面要凝聚多少汗水和心血啊！

企业赞助运动队不乏其例，然而，一个工厂将全部的力量都投入到体育事业的发展上，一个人将自己的专利技术无偿地贡献给体育事业，却是凤毛麟角。

当问到该厂既定方针的第二步、第三步时，王冰"诡秘"地笑笑说："要向着名实相符的方向发展呀！就像我们厂名所展示的那样'弘扬我国体育事业，冲出亚洲，走向世界'。"看得出来，这位刚到而立之年的小伙子，没有实现的"军机"是不愿泄露的。

此时，我望着商标上的杠铃及射击运动员的图案，眼前幻化出一个个沉着冷静的神枪手,不管是立射、跪射,还是卧射,枪枪命中。不想拿金牌的运动员不是好运动员,那么,不想建树一番事业的企业家,恐怕也是罕见的!

"啪啪……"一声声清脆悦耳的枪声传进窗来,又飞向远方,好似在诉说着什么。(原载于《中国专利报》1991年8月26日)

例2-2-10

低度白酒在这里发明成功
防伪专利酒瓶在这里一炮走红
获得国家科技发明奖殊荣
缘于——

张开科技之弓
——河南省张弓酒厂纪事
本报记者 刘瑞升 杜颖

张弓酒厂坐落在豫东平原上的张弓镇。这里已有二千多年的酿酒历史。早在东汉年间,就有张酒仙以酒救刘秀的动人传说;而今又有依靠科技研制出低度白酒的故事;以及用"专利防伪酒瓶"使企业腾飞的新闻。凡此种种,被酿酒业称为"张弓现象"。

张弓酒厂是如何张开科技之弓,发展自己,保护自己的呢?带着这些疑问,记者走访了这个酒的故乡。

为了实现一个梦想

酒的发明不知始于何时何人,但在商代的甲骨文中,已有了酒字。传说商纣作"酒池肉林",以此推算,酒至少已有五千年的历史了。在这漫长的时光中,白酒都是54度以上的烈性酒,人们盼望着低度白酒的问世,但这愿望以往一直与梦想相伴。

在走访了发明低度白酒的张弓酒厂后,我们深深感到全国政协副主席王光英书写的"东西南北中,好酒在张弓"题词中,"好酒"二字的内涵和分量，它包容了酿酒科技工作者的苦与乐。

由于白酒的度数降到一定程度就呈现出混浊状，所以我国低度白酒在相当长的时间里始终是一个空白。为攻克白酒低度化这一难关，曾是一名普通酿酒工、现为张弓酒厂高级工程师的张启振与老一代酿酒工作者接受了这一研究课题。

经过多次试验，他们摸索出了在低温下过滤可降低白酒度数的规律。当时，由于试验室的条件还不完备，只能在自然条件下进行试验。中原的冬季冷风刺骨，在零下30多度的严寒中，他们一站就是四五个小时，他们细心观察、测试、记录、分析着白酒的变化……

据张弓酒厂宣传处扬海林处长介绍，经过一百多个日夜的奋战，多次的失败，他们终于掌握了低度白酒的配料、勾兑、调味等工艺，研制出38度白酒。38度张弓酒是我国最早的低度白酒，为中国酿酒史谱写了辉煌的一页。

在全国大型白酒厂厂长座谈会上，张弓酒厂的代表作了关于低度白酒生产工艺的报告，受到了白酒界权威人士的高度评价。会议纪要中写道："河南张弓酒厂成功地研制出低度白酒，填补了我国低度白酒生产的空白，为我国白酒的发展指出了一条明确的道路。"

这一科研成果荣获国家科技发明奖、轻工部重大科研成果奖、河南省"名优白酒质量关键技术研究"一等奖等多项荣誉。38度张弓酒获国家银质奖。

不只是为了一个动人的传说

相传，西汉末年王莽篡政，汉室宗亲刘秀为复汉在南阳起兵，被王莽追杀到张弓镇，镇上张酒仙将其藏于酒窖中，并用张弓酒巧妙地打发走了莽军。死里逃生的刘秀饮着沁人心脾的张弓酒，欣然作歌一首：

香远兮随风，

酒仙兮镇中。

佳酿兮解忧，

壮志兮填胸。

刘秀称帝后，封张弓酒为御宴贡酒。这段文字足以证明张弓酒的美妙。

由于张弓酒品质不凡，一些不法分子不顾消费者的生命安全、不顾张弓酒厂的权益，将收购来的张弓酒旧酒瓶，装入劣质白酒，坑害消费者。市场反馈的抱怨和责骂都落在了张弓酒厂的头上。那时的张弓人心急如焚，难道美酒只能作为传说让人回忆吗？张弓人要让世人知道，他们不仅能酿造美酒，而且还要保证美酒的品质。

为了这一目的，张弓酒厂花了140万元，购买了"一次性使用的防伪瓶"专利技术的全国独家使用权。该厂总工张启振深有感触地说，科技对一个企业来说是一种无价的资本，企业的领导者必须具有将先进的科学技术应用到生产中去的意识，事实证明了这一点。如今其他酒厂还在疲于打假时，我们早已把精力集中在开发新产品，提高产品质量上。

据了解，自1995年至今，防伪瓶至少为张弓酒厂创造经济效益3000万元。现在，多家酒厂出高价购买专利防伪瓶技术，有的甚至出价高达400万元，但都被张弓酒厂婉言谢绝了。

为了创造一个新的"神话"

目前，张弓酒厂已成为国家大型一类企业，占地面积30多万平方米，拥有职工近5000人，年产各类曲酒4万吨。1995年利税总额突破亿元大关，达1.308亿元，比1994年上升了57.04%。尝到"科技"甜头的张弓人，在全国劳动模范、厂长吕信贻的带领下，积极练"内功"，走"科技效益型"企业发展之路。他们采用不同工艺分别研制了特香、特酸、特甜、特苦等各具风味的调味酒，试验酒样受到了专家的好评。厂研究所与河南省食品研究所联合进行了"兼香型白酒新工艺研究"并已进行小样生产，它的研究成功开创了兼香型曲酒生产工艺的先河，改变了传统的先分别生产再勾兑成型的方法。他们投资300多万元建起了科研楼。承接了国家、省白酒科研课题10多项，其中"萃取法生产调味酒及活性炭的生产技术研究"获轻工部科技成果一等奖，"应用现代化管理法提高大曲酒质量""强化大曲研制及应用研究"等一批科研成果也都在这里研究成功。

"九五"期间张弓酒厂要从单一生产白酒向多种经营方面发展，投资兴建3~5个科技含量高的现代化企业，使张弓酒厂形成规模效益型、质量效益型和科技效益型并举的新型企业。还要在提高人员素质，培养科技人才上增加资金投入。

连日来的参观、采访，所见所闻使我们感到：如果一个企业能将规模效益型、质量效益型和科技效益型有机而完美地结合在一起，这不能不说是创造了一个实实在在的"神话"。对于一跃成为全国最大白酒工业企业50强之一，全国500家最佳经济效益先进单位的张弓酒厂来说，要实现这个"神话"也并非举手之劳。张弓酒厂刚刚张开科技之弓，就已取得了令人瞩目的成绩，不难设想，利箭射出后，必将使神话成为现实，也一定能取得更加辉煌的胜利。（原载于《中国专利报》1996年6月19日，本文获1997年全国科技报优秀作品三等奖及好标题奖）

3.通讯的形象性，要求作者以描述的手法表现新闻事实

通讯对所报道的人物、事件除了交代时间、地点、范围、后果等外，还要运用各种手法表现人物的外在形象和内心世界，挖掘其深刻的思想内涵。对于事件的报道要情节生动，使读者可以感知，具有感染力。

例2-2-11

"愿做农民的科技朋友"
——通县马驹桥镇"科技咨询日"侧记
本报记者 刘瑞升

"葡萄大面积发黄是怎么回事？"

"因为缺铁造成的。"

"紫洋白菜得了褐腐病该怎么办？"

"您可用30%倍生乳油1000~1200倍液喷雾。"

"去哪儿买种子保证无假货？"

"农林科学院的种子销售部。"

这一问一答，可不是电视台播放的知识抢答赛，而是北京市通县马驹桥镇街头"科技咨询日"的一组画面。5月26日，在马驹桥镇熙熙攘攘、人来人往的十字街口，与以往不同的是一幅高高悬起的红色横标引人注目："北京市科协、通县科协科技咨询日"。二十几张条桌一字排在横幅下面，录音机里传出的音乐，使路人不由得驻足观看。

来自北京市农林科学院的十几位专家、高级农艺师坐在桌前正为农民兄弟进行科学种田的咨询指导，透过人群隐约可见桌上竖立的红牌上写着果树、蔬菜、水稻、小麦、畜牧等字样。通县科协的几位女同志也兴致勃勃地向过往的人们散发着宣传品。记者顺手拿起一份，见是关于如何种植家庭香菇的内容，从备料配料、打穴接种、培养发菌，每道工序介绍得清清楚楚。

在林业果树研究所施守能高级农艺师桌前询问者甚多。与她攀谈中了解到，北京现有在册的果树210多万亩，如何提高成活率、防治病虫害是非常重要的一个问题，因此，前来咨询的果农迫切希望了解新技术、新方法以及根据不同病虫害如何使用农药。刚才询问葡萄发黄的果农是从十多公里以外赶来的，当得知使用高美施就能治好这种病时，这位农民兄弟非常高兴。

在蔬菜咨询桌前，一个农民小伙儿用手比画着诉说自己买假种子的苦衷："豆角出苗才一拃多高就不长了。"这道难题让专家也束手无策。他一面说一面记下农业部和北京市政府蔬菜顾问李明远教授的电话。

在现场，我采访了几位农民，他们对农业专家的到来感到很高兴。一位50多岁的庄稼汉对我说："你觉得今天人不少吧？跟你说，今天不是集，如果遇到赶集的日子，这队要排上几十人。"这时，另一中年农民插言道："专家到农村，提供了我们与他们认识的机会，留张名片，现在通讯也方便了，遇到问题，打个电话就解决了。"

"农民对新技术的应用积极性最高！"通县杜副县长说出了农民的心里话。他说，通县负责北京市部分商品粮及蔬菜供应。传统的耕作方式已远远不能满足农民的需求，要想在原有的面积里生产出更多、更好的产品，只有通过科学的栽培方法才能实现，这就需要科学家的指导与帮助。

镇农工商总公司董维毅总经理说得更是直截了当："病人愿找好大夫开方抓药，同样，农民需要好的农业专家帮助指导。目前我们镇农业生产水平已较高，但如何再上新台阶，唯一出路就是要依靠科技，比如小麦亩产突千斤，这个问题如果没有专家的参与，我敢说是不可能实现的。"

从咨询现场不难看出，如今的农民已不是面朝黄土背朝天，靠老天爷吃饭了，他们真切盼望依靠科技致富。而广大的农业科技人员也希望自己的科研成果能尽快地转化为生产力。正如高级农艺师荣子其所讲的："来到这里感到自己的知识被农民认可，心里有说不出的高兴。农民需要我们，我们更需要农民，我们愿做农民的科技朋友。"他的话道出了广大农业科技工作者的心声。

北京市科协副主席田小平说，这种科技咨询，使农业专家与农民直接地、迅速地、最有实效地交流，达到解决农业问题的目的，这就是我们的初衷。

一天的咨询活动结束了，其产生的效果是显著的。如何使农民与专家这对朋友长期地交往下去，如何更广泛地使农村与科研院所形成网络，是迫在眉睫要解决的问题。记者认为，能够形成一种长效的机制，将农民和专家形成一个共同体，达到共赢的目的，这应该是各级科协组织的责任。因为，促进农业科技成果尽快地转化为现实生产力，这不仅是广大农民所祈盼的，也是众多的农业专家衷心希冀的，更是我国农业发展的方向。（原载于《中国专利报》1996年6月17日）

（三）通讯的结构

这里所说的"通讯结构"是指通讯的表现形式。通讯作为一种写作体裁，结构形式多样，没有固定的模式，没有消息那样较为固定的"格式化"的结构。通讯的结构比起消息要复杂，因为通讯的内容涵盖广、矛盾多、头绪繁，所以结构是通讯成败的关键。

通讯主要有以下三种结构。

1.纵式结构

按照新闻事件发生、发展的时间顺序组织材料。

这是最常见的结构方式，使人一目了然，比较适合报道中心事件、中心人物的事实。

（1）单一式。

例2-2-12

"我们认准农科院"
——吉林省农科院见闻之三
（节选）
本报记者 刘瑞升　通讯员 王春霖 王圣东

伴着潇潇春雨，我们一行人来到农科院大门外的种子市场，一排几十米长的销售厅，分为玉米、水稻、农药、果树等若干个部分。陪同我们的是该院科研处的张雪清同志，她指着大厅前一片空地说，每年"五一"节前，是农民购买种子的时候，这里可以说人挨人，人挤人。许多农民从几十里甚至上百里之外赶来。说话间，只见玉米厅门前几位农民正向农用车上装着一袋袋种子。我们上前询问他们从哪儿来，他们回答从大屯来，离这里近百里路。

"为什么到这么远来买种子？"我们问。

一个农民感慨地说："农科院的种子货真价实，品种优良，买着放心。"

另一个农民也说："农科院的种子都是专家培育的，绝不会有问题，我把每年强制摊派下来的种子搁在一边，也要买农科院的种子。"

"我们认准农科院。"他们纷纷这么说。

我们走进农药厅，这里摩肩接踵，农药专家的咨询台前围满了农民。张雪清介绍说，播种后，农民就要选购农药了，于是，农科院农药方面的专家就在这里为农民答疑解惑。

水稻厅里只有3个工作人员在"唠嗑"（聊天）。我们询问为什么没人买种子？其中一位女同志回答说："五一节前可把我们累坏了，一共卖了70万斤稻种，价值130万元。现在买种子已经不赶趟了。"

"那你们怎么不关门休息？"我们问。

"那怎么行？有些农民遇到问题还会来咨询的。"她回答说。

（原载于《中国知识产权报》2000年6月16日）

【简析】

《"我们认准农科院"》是写种子市场的，亲眼看农民怎么购买种子，如何询问相关情况，又到农药厅、水稻厅，按照新闻事件发生、发展的时间顺序组织材料。

例2-2-13

德州一日

本报记者　刘瑞升

进入山东省界，第一采访地是德州市，在该市逗留一天，特以时间为序记《德州一日》。

8：30　德州市专利管理局局长房成星办公室。房局长紧紧握着我的手说："欢迎你的到来。国家知识产权局和报社搞的这一活动，对我们很是鼓舞。"

房局长可谓德州的老专利，专利法实施之时，他正是风华正茂的年纪，从那时起，他便与专利结下了不解之缘。十五六个年头过去了，头发已有些花白的他仍在专利战线的最前沿、最基层默默地工作着。他高兴地告诉我，今年可谓德州专利史上辉煌的一年，年初市府正式批准成立专利管理局，国家知识产权局也批准成立专利代理事务所。他一边说一边指着身后的一个牌子补充道："牌子已做好，我们准备选个'良辰吉日'把它高高地挂在大楼的门前。"

说到这里，房局长深有感触："看到知识产权报上刊登'世纪行'活动的消息，我们为之一振。骑车走全国，体现的是不畏艰辛、百折不挠的精神。这与十几年来我们专利工作的风风雨雨是多么吻合啊！"

听到这番话，我被深深地打动了，目睹基层专利工作者默默耕耘的工作作风，我表示要把"世纪行"活动搞好。

10：00　德州市天科专利事务所。所长武月岭告诉我，他是1994年考取代理人证书的，由于工作繁忙，他只能用业余时间为发明人服务。几年来，他几乎所有的星期日都没休息，他还自费订阅《中国知识产权报》。

他见我环顾四周，便说："别看我们条件有限，但已经正式'上岗'。常言道，良好的开始是成功的一半。我们有决心和信心把德州的专利工作做好。"看着年仅31岁的武月岭，使我感到，在德州，专利事业后继有人！

13：30　德州晶华集团有限公司。公司主导产品为平板玻璃、玻璃制品及水泥等，是山东百家大型企业之一。资产总值7.3亿，员工6600人，其中工程技术人员占10%，公司已申请专利10项，其中发明专利4项，仅乳白玻璃器皿烤花工艺一项，已获纯利5000多万元。

在玻璃酒瓶生产车间，流水线上一只只白瓷酒瓶井然有序地向前移动着，我不禁问道，玻璃厂怎么还生产瓷瓶呢？公司负责人笑着说，运用专利技术生产出的玻璃仿瓷酒瓶，可达到乱真的程度。到目前为止，瓷瓶易渗漏、易变形的问题一直得不到解决。因此，许多瓷酒瓶用不了多久便"缺斤短两"。而这种仿瓷玻璃瓶，不仅像瓷瓶，而且成本低，不变形，不渗漏，便于工业化生产，几年来销路一直很好。

15：00　皇明太阳能集团公司。几年前本报山东记者站吕宝礼曾采访过这家公司，当时是在一个工棚里敲敲打打制造热水器的小作坊，而今已成为一个具有相当规模的企业。我在骑车行进中，常看到写有"皇明太阳能"字样的封闭式卡车从身旁驶过，于是我建议到该公司走一遭。

皇明太阳能集团公司的主体建筑，是由两座并肩而立的白色大楼构成，楼顶硕大的横标写着："建全国最大的太阳能热水器生产基地"，绿底白字，格外醒目，十几辆全封闭卡车排列在路旁，两楼间的广场上摆放着不同尺寸、规格的热水器。

由于事先没有联系，所以稍费周折才与公司企管办的负责人见面。他介绍说，皇明太阳能集团是一个依靠科技起家，依靠专利发展的公司，在短短的几年间已成为一个拥有20多项专利、生产6大系列近百个品种、产值达1.6亿、年产10万台热水器的集团公司。单向全国各地送货的卡车就有200多辆。在谈到下一步发展时，这位负责人说，在加强自主知识产权技术开发的同时，我们正在104国道旁兴建皇明太阳能高科技工业园，目前已初具规模。总建筑面积20万平方米，投资4.1亿元。第二天在向济南进发的路上，我看到了这个工业园，红顶白墙的厂房，成为国道旁的一道风景。

17：30 访德州市科技局主管专利工作的主任。

德州一日，收获不小。（原载于《上道就好》，中国轻工业出版社，2003年11月版，第24~24页）

【简析】

《德州一日》，单一式结构更是显而易见。该文完全按照时间顺序撰写，是一篇典型的日记体新闻（有关日记体新闻见本书第六课）。这是"中华知识产权世纪行"记者到达山东德州时，从上午8时30分写起，到德州市专利局采访；10时到德州市天科专利事务所；下午1时30分到德州晶华集团有限公司；下午3时到皇明太阳能集团公司。将新闻事实以时间为序串联起来。

（2）复合式。

例2-2-14

"世纪行"记者日记选登之一

基层专利工作者就是这样工作的

本报记者　刘瑞升

2000年5月14日（星期日）

早4时许，我从扶余（吉林境内）启程，沿102国道进入黑龙江省。目标哈尔滨，行程120公里。想到今天就要告别吉林省，不禁想起前天在长春零公里处与王春霖、王圣东等吉林省专利管理局的同志们握手言别的情景，心里感到热乎乎的……

路况与前两天差不多，路面不算宽，有的路段起伏较大，上坡仍需推行。今天天气仍较热，为避免再出现昨日在路上买不到水的情况，特多备三瓶矿泉水放入车筐。

今天是周日。下午2点多钟终于到达哈尔滨，住省政府招待所。黑龙江省专利管理局赵作审、吴国清两位局长先后来到招待所。

晚饭后，国清在招待所与我"唠嗑"。9点多，他的手机响起，原来电话是大庆石油管理局专利事务所的胡志文打来的，他与一企业负责人为该企业专利事务到佳木斯，事已办完了，一会儿就到哈市。吴请胡到招待所来，与我见见面，因为我的下一站就是大庆。

晚10点10分，胡志文走进房间，看上去他有三十四五岁模样，中等个头，理着寸头，戴着一副眼镜，谈吐热情豪爽。从他递给我的名片得知，他是大庆石油管理局知识产权办副主任、专利事务所所长、省知识产权研究会理事。小胡干专利已十几年，用他自己的话说是"老专利"了。

小胡介绍说，这几天他与大庆南垣电子有限公司的技术人员到佳木斯等地调研，为该公司下一步申请专利准备一些材料。小胡真有点"拼命三郎"的劲头，开了七八个小时的车还没吃饭。国清一听便急了，说："你虽年轻，但也不能不注意身体呀！"然后转脸对我说："瑞升啊，你看到没有，基层的专利工作者就是这样工作的！"

与小胡同来的大庆南垣公司的同志也感慨地说，为了我们的专利申请，胡所长不厌其烦地了解技术情况。听说佳木斯也有类似的产品，为使我们的专利不与人家"撞车"，宁愿自己吃苦，也要亲自前往看个究竟。这不，为了不误明天的一个会，一会儿他还要驾车回大庆呢！

在招待所外的一家小餐馆，小胡狼吞虎咽地饱餐了一顿。尔后，握着我的手说："欢迎您到大庆来！""大庆见。"我回答。这时手表时针已指向夜里11点15分。哈市距离大庆还有200余公里。我们目送着小胡驾车消失在深深的夜幕中。

望着远去的汽车，我不由对国清说，自打"世纪行"以来，我见过不少兢兢业业、默默地为专利事业工作着的人们。我给他列举了一串名字：天津的吕志英、廊坊的赵强和李嘉卉、德州的房成星、济南的车海锋、淮阴的陈静巧和董国善、扬州的周振华和许必元、苏州的孙莘隆等，他们都在自己平凡的岗位上，为中国的专利事业默默地耕耘着。

国清感慨地说，基层的专利工作者就是这样工作的。如果没有全国各基层专利人忘我的工作，中国的专利事业是不会取得今天这样辉煌的成就的。

他们真可称为中国专利事业的脊梁！我想。（原载于《中国知识产权报》2000年7月21日）

例2-2-15

"世纪行"记者日记选登之二

愿将科技扶贫大旗扛到底的人

本报记者 刘瑞升

（参见本书第039页）

（原载于《中国知识产权报》2000年7月26日）

例2-2-16

"世纪行"记者日记选登之三

各方人士都在关注知识产权

本报记者 刘瑞升

（参见本书第208页）

（原载于《中国知识产权报》2000年7月28日）

例2-2-17

"世纪行"记者日记选登之四

哈飞集团专利工作见闻

本报记者 刘瑞升

（参见本书第213页）

（原载于《中国知识产权报》2000年8月2日）

例2-2-18

"世纪行"记者日记选登之五

访阿城

本报记者 刘瑞升

（参见本书第215页）

（原载于《中国知识产权报》2000年8月4日）

例2-2-19

"世纪行"记者日记选登之六

冷暖吾心知

本报记者 刘瑞升

（参见本书第218页）

（原载于《中国知识产权报》2000年8月9日）

【简析】

在这6篇"日记体"的通讯中，记者围绕一个主题，即各方人士对知识产权工作的态度和行为，一件件井然有序地出现，被记者娓娓道来。作者是以日记体通讯的方式表现的，依次出现了如下新闻事件：

①深夜会见"拼命三郎"——大庆专利代理人胡志文；

②采访"愿将科技扶贫这面大旗扛到底"的发明人孙景文；

③审判长李靖海接受采访，谈哈尔滨市知识产权案件审理情况；

④法院审理"转基因番茄"专利侵权案，受到各路媒体关注；

⑤哈尔滨专利管理处被评为全国专利先进集体，授权量居全国计划单列市第三名；

⑥"哈飞"特大型航空企业专利情况；

⑦偶见齐齐哈尔市科委主任；

⑧访阿城；

⑨去版权局采访；

⑩在工商局受冷落；

⑪哈尔滨专利处临别时送的红肠、矿泉水、列巴。

《世纪行日记选登》将原本较为复杂的新闻事实进行梳理，使之在一条主线的贯穿下显得简明、有条理，可使多线条、多场面的新闻事实清晰明了，使读者对事实一目了然，让事件头绪清楚。就像一部以知识产权为题材的电影，一个个镜头串联在一起，多线索、多情节、多环节在记者的安排下延伸，几经梳理、取舍使之变得清晰明了。为便于报纸专栏连载，每篇或多或少带一些背景介绍。复合式结构比单一式结构要复杂。

2.横式结构

是指按照新闻事实的内在性质的区别和联系，多方面、多角度使用新闻素材。横式结构适用报道较大场面的新闻事件。作者从不同的空间去表现主题，可将同一时间作为一个平台，将发生在不同方位、不同空间的新闻事实连接起来，显示题材的丰富和场面的宏大。可用在工作通讯、社会观察通讯及专题报道等。

例2-2-20

回归后的科技盛会
——记香港'97中国科技贸易博览会
本报记者　刘瑞升　马秀山

值得记录的镜头

公元1997年7月1日，香港经过百年的英国殖民统治后，正式回到祖国怀抱，成为特别行政区。

同年11月18日，由中国对外贸易经济合作部主办的香港'97中国科技贸易博览会在香港展览中心开幕，这是内地首次在港举办的科技贸易博览会。

11月20日下午5时许，特区行政长官董建华兴致勃勃地走进展览大厅。一个个优秀项目，令他赞叹不已。在中国专利局展台前，他颇感兴趣地观看了再造石雕塑出的艺术品。发明人张宝贵就这项专利技术进行了简要的介绍。董建华笑着称赞这一专利产品是技术与艺术的结晶。

与记者同在现场采访的一香港同行不无感慨地说，香港回归后，在港举办了不少各类展览，但董特首很少参加，而他在即将启程赴温哥华参加亚太经合组织会议之前，抽出时间来参观科技贸易博览会，足以证明特首对科技的重视……

此刻，记者眼前不由地浮现出今年7月1日香港回归时的电视画面：董建华在特区成立庆典上的演讲中指出：我们将致力推动高增值制造业和高科技工业。他还在首次施政报告中提到，走向高科技对本港十分重要……

在董建华参观过程中，他就高科技在香港经济发展中的作用回答了记者的提问。他说，香港以商业、金融等著称于世，但要使香港持续稳固地发展，使之更加繁荣，走高新技术之路，是明智的选择……

当董建华走出展览大厅时，墙上时钟的指针已近六时，原计划25分钟的参观时间，被增加了近一倍。

令人称道的举措

深圳寰宇大酒店。这是赴港参展前的集合地。本报记者独家采访了中国对外贸易经济合作部科技司副司长吴振权。吴副司长介绍说："这次由中国对外贸易经济合作部主办、香港贸发局协办的科技贸易博览会，目的在于将'科技兴贸'落在实处。众所周知，高新技术产品的出口能力是一个国家经济发展、科技水平和综合实力的重要标志。举办这次博览会，旨在进一步加强内地和香港的科技交流与合作，将内地的人才、技术优势同香港的资金、市场、信息优势有机地结合起来，进而推动两地对外经贸事业的共同发展与繁荣。"

当吴副司长听记者介绍说，去年中国专利年申请量已突破10万件大关，但实施率还较低，特别是许多发明人苦于找不到合作者，苦于专利技术进入不了国际市场时，他说，这次博览会就是一个最好的窗口和舞台。外经贸部就是要为内地的科研部门和专利权人牵线搭桥。他表示，愿意就今后如何与专利局进行多方面合作进行商讨。

多家合作的盛会

1997年11月18日上午10时，香港'97中国科技贸易博览会在香港展览中心开幕。主持开幕典礼的嘉宾有外经贸部部长助理孙广相、香港贸发局总裁施祖祥、新华社香港分社副社长乌兰木伦及香港中华商会会长曾宪梓等。

参加这次博览会的中国科贸代表团由210人组成，共展出414项科技成果，涉及机械、电子、环保、通讯、化工、医疗器械等行业。

这是一次多家合作的盛会，除主办和协办单位外，香港生产力促进局担任技术顾问，中国国际广告公司具体承办。组团参展的有机械工业部、中国专利局、航天工业总公司、航空航天大学等7个部委和院校，辽宁、山东以及武汉、广州、上海等10个省市也组团参展。

香港贸发局助理总裁杨吴恽眉看到这样多的高新技术云集香港，高兴地说，近年来国际市场竞争日趋剧烈，港商发展高增值产品刻不容缓。由于香港科研基础比较薄弱，致使在开发高增值产品方面发展比较缓慢，而内地科技人才济济。因此，希望通过这次博览会促进香港工业界与内地科技界的合作，互补优势，共同发展。

香港生产力促进局副总裁吕新荣说得也很实在，他说，目前香港主要发展的轻工业项目市场已出现饱和现象，因而必须发展科技含量较高的高增值项目，而与国内科研部门合作是最有效的途径。

中国专利局专利管理部部长、本次赴港专利展团团长胡佐超指出，导入专利技术或产品，是实施"科技兴贸"和获得高附加值最有效的手段。产品进入国际市场，表面上看是质量和成本的竞争，实质是技术的竞争，而知识产权保护，才是使其在国际市场站住脚的可靠的法律保障。

蜂拥而至的新闻宣传

来港后，记者看到街头报摊上众多的报纸，多以社会新闻为卖点。作为一个科技方面的博览会，香港的新闻媒体会感兴趣吗？

这个担心确属多余。开幕式时，凤凰卫视、本港台、华娱台及用字母组成台标令笔者叫不上名字的多家电视台，架起了六七部摄像机。手持纸笔的报社记者就更多了。有这样一个场面至今仍令记者历历在目，开幕式后，记者群簇拥着孙广相，录像机、录音机、麦克风简直要把他埋起来，提问声此起彼伏，令他应接不暇。

在中国专利局展团的展位上，《天天日报》《新报》《快报》《明报》等报社的记者围坐在团长胡佐超左右，提出有关专利方面的问题。

据香港贸发局提供的截至19日各报报道情况的复印件统计，有《大公报》《文汇报》《经济日报》《星岛日报》《信报》《苹果日报》《东方日报》等14家中文报纸和英文报纸共发稿件45篇，图片16幅，这还不包括20日以后的报道。

许多报纸采用粗壮字体作标题，显眼夺目。例如《大公报》用72号粗黑制题："香港内地需各施所长，科贸博览会提新契机"；《文汇报》主题亦是72号黑体："外经贸部在港办科技贸易展"，副题："协助港商引进内地科技发展高增值产品"；《新报》更以84号粗黑："本港轻工业项目市场现饱和，结合国内科技发展高增值项目"。同时，许多文章均在千字以上，足以证明港报对这次博览会刮目相看的程度。

"专利"是博览会的热点

博览会的第二天，胡佐超对记者说，经他仔细观看，发现几乎有三分之二的展位上都有专利技术或产品，他脸上露出一种抑制不住的喜悦。他说的是事实。

与专利展团邻近的福建省展位内，一辆万向电动轮椅，不时在通道上进行着"表演"。它不仅可以像汽车一样前后行进，而且还能左右横移，斜向行走，原地旋转。发明人林煌是一位年轻小伙子，记者询问他将产品拿到香港展出，就不怕被别人仿制？他指着彩色说明书上的一行字给我看，原来他已启动了PCT申请。他介绍说，这一技术已申请了美国、日本、欧洲及我国台湾地区专利，目前，产品已出口到国外，非常受欢迎。

当孙广相、曾宪梓等人来到四川省专利管理局展位时，陈本发副局长向他们介绍了发明专利大蒜保健液，这种治疗心脑血管疾病的产品，经药理、毒理试验和临床应用，疗效显著。四川海廷集团董事长张友富也介绍了集团依靠23项专利技术发展壮大的情况。

上海梅山（集团）有限公司带来的陶瓷复合钢管技术被博览会确认为"新颖项目"，主办单位不仅在会场门口竖立醒目的宣传牌免费介绍，而且还在《大公报》《香港经济日报》上刊出。

葛洲坝黏合剂开发公司是一个靠专利"发家致富"的国有企业，总经理黄世德带来了他发明的"243黏合剂"。其他同类产品黏合时间需24小时，而这种专利产品只需20分钟。如今，这个公司已申请了7项专利，产品已达10个系列，30多个品种，年产值达1.3亿。前来洽谈者络绎不绝，黄总连连说一个人忙不过来。

而被北京钓鱼台国宾馆、中国历史博物馆等著名工程选用的再造石装饰品，受到香港装饰装潢界的赞誉，几位工商界人士拿来需定制的图案与发明人张宝贵商谈。

另外，远销130多个国家和地区的五粮液酒、成都富兰克林公司的专利产品长效降阻剂、华北石油化工建筑材料厂研制的HC高氯化聚乙烯防腐材料等专利技术和产品都受到参观者的好评。

在外经贸部和贸发局分别举行的座谈会上，参展单位代表一致认为，这次博览会为内地与香港经济共同繁荣和发展提供了一个新的契机。（原载于《中国专利报》1997年12月22日，本文获第十一届（1997年度）全国科技报系统好新闻三等奖，2000年2月获全国专利好新闻一等奖）

【简析】

《回归后的科技盛会》是记录1997年11月，在香港举办的中国科技贸易博览会会议期间的方方面面的事情。记者将博览会这个时间段作为一个舞台，把发生在不同时空的事件串联起来，紧紧围绕着新闻主题展开。通过"值得记录的镜头""令人称道的举措""多家合作的盛会""蜂拥而至的新闻宣传""专利是博览会的热点"等5个方面，在空间的变化中较为全面地阐述了这次盛会在香港举办的目的和意义。

3.递进式结构

按照新闻事件的表象、原因步步深入，从现象到本质地组织材料。递进式结构的通讯往往从现象入手，层层挖掘现象产生的原因，即透过表面现象一步步地深入事实背后，去寻找导致某种社会现象和社会问题的原因。从现象到本质，通过由表及里的分析，使事物内在的逻辑显现出来，最终使读者接受通讯的结论。

例2-2-21

编者按：

提到院士办公司，人们首先会想到袁隆平，以他名字命名的"隆平高科"股票成功上市且业绩不凡。其实，在湖南，院士办公司可不是凤毛麟角，中南大学就出现了一个带头实现产业化的院士群体。在这里，坚持以人为本激活资源，推行产权制度保障科技人员和学校利益已蔚然成风。本报从今天起分三次对中南大学开创高新技术产业化的新模式进行报道。

一个带头产业化的院士群体
——中南大学开创高新技术产业化新模式报道之一
本报记者 刘瑞升

院士办公司，而且是一个院士群体办高新技术企业，这是记者在一年来走过的20多个省份里不曾看到的。

短短半年时间，院士、教授、博导共提出100多个创新项目，现已有27个项目创办了科技型企业，吸纳资金3亿多元，学校拥有技术股份6000多万元，科技人员个人持股4000余万元。

这是一个奇迹，这个奇迹是中南大学创造的！

中南大学坐落在巍巍岳麓山旁、滔滔湘江水边，是教育部直属的全国重点大学，拥有14位两院院士、3000多名科研人员、70个博士点、134个硕士点、5个国家重点学科、两个国家重点实验室。目前，全校共申请专利400多件，居湖南省高校首位，专利申请实施率为65%，授权专利实施率为85%，居全国高校前列，在湖南省高校中列第一位。

在中南大学科技处，负责同志接连报出几个由院士创办的以专利技术为龙头的高科技公司。

继善物理探测高科技有限责任公司是以何继善院士的专利技术"集中电流场法堤坝渗漏检测仪"为主导产品成立的公司。据了解，1997年7月22日，常德市汉寿县阁金口发生管涌险情，以何院士为组长的"防洪减灾"课题组，迅速赶到现场，经过1个小时的测定，准确地找到漏水口，并在周围测出了微渗漏区域。防汛指挥部根据测定结果，采取相应措施，避免了决堤事件的发生。这项技术在1999年洞庭湖及长江流域抗洪减灾中发挥了重要作用，1999年被评为全国高校十大科技进展项目之一。

湖南刹车材料实业有限公司是以黄伯云院士主持的国家重点工业性试验项目"C/C复合材料航空刹车副"为技术支撑的公司。航空刹车副是飞机实现制动和保证其安全飞行的最关键部件之一。目前世界上该技术和市场完全被美、英、法的5家公司垄断，价格昂贵，我国仅波音飞机刹车盘进口年耗外汇高达4000万美元。该项目的成功产业化，不仅每年可节约大量外汇，而且为我国国防军工解决了重大技术难题。

中国工程院院士钟掘教授是国家重点基础研究发展规划项目"提高铝材质量的基础研究"的首席科学家，她获得过国家科技进步一、二等奖。钟教授主持研究的"铝及铝合金铸轧新技术与设备研制开发"，实现了在超常环境下制备高性能铝热带材的关键性技术突破，为在工业上实现"超薄快速铸轧"提供了具有我国自主知识产权的技术。目前，钟掘教授将该技术作价后联合几家铝加工企业共同组建了长沙新中铝材科技股份有限公司。

夏家辉院士领衔成立了湖南瑞雅生物技术有限公司。

刘业翔院士组建了长沙业翔科技发展公司。

古德生院士创办了长沙拓金科技开发有限公司。

……

人们不禁要问，是什么原因使一位位院士、教授带头兴办公司？**请看本报道之二——**"两个70%意味着制度创新"。（原载于《中国知识产权报》2001年5月11日）

例 2-2-22

两个70%意味着制度创新
——中南大学开创高新技术产业化新模式报道之二
本报记者 刘瑞升

去年年初，记者曾拟文《60%意味着什么？》，报道上海交大从税后利润中提取60%作为报酬支付给发明人的事情，这一举措引起该校科技人员的强烈关注，仅以专利申请为例，自专利法实施以来的十几年间，上海交大仅申请了20多件专利，而新政策出台的1999年，专利申请达86件。这60%意味深长。

在中南大学，记者被两个70%所吸引：把技术类无形资产入股时作价总额70%的股份给予对无形资产的直接贡献者；结余横向科研经费入股科技型公司时课题组成员持股70%。

两个70%意味着什么呢？通过采访，记者逐渐了解到其深层的含义。首先，意味着制度的创新。两个70%的政策，通过学校技术入股和科技人员个人持股这样一种现代产权制度的关系，以产权的形式物化了学校的无形资产，增加了学校对社会的贡献，并以制度的形式真正固定和保护了科技人员由于贡献而应得到的利益。这可称之为大学高新技术产业化中的一个制度创新。"制度创新"激活了科研人员科技创新的积极性、主动性。

其二，意味着角色的转变。过去学校为调动科技人员的积极性，做了大量的工作，然而无论是政策放宽还是奖励力度加大，但始终难以突破科技人员在参与分配权方面的从属地位这一"瓶颈"。而"两个70%"的政策，数量上，在国家政策允许的范围内使科技人员在分配中占有绝对多数。性质上，是"给予""持股"，而不是"奖给"体现了"以人为本"的理念。

其三，意味着要素的组合。大学技术资源的特点集中表现在一个"新"字，即新观念、新知识、新技术等。然而，新的同时也意味着不确定性、不稳定性的存在，但其又具有高额回报的可能性。因此说，极大的诱惑力和高度风险性构成了大学技术资源的现实，具有能与其他要素进行组合的主要特征。中南大学推行的技术作价入股、科研人员个人持股等措施，事实上是倡导以知识要素与经济要素、知识技术资本与风险投资资本的要素组合模式来发展，实施大学的高新技术产业化，体现大学高新技术产业化过程中真正意义的利益共享、风险共担的要素组合的市场原则。

"两个70%"以制度保障为首要条件，以角色的转变为基础，极大地激发了广大科技人员在技术创新和高新技术产业化两个方面的热情。而建立在"利益共享，风险共担"原则上的要素组合，又为学校与社会营造了一个良好的创新创业环境。与此同时，人们的思想认识也发生了巨大的变化。请看本报道之三——"三个流失"促使观念"聚变"。（原载于《中国知识产权报》2001年5月16日）

例2-2-23

"三个流失"促使观念"聚变"
——中南大学开创高新技术产业化新模式报道之三
本报记者 刘瑞升

"是什么原因，在一年的时间里，使中南大学科技成果转化发生如此大的变化？"面对记者的提问，中南大学科技处的负责人感慨地说，是观念的转变。和全国其他高校一样，在几十年的科技工作中，中南大学也曾采用过许多政策来调动科研人员的积极性，如提高科研人员的岗位津贴，对科研项目获奖者给予各种形式的奖励等。应当说，在当时的历史背景与社会环境下，这些措施起到了一定的积极作用。然而，随着改革的不断深入，如何激活学校智力和科技资源，形成有效的技术创新机制，已成为能否推动大学高新技术产业化的关键。

长期以来，人们对"国家、集体、个人"三者之间利益的分配上，总是遵循着"大头、中头、小头"的秩序，认为只有这样国有资产才没有流失，而忽略了人在整个经济活动中决定性的因素。中南大学认为，如何保护人的创造力和实现人的价值，是激活大学资源的首要问题。因此，他们在全校进行了"大学如何以人为本""科技人员如何实现自身价值"等问题的大讨论。最后形成共识：人力资源是现代经济增长的主要动力和决定性因素，对人力资源的投资和激活可以产生递增的效益，人力资源的激活还能够使多种要素产生递增收益的效果。

认识的统一，使人们的观念发生了深刻的变化，对学校科研成果应当如何转化，在转化过程中如何保证国有资产不流失的问题，学校提出了"三个最大流失"的观点，即科技人员无研究开发积极性和创造力；科技成果不能有效转化；科研实验设备不能充分利用。

对三个最大流失的认识，纠正了长期以来教职员工在思想认识上的偏差，为学校高新技术产业化工作奠定了一个良好的思想基础。

观念的"聚变"，使中南大学的领导和科研人员认识到，在社会主义市场经济体制下，既要有为国家做贡献的历史使命感，又要有努力实现个人价值，回报社会的责任感。

中南大学通过以人为本和要素组合的制度创新，使人们认识到"三个最大流失"的严重后果，从而激发起各方面的积极性。院士领头兴办科技型企业这只是一个良好的开端，可以预见，中南大学高科技产业化的新模式，必将带来喜人的局面。（原载于《中国知识产权报》2001年5月18日）

【简析】

在中南大学开创高新技术产业化新模式的系列报道之一中，记者首先提出问题，院士为何办公司？用数字说话。半年时间，院士、教授提出100多个创新项目，已有27个项目创办了企业，吸纳资金3亿元。学校拥有股份6000万元，科技人员持4000万元。记者认为这在全国可不是普遍现象。记者本人"世纪行"期间走了20多个省份不曾看见的，而在湖南的中南大学确实实在在地存在着。从之二里找出院士办公司的原因，即两个70%。而在之三中指出，是"三个最大流失"促使制度创新。通讯中对中南大学制度创新的现象和原因之间的因果连接，渐渐清晰地认识到制度创新的决定性作用。这种结构方式常常用作工作通讯、事件通讯。

例2-2-24

有人说专利是矛和盾，挥矛可进击，舞盾可自御。
因此，越来越多的人持矛握盾卷入了——

专利战争

《中国专利报》记者　刘瑞升

一颗螺丝钉的专利权，
就能致装有这颗螺钉的机器于死地

数年前，几个学友与刚从日本归来的一个同窗聚会。那位同学听说笔者调到刚刚组建的中国专利局，连叹：专利厉害！接着他给我们讲了这样一个故事：

日本最大的丰田汽车公司与世界上汽车产量最大的美国通用汽车公司合办了NUMMI公司，生产的汽车销往美国。

仅有450余人的美国王子公司是生产锻模、食品加工机械和汽车附件的小企业。这个小公司向联邦地方法院和美国ITC（美国国际贸易委员会）起诉，控告丰田汽车公司侵犯了王子公司的专利权，要求禁止制造、使用、销售、进口几种丰田汽车并赔偿损失。

被告丰田汽车公司简直是丈二和尚摸不着头脑，赶紧查找有关专利资料。原来，王子公司有两件小专利，一个是轿车遮光板上附带反光镜的合页结构，一个是在反光镜上安装照明灯。而出口美国的几种汽车，遮光板附带后视镜的盖子与之相似。说实话，充其量只不过相似而已。

丰田公司未敢掉以轻心，他们分析了与对手较量的利弊：如果打官司，按照美国ITC的规定原则上一年内做出结论。同时要求被告答辩书须在20天内完成，其他答辩要在10天内完成。在异国他乡简直无法招架。如果迅速应战的话，就需要雇用3~10名优秀的美国律师，其费用昂贵到每小时2.4万~7.2万日元。估计诉讼的全部费用约1亿~2亿日元。若败诉，损失不堪设想。在专利诉讼中一贯采取"应该斗争时坚决斗争"的丰田公司，虽然公司专利部拥有130多名精通专利的行家，但最后还是选择了和解之路，向王子公司支付了一笔可观的专利使用费，确保了以后数以万计的汽车出口。

记者听罢故事，在座的人都嘲笑日本人"真正的军人的不是"。在那时，茶余饭后听听这"天方夜谭"也就是增加点乐子，又有谁往心里去呢。

然而，到今年的4月1日，专利法在我国已实施整整8年了，家门口也时不时冒出一两件专利官司：1990年年初，美国RCAL公司（美国无线电许可公司）指出我国厦门大型外向型企业厦华公司出口到美国的彩色电视机使用了其专利技术，要求厦华与其签订专利许可协议。厦华公司的彩电生产线是从第三国引进的，引进费用中包括了专利使用费。为什么彩电出口美国还要付专利使用费？使用引进设备生产的产品出口怎么会侵权？

几经周折才搞清楚，症结是引进第三国生产线中的美国专利，在引进合同中未涉及。因此，当中国企业生产的彩电出口到美国，必然会引起美国专利权人的异议。厦华公司在机电部和中国专利局的协助下，与美国RCAL公司进行了谈判，最后达成专利许可协议，厦华公司每出口一台到美国的彩电要向美国公司支付一定的专利使用费。

可见，专利的威力是十分巨大的。一颗螺丝钉的专利权就能致装有这颗螺钉的机器于死地。同时还告诉人们，在技术越来越复杂，企业竞争越来越激烈的今天，在专利战争中保存自己是多么艰难！

不远的将来，我们在"家门口"
会不会"撞"上外国的"专利车"？

如今，我们不能不承认这样一个事实：我国部分科技领域的高精技术已被国外专利申请覆盖。几年后，当国人在某一科技领域里稍许动弹便会"侵权"，若要使用便要"交钱"。

笔者对彩管、核技术及录像机等专利申请的调查结果令人瞠目：

彩管：1985年4月至1990年3月，申请量为252件，我国仅申请16件，已授权2件。国外申请236件，已授权27件，且大多涉及电子枪、荧光屏、荫罩及偏转系统等关键技术，而我国在这几个领域却一件也没有；

核技术：1985年4月至1992年12月，我国职务发明申请10余件。国外申请233件，其中反应堆方面的申请占77%；

录像机：原机电部围绕录像机生产现代化这一"八五"重点课题进行专利检索，在530多万篇文献中，有近7000件有效专利，我国仅有在结构或装置方面的几件申请。而日本却占83%。

总之，在航空、航天、船舶、电子等高技术领域，国外专利申请至少两倍甚至十几倍于我国申请量。

这种挥矛舞盾进击中国市场的目的是显而易见的：限制我国有关高技术的发展，控制甚至垄断我国技术市场。如果这种趋势继续下去，在未来几十年内我国众多的高技术领域的技术专利权将会被外国垄断，即使在我们自己的国土上也不得不受外国技术的制约，在家门口撞上外国专利权人在华"行驶"的"专利车"。

这一迫在眉睫的问题，到了该引起重视的时候了！

据统计，自1985年我国专利法实施以来，中国专利局已受理专利申请28000余件，其中外国来华申请达39000余件，占我国专利申请总量的14.2%。1992年全国专利申请达65000余件，外国申请近5000件，占8.5%，而我国向国外申请的专利却不足200件，约为全国申请总量的0.3%。不比不知道，一比吓一跳。我国在国际贸易中的专利保护问题严峻，非常严峻！

打仗讲战略战术，
专利战争也必须制定专利战略

中国专利局明廷华副局长说："产品要进入国际市场，从表面上看是质量和成本的竞争，背后则是技术水平高低的竞争，而真正的实质是工业产权的保护。"

何谓专利战略？他说，就是通过专利制度把握科技与经济发展趋势，及时制定调整科技和经济发展战略。灵活运用专利这一武器，采取防御与进击相结合的方式在竞争中争取最佳位置，达到发展自己的目的。

那么，面对国外对我国一些科技领域的专利占领以及国际市场专利屏障，我们何以应对？

他认为：首先要做好国内外专利信息的检索收集，分析掌握国外来华申请的动向及对我国各科技领域发展的影响；其次要对自己领先的技术及时申请专利，占领国内外市场；第三在有实力的领域，有目的地组织力量利用国内外已有的技术进行技术攻关，形成技术突破并及时申请专利，打破国外垄断格局。

纵观国际社会，这类专利垄断与反垄断的事件时有发生，日美之间有关形状记忆合金专利就是突出一例，这种合金对研制新产品是一种不可缺少的极其宝贵的金属材料，但此项专利早已由美国申请。日本表面的态度无动于衷，实际采取的策略是"卧薪尝胆"，一边等待专利到期，一边悄悄地组织强有力的科研人员向纵深研究。解禁期一到，日方不失时机地将自己的研究成果从几个方面分别申请专利，反倒使美国人大吃一惊……

因此说，持有专利证书的专利权人并非永久居高临下，非专利权人也不是永远被动挨打，束手待毙。

在国外运用灵活多变的专利战略，独占市场或限制他人的成功例子很多。

例如，美国有家复印机公司通过对市场的调研，预测在今后一个相当长的时期里复印机将走俏。因此，该公司做出了大力开发研制复印机这一重要的战略决策。从发明静电复印机原理到销售XE-RO×9.4型复印机为止，在14年内围绕复印机先后共取得了189项专利，使该公司牢牢地占据了复印机市场。在几年的时间里，使公司的利润提高了17倍。这一事实无疑是利用专利战略占领市场的一个典型范例。

仅有8年专利经验的中国与已有300年专利史的发达国家相比，显得十分稚嫩。但是，几年的风风雨雨，国人也有了长足的进步。

当初，某大钢铁企业引进国外轧钢设备时，外方提出整套设备中含有300多项专利，须付800多万美元的专利费。我方不打磕巴地解囊。

后来，某市在引进浮法玻璃技术时，对方要求付2500万英镑的专利技术转让费。中方经检索发现这些"专利"大多数或超过保护期已失效，或因种种原因未被授权，或刚刚申请。可想而知外方老板接过检索报告时的尴尬表情，最后以120万英镑成交。

如今，我们已能巧妙地运用专利战略克敌制胜。在建设中国最大的氧化铝厂山西铝厂时，丹麦史密斯公司就悬浮焙烧技术中的关键设备"施流器"技术在中国申请了专利。我方对其技术调研后发现丹麦公司的专利不具有新颖性，因此，在谈判桌上，当对方以设备中有专利技术为由漫天要价时，我方已通过有关法律程序对这项专利向中国专利局提出无效请求。结果这一策略获得成功，为国家节约外汇240万美元。

中国专利局有关部门一位负责人对笔者说，如果从八十年代初起草专利法算起，当时有些学者和部门坚决反对甚至上书中央，痛陈专利之弊端，更有甚者拍案而起，说如果通过专利法，就不当部长了……到今天仅十几年时间，中国人不仅从观念上进行了彻底的更新，摒弃了那种"专利是资本主义国家允许私人对创造发明的垄断经营"（1979年版《辞海》）的思想，而且取得了令人瞩目的成绩。据对1991年中国专利奖的86个项目的统计，这些专利实施已新增产值约75亿元，新增利税约22.4亿元，创汇约11725万美元。

令人感到欣慰的是"专利覆盖"战略已不是外国老板的"专利"，国内众多企业也开始采用这种方式对自己的技术施以保护。原机电部粉末冶金行业重点企业青岛粉末冶金厂，生产的硬质合金烟机刀具是该厂发明的具有高附加值、高节汇、高利润率的硬质合金深加工产品。他们对这项技术实行层层布垒、步步设防的专利阵，使攻坚者却步。目前就该技术已申请了5项专利，其中4项已获得专利权。

第二汽车制造厂在专利战中利用专利文献，研究制定专利战略令人称道。他们建立起一个专利文献馆，并与中国专利文献服务中心建立合作关系，为本厂技术引进和新产品开发服务。在开发EQ153、145

新车型时，他们检索了日本富士重工和美国福特汽车公司等企业专利2385项；在引进美国康明斯柴油发动机技术前，他们检索了该公司专利543项，了解了这个公司的专利的法律状况。这些工作为引进、开发做了充分的准备。

据《中国专利报》报道，中科院福建物构所发明成功的"用三硼酸锂单晶体制造的非线性光学器件"，不仅在中国得到了专利保护，而且在美、日等国也申请了专利。由于技术含量高且属世界首创，仅1992年一年就创汇150万美元。去年他们发现美国有个代理商销售这种产品，便通过律师向该代理商提出警告，对方自知理亏，表示歉意和今后不再销售，并赔款18万美元以弥补损失。

今天，在这场没有战火硝烟，却暗藏杀机，虽不见刀光剑影，却时时冒出"秘密武器"的专利战场上，国人已深深感到了只有依靠专利技术，搞好专利战略研究，灵活运用专利这一神奇的矛与盾，才能跻身于世界科技强国之林！（原载于《机电日报》1993年4月18日，本文获第二届全国专利好新闻一等奖第一名及《机电日报》"黄河杯"新闻特写大奖赛优秀奖 ）

【简析】

一个事物总是多方面多层次的。面对复杂的社会现象，记者就是要透过现象看本质，去发现新闻背后的故事。《专利战争》在写作上为读者提供了一个"专利战争"的全景"沙盘模型"。

本文是从一个关于日本最大的丰田汽车公司被仅有450余人的美国王子公司告上法庭的故事开始的。这个曾经是国人茶余饭后的谈资，到后来竟在我们身边也发生了：1990年年初，美国RCAL公司指出我国厦门特区大型外向型企业厦华公司出口到美国的彩色电视机使用了其专利技术，要求厦华与其签订专利许可协议。接着记者层层挖掘竟然发现：我国在彩管、核技术、录像机等专利申请的数量远远少于国外的数量。在航空、航天、船舶、电子等高技术领域，国外专利申请至少两倍甚至十几倍于我国申请量。

问题非常严重。记者进而分析其背后的深层的原因。文章环环相扣，步步深入，由表及里，从现象到本质，最终得出结论：在这场没有战火硝烟，却暗藏杀机，虽不见刀光剑影，却时时冒出"秘密武器"的专利战场上，国人已深深感到了只有依靠专利技术，搞好专利战略研究，灵活运用专利这一神奇的矛与盾，才能跻身于世界科技强国之林。

第三课
专 题

143
第四课
专 访

一、什么是专题报道

在采访实践中，有时遇到的被采访对象，不是采用某一种新闻体裁就能够进行写作的，既不是工作通讯，也不是事件通讯，与社会观察通讯也不太搭。是不是社会上所谓的"新闻观察""纪实报道""大特写"呢？我感觉都不够确切。要让我给这类新闻定个名称，我以为"专题报道"比较符合。

翻看手边几本有关新闻写作的书，都没有"专题报道"这一类型。我以为专题报道的基本意思是这样的：

专题报道是对现实生活中某些具有典型意义和较高新闻价值的新闻人物、事件、社会现象等，进行调查分析、系统记录、解释评述等，进而深入而又生动地反映新闻事实发生、发展、结果及影响的全过程，达到揭示新闻主题的深刻意义，给社会和读者予以一定的启迪。专题报道可以是一篇作品，也可以是在一段时间里，由若干篇稿件组成，这些稿件包括消息、通讯、评论等，可称为组合型专题报道。

例3-1-1

九月的昆明——这个被称为春城和花都的美丽城市，迎来了第十三届全国发明展览会和第十二届全国书市。期间，又恰逢云南省科技颁奖大会也在昆明举行，一时间，发明、专利、版权、创新等与知识产权密切相关的字眼频频出现，这一切无不使人感到——

春城无处不飞花

本报记者 刘瑞升 特约记者 何晓钧 摄影 刘瑞升

新闻事件

读书发明重奖激起层层涟漪

进入9月下旬，昆明人忽然感到与往年不同，"热烈欢迎国内外发明家到云南展示科技发明，促进西部开发""科技、创新、发明、专利""祝第十二届全国书市、第十三届全国发明展览会成功"等标语挂满了街头显著位置。9月23日云南各报爆出惊人头条"920万元重奖云南科技精英""蒋志农获300万元科技大奖"，又给素以旅游称世的昆明增添了几分魅力。

特别是以"展示科技发明，促进西部开发"为主题的第十三届全国发明展览会的召开，使云南人为之一振。《东陆时报》称，"参观第十三届全国发明展，多数云南人最大的感受是：不看不知道，一看睡不着觉。不管是防伪油墨、辨钞神笔，还是电视导航器、中英文随身秘书，都让自以为不笨的云南人跃跃欲试。"

全国书市、重奖科技人才，这一切都使云南有识之士感到西部大开发离不开知识、科技、发明。云南一新闻同行对笔者说，这三件大事"撞个正着"绝非偶遇，而是历史的必然。他说，读书、发明、重奖看似风马牛不相及，其实，云南要发展，这三者之间有着必然的联系。

"两会"盛况空前 硕果挂满枝头

9月21日，第十三届全国发明展览会在昆明国际贸易中心隆重开幕，参加开幕式的主要领导有：云南省委副书记、云南省代理省长徐荣凯，全国人大常委会委员、中国发明协会常务副理事长聂力，国家科技部原副部长韩德乾，云南省副省长李汉柏，云南省政协副主席张学文，国家知识产权局党组成员郭晓东等。出席开幕式的还有老挝、泰国、缅甸驻昆总领事，以及来自美国、日本、越南、韩国等国家和我国香港、澳门、台湾地区的代表。

为期5天的发明展可谓硕果累累，评出金银铜奖688项，青少年奖99项，专项奖33项。本届发明展技术贸易活跃，累计签订合同金额

16.6亿元，其中正式成交金额达7.5亿元，意向性成交金额9.1亿元。专利产品代理及订货项目为138项，成交金额为3.6亿元，技术贸易总额达20.09亿元。产生了巨大的经济和社会效益，促进了技术成果的转化和推广。

与第十三届发明展同天落幕的第十二届全国书市，规模超过以往各届，共成交码洋8.1亿元。来自全国各地的34个代表团，1500多家出版发行单位，70多家电子音像、电脑网络单位共展出图书近12万个品种。书市首次设立印刷精品展，有来自全国各地的35家印刷企业参展。展销、展示、订货摊位总计1300多个，创下了历届参展规模之最。展览期间还首次举办了"扫黄打非"成果展。

领导访谈

聂力：希望众多发明成果在云南转化实施

据全国人大常委会委员、中国发明协会常务副理事长聂力介绍说，本届全国发明展览会是在党中央西部大开发战略深入实施的形势下，由云南省人民政府、国家知识产权局和中国发明协会共同举办的。参加展览会的展团有56个，项目1200多项，设置展位380多个，均超过往年。

她说："云南省有着丰富的自然资源和优良的地理条件，极富开发和利用潜力。希望通过这届展览会的举办，能有众多发明成果在云南、在西部转化实施，促进云南、促进西部地区的经济发展。"

梁公卿：作用突出　影响深远

连日来，云南省副省长梁公卿成了大忙人，他身兼发明展览会和书市两个组委会主任。他说："第十三届全国发明展览会，是我省在新世纪迎来的第一个全国性的科技盛会。本届发明展的成功举办必将对我省扩大对内对外开放、加强技术合作与交流起到积极促进作用，对我省经济、科技、文化和旅游事业的发展，都将产生深远的影响。"

石宗源：增强全社会保护知识产权的意识

在昆明参加全国书市的新闻出版总署署长石宗源在接受新华社记者采访时强调指出：新闻出版总署将加大对出版物市场的管理力度，

目前的重点是打击各种非法政治出版物。查缴低级、淫秽、色情出版物和打击走私、盗版出版物，要增强全社会保护知识产权的意识。

本报关注

"专利"唱主角

记者打开厚达470多页的第十三届全国发明展的会刊，随意翻看了A类（机械、电机等）和E类（资源、环保、冶金、石油、化工、能源等）。在A类约100个项目中，已申请专利的有60项，专利占60%。在E类约280个项目中，已申请专利的约有190项，专利占68%。申请专利最少的青少年参展项目，119项中也有44项申请了专利。

记者曾采访过两三届全国发明展览会，像这次有如此多的项目申请了专利，还是第一次遇到。为此，记者采访了中国发明协会副理事长明廷华。他说："这次展览专利项目占70%以上，这是历次展览不曾有的。这是发明市场日渐成熟的表现。过去，部分发明人受计划经济的影响，对专利保护了解较少，而当自己研制的产品受到市场欢迎的同时，又遭到仿冒者的侵扰。使不少发明人多年的心血付之东流。随着专利意识的增强，特别是我国'入世'日渐临近，作为WTO三大支柱之一的知识产权日益受到重视，专利必然会成为发明展览会的主角。"

高效节能环保受到热烈追捧

在拥有380多个展位的大厅里走一走，高效、节能、环保的专利技术或产品随处可见。湖北聚龙有机化工股份有限公司研制开发的多元素有机复合肥以高温炉渣、单质氮磷钾肥料、动植物残体和水解产物等为主要原料，含有丰富的氮、磷、钾等植物生长需要的矿质元素。现如今，由于长期使用尿素、钙镁磷肥造成土壤板结或酸性碱性变质，以及土壤中的微量元素、有机质含量变少，而多元素有机复合肥却可以提高土壤的保肥保水能力，又能全面供给农作物所需养分。目前这一发明专利已被科技部、对外贸易经济合作部等5部委确认为国家重点新产品。

四川绵竹市拱星氧化钙厂研制成功一种新型结构石灰窑，采用这一专利技术建成的石灰立窑是同样生产能力立窑投资的25%，燃料费可节约20%，并节省60%的动力费用。

宁夏新技术应用研究所的专利产品钢防腐内衬直埋式预制保温管，较PVC塑料管、玻璃钢管材具有抗老化、抗冲击、耐高压、安全性好的特点，尤其适合于酸碱介质的输送，以及原油或天然气的输送等。

在展览会上，还有一种节水龙头吸引了众多的参观者。这个与众不同的龙头，不仅有一个向下的出水口，而且还有向上喷水的功能。生产这一产品的昆明立兴科技开发公司总经理李君玲介绍说：经测试，使用正常龙头，每次洗脸放水时间1分钟，出水量不少于5公斤，而实际捧起用于洗脸的水不到1公斤。而这种带浇面喷头的节水龙头，将水向上喷洒，每次洗脸可节水80%左右。

靠7项发明专利打开市场的昆明云大生物技术有限公司，是以单克隆抗体及单克隆抗体快速诊断试纸研制与生产闻名全国的。该公司研制的"安全期"避孕试纸、优生试纸和不孕检测试纸已上市销售，乙肝、丙肝、艾滋病和前列腺癌早期诊断试纸产品已进入临床试用阶段。

非职务发明人的赞扬声

"展位费、会务费、吃、住、行，参加一个展览没有七八千块钱可不行。"许多非职务发明人过去都这么说，而在此次展会上中国专利技术开发公司的十几个展位前，听到的却是一片赞扬声。记者与一位参展者攀谈起来，他指着制作得很漂亮的展板说："这是我的项目，本没打算来，但心里总犯嘀咕：交一千多块钱，不用来人就能参展？于是我悄悄地过来看看。真得感谢中国专利技术开发公司，为我们非职务发明办了一件好事。"为此，记者采访了中国专利技术开发公司负责组展的同志，他说："大多数非职务发明人经济不宽裕，项目急需转让，但又负不起过多的费用，于是我们将为非职务发明人办实事为己任，采取一条龙服务，制作展板、购买展位、印刷项目简介、制作展览光盘，让非职务发明人感到'物有所值'。"

相关链接

WIPO总干事的致辞

世界知识产权组织（WIPO）总干事伊德里斯博士致电第十三届

全国发明展览会组委会：

世界知识产权组织非常高兴与中国发明展览会组织者合作，向在第十三届全国发明展览会中选出的优胜者颁发享有盛誉的世界知识产权组织金奖。今天，知识产权已经成为国家重要的资产，在增强国民经济的竞争力和科技基础方面起到了举足轻重的作用。……世界知识产权组织希望颁发WIPO金奖会增强中国境内业已存在的日益高涨的发明气氛，以激励众多的中国发明人。我想向WIPO最佳妇女发明奖的获得者长春的刘佩晔和WIPO最佳青年发明奖的获得者天津的姚泽田表示衷心的祝贺……

据了解，WIPO曾多次在全国发明展览会上设专项奖。被誉为"杂交水稻之父"的袁隆平就在1985年首届全国发明展览会上获得了WIPO金质奖章。斗转星移，今年2月，袁隆平荣获首届国家最高科学技术奖，从国家主席江泽民手中接过证书和500万元的奖金。

云南：920万元重奖科技精英

第十三届全国发明展览会期间的9月22日，云南省科学技术奖颁奖暨农业科技先进工作者表彰大会在昆明举行。在此次大会上，云南省政府向省农科院蒋志农研究员授予了突出贡献奖，奖励人民币300万元，同时对249项成果分别授予自然科学类，技术发明类、科技进步类一、二、三等奖；对86名农业科技人员授予了全省"农业科技先进工作者"称号。

今年62岁的蒋志农潜心研究水稻近40年，主持育成了57个粳稻新品系，其中13个新品种通过省级鉴定。目前累计示范推广面积3640万亩，增产稻谷10亿多公斤，新增产值约13亿元。

中、日、韩及我国港、澳、台地区学术交流活跃

记者手中的日程表上，排满了各种学术交流活动，有些还重叠交错，使许多媒体的记者不得不"打一枪换一个地方"。

由于我国即将加入WTO，知识产权保护成为这次展会的热点。在展会上国家知识产权局党组成员郭晓东就我国知识产权保护的现状和国际形势做了专题报告，中、日、韩三国发明协会领导人也举行了座谈会，商讨有关合作事宜，并初步确定从明年开始共同举办亚洲学生发明展览

会。此外，云南省知识产权研究会还举办了发明与创新学术交流会。云南、香港、澳门、台湾发明协会也举行了座谈会，就港澳台同胞如何在云南进行技术转让等问题进行了探讨。

新闻背景

中国发明协会

中国发明协会成立于1985年10月16日，聂荣臻任名誉会长，武衡任会长，现任理事长为倪志福。该协会是我国发明家、积极从事发明创造者和热心支持发明活动者的组织。该组织通过举办发明展览会，设立发明基金，资助发明项目，主办《发明与革新》杂志等，把我国群众性的发明创造活动不断推向深入。目前，在全国各地已成立340多个发明协会。中国发明协会还与20多个国家和地区的发明组织建立了经常性的联系，并与联合国世界知识产权组织（WIPO）和发明者协会国际联合会（IFIA）保护良好合作关系。协会自成立以来，先后组织国内发明人参加过日内瓦国际发明与新技术展览会、南斯拉夫国际博览会以及在法国、加拿大、马来西亚、利比亚、菲律宾等国的发明展。

全国发明展览会

全国发明展览会每年举办一次。从1988年开始，每4年在北京举办一次北京国际发明展。每届展览均设金、银、铜奖，以及各种专项奖。专项奖设立单位包括宋庆龄基金会、全国总工会、中国科学院、全国妇联、全国青联、世界知识产权组织、澳门基金会、台湾发明人协会以及部分部委、省政府、协会及个人等。

全国书市

全国书市，始于1980年，至今已举办十二届。每届的举办都是一次对中国出版业繁荣发展的促进，成为展示出版业改革发展成果的重要窗口；成为促进全民阅读、建设学习型社会的重要载体；还是推动举办城市经济、社会、文化发展的重要平台。

"春城无处不飞花"这是唐代诗人韩翃《寒食》诗中的一句，他描绘的是长安寒食节的情景，但笔者感到，这诗句放在被誉为春城花都的昆明是再贴切不过了，倘若诗人来到九月的昆明，面对满园花

	2
1	3
4	5

1．《春城无处不飞花》报样（《中国知识产权报》2001年10月12日，本版编辑刘河）

2．3．4．5．当期见报的图片，刘瑞升摄

簇，一定还会发出"花都满目皆硕果"的感叹！（原载于《中国知识产权报》2001年10月12日）

【简析】

众所周知，北宋画家张择端的《清明上河图》是中国绘画史上最为杰出的艺术精品之一。其画面场景开阔，内容丰富，描绘的人物众多。张择端在图中绘有人物500余人，各类牲畜50余头，车、轿20余辆，舟船20多艘，店铺百余家。这是中国画散点透视的功效。

中、西方绘画都讲究画面的透视效果，所不同的是西方画家的透视是焦点透视，即画中只有一个视点（即人的视角），这是符合人类观察自然界的实际状况的。而中国绘画并非如此，画家的视角是随意移动的，因而产生了多个消失点，这叫做散点透视。画家可以打破空间的局限，从多个角度描绘客观景物。《清明上河图》以散点透视的手法，把绵延几十里的北宋都城汴梁和汴河两岸"清明"（这里的"清明"意为治平，即太平盛世。图景实为秋季）时节风俗世情的景象，展现在五米多长的画幅里，这在西方绘画中是无法实现的。

《春城无处不飞花》借助中国绘画散点透视的方式进行写作，采取多视角、全方位、立体格局的写作手法，报道发生在昆明四五天内看似互不关联，实则息息相关的几个新闻事件：第十二届全国书市、第十三届全国发明展览会、云南省科学技术奖颁奖暨农业科技先进工作者表彰大会，以及由这3个活动派生出的中、日、韩及港、澳、台学术交流活动等。还有相关的几位重要人物：WIPO总干事伊德里斯、新闻出版总署署长石宗源、全国人大常委会委员聂力、云南省副省长梁公卿。如何把一场"盛会"中多内容、多头绪梳理成篇，符合《中国知识产权报》报道需求，这就需要一个与之相匹配的结构，达到对新闻主题的深化，揭示主题的深刻意义，进而实现新闻传播的目的。

二、专题报道的写作

通过不断的实践，我认为写作"专题报道"要从以下三个方面把握。

（一）确定主题

其实，确定主题是写作任何一篇文章的第一要务，不论文章长短、还是何种体裁。之所以在专题报道的写作要把其当作第一必备条件提出，是因为，往往专题报道在总主题之下，还有若干个分主题。以《春城无处不飞花》为例，该文意在报道在昆明举办的文化、科技"盛会"；知识产权保护成果的展示活动；中、日、韩及我国港、澳、台地区发明协会或发明人开展学术交流等。书市、发明展及云南省科学技术奖颁奖大会等，将这些分主题归拢到一起，为"科技、创新、发明、专利"的总主题服务。

记者在文章中写道："全国书市、重奖科技人才，这一切都使云南有识之士感到西部大开发离不开知识、科技、发明。云南一新闻同行对笔者说，这三件大事'撞个正着'绝非偶遇，而是历史的必然。他说，读书、发明、重奖看似风马牛不相及，其实，云南要发展，这三者之间有着必然的联系。"

专题报道的分主题之间是互相依托、互为帮衬的关系，共同为文章的主题服务。

（二）分块布局

既然大多数专题报道是运用"散点透视"的方式写作的，就必须梳理出一个井然有序的叙事格局，每一分主题什么时候出场亮相，表演多少时间，台词是什么，与其他分主题"角色"如何配戏等，就要"分块布局"。

在《春城无处不飞花》一文中，共分成5个区域或称为板块：新闻事件、领导访谈、本报关注、相关链接及新闻背景。每一个板块有若干个小标题点明主旨。比如在"新闻事件"中，以"读书发明重奖激起层层涟漪"和"'两会'盛况空前　硕果挂满枝头"为题，让读者在开篇就获知全文基本内容。读书、发明、重奖等3词并列，读者基本就能够猜出八九分文章内容。正文以挂满街头的"科技、创新、发明、专利""祝第十二届全国书市、第十三届全国发明展览会成功"等标语开始，还有云南各报爆出惊人头条"920万元重奖云南科技精英""蒋志农获300万元科技大奖"。记者未说一句一字，新闻事件昭然若揭。而"'两会'盛况空前　硕果挂满枝头"的第二个小标题，明明白白告诉读者，全国书市和全国发明展览会的信息。

（三）注重细节

一篇通讯作品没有细节的描写，就会缺少灵动之气，感人的细节是使文章鲜活起来的重要手段之一。比如在《春城无处不飞花》一文中有这样的描写："……这个与众不同的龙头，不仅有一个向下的出水口，而且还有向上喷水的功能。生产这一产品的昆明立兴科技开发公司总经理李君玲介绍说：经测试，使用正常龙头，每次洗脸放水时间1分钟，出水量不少于5公斤，而实际捧起用于洗脸的水不到1公斤。而这种带浇面喷头的节水龙头，将水向上喷洒，每次洗脸可节水80%左右。"自来水龙头，再普通不过的生活用品。

记者看到一个向上喷水的龙头，进而通过厂家以数字对比的介绍，让读者了解到这个专利产品的节水功效。

而在"非职务发明人的赞扬声"小标题下，直接引用个人发明者的话："展位费、会务费、吃、住、行，参加一个展览没有七八千块钱可不行。"而在此次展会上中国专利技术开发公司的十几个展位前，听到的却是一片赞扬声。记者与一位参展者攀谈起来，他指着制作得很漂亮的展板说："这是我的项目，本没打算来，但心里总犯嘀咕：交一千多块钱，不用来人就能参展？于是我悄悄地过来看看。真得感谢中国专利技术开发公司，为我们非职务发明办了一件好事。"这里，记者通过在现场捕捉到的一个发明人"悄悄地过来看看"这样一个细节，告诉读者，少花钱，也办事，还能把事情办好。记者进一步开掘这一事情背后的故事，走访相关负责人了解到，"大多数非职务发明人经济不宽裕，项目急需转让，但又负不起过多的费用，于是我们将为非职务发明人办实事为己任，采取一条龙服务，制作展板、购买展位、印刷项目简介、制作展览光盘，让非职务发明人感到'物有所值'"。看似是一件小事，其体现的是中国专利技术开发公司为发明人着想的情怀。

在"专利"唱主角一节中，有一个细节：记者打开厚达470多页的第十三届全国发明展的会刊，随意翻看了几个不同类别的参展项目，发现已申请专利的项目占了相当大的比例。为了让读者做到"心中有数"，记者说自己曾采访过两三届全国发明展览会，像这次有如此多的项目申请了专利，还是第一次遇到。为进一步为主题服务，拿到有力的"证据"，专访了中国发明协会副理事长明廷华。明廷华说："这次展览专利项目占70%以上，这是历次展览不曾有的。这是发明市场日渐成熟的表现。过去，部分发明人受计划经济的影响，对专利保护了解较少，而当自己研制的产品受到市场欢迎的同时，又遭到仿冒者的侵扰。使不少发明人多年的心血付之东流。随着专利意识的增强，特别是我国'入世'日渐临近，作为WTO三大支柱之一的知识产权日益受到重视，专利必然会成为发明展览会的主角。"这段权威人士的话，采用直接引语，句句都是主办机构的声音，为深化本文所要表现的主题，起到了强有力的作用。

综上所述，细节是一篇文章生动不生动、感人不感人的关键。

例3-2-2

南京"冠生园"城门失火，殃及上海、昆明、重庆、新都等全国多家"冠生园"，众"冠生园"不无伤心地说：

此"冠生园"非彼"冠生园"

本报记者　刘瑞升

新闻事件

南京"冠生园"　黑幕被曝光

9月3日，央视揭露南京冠生园食品有限公司使用陈年馅料做月饼一事，在社会上引起轩然大波。江苏省及南京市卫生监督部门紧急赶到南京冠生园，结果发现大批成品和过期原料，场面令人惊愕：月饼专用添加剂保质期为3年，该公司使用的产品竟然是1995年生产的，70箱"山楂细蓉"的保质期只有3个月，但桶上标明的日期却是"2000年6月18日"，7桶"莲蓉"馅的生产日期为"2000年11月19日"。卫生监督部门于9月4日将南京冠生园的月饼成品库、馅料库全部封存，包括礼盒、袋装、散装等各类月饼共计2.6万块，以及豆沙馅270箱、莲蓉馅45桶、凤梨馅224桶。

陈馅做月饼，南京"冠生园"倒了国人的胃口。

南京"冠生园"东窗事发无疑是给了冠以"冠生园"字号的企业一记重拳。南京冠生园转天就遭到被市场驱逐出局的下场。上海、四川、昆明、重庆等众家"冠生园"纷纷受到殃及。由于市场突变，上海"冠生园"月饼已从京城全面撤货，而四川新都"冠生园"的江先生告诉记者，这一事件使该企业被迫停产。

据悉，不少月饼厂家召开新闻发布会，力陈此"冠生园"非彼"冠生园"，表明"自身清白"。令人疑惑的是，这些"冠生园"都拥有自己的注册商标，为什么在大力宣传知识产权保护的今天，商标这一捍卫企业权力的利剑，却没能发挥应有的作用，为"老字号"保驾护航？

看来，"冠生园事件"不仅给企业生产销售敲响了警钟，而且到了让众家"冠生园"厂商醍醐灌顶的时候了。

特别关注

本是同根生　商标各不同

"生"字牌：上海冠生园集团有限公司月饼的注册商标；

梅花：云南昆明冠生园食品公司月饼的注册商标；

冠生、重冠、冠生园：重庆冠生园食品厂月饼注册商标；

新冠：四川新都冠生园公司月饼注册商标。

……

"冠生园"创建于1918年，创始人名叫冼冠生，他先后在全国投资了20多家企业，新中国成立后都划归国有。目前在上海、南京、四川、昆明、重庆等地都还有"冠生园"和冼冠生的遗迹，但相互之间没有任何关联。

但万万没有想到，因为都顶着"冠生园"字号，一夜间，企业间似乎就有了千丝万缕的"血亲关系"。记者在北京一家超市里，向正在销售月饼的售货员询问有没有上海"冠生园"的月饼，她睁大眼睛反问："都曝光了，你还买呀？"我重复强调是上海"冠生园"生产的"生"字牌的。她说："都是一码事儿，只不过是南京的分厂罢了。"可想而知，"南京冠生园事件"，对众家"冠生园"企业造成的损失是不可估量的。

"我们已在《昆明都市报》《春城晚报》《经济信息报》和电视台发布了消息，告诉百姓昆明'冠生园'与南京'冠生园'一点关系都没有。"昆明"冠生园"陈女士告诉记者。

"你们月饼的商标是什么？"记者问。

"梅花。"对方回答。

陈女士补充说："在昆明，一提到云腿月饼，人们都知道是我们'冠生园'生产的。"

"要说是'梅花'牌的呢？"记者问。

她解释说，云腿是昆明特有的一种火腿。如果说"梅花"牌，可能知道的人就不多了。

四川新都"冠生园"江先生说，今天（9月9日）车间刚刚恢复生产，初步估计已损失2000万元。他们每年中秋节要生产2000吨的月饼。产品销往天津、太原、乌鲁木齐，包括西藏在内的许多地方。他承认人们对"新冠"商标的了解，远没有对新都"冠生园"知道得多。

看来，仅仅将商标注册是不行的，那就如同"供桌上的财神——摆设"。

专家观点

商标战略　迫在眉睫

北京亚业商标事务所所长李沪对记者说："'南京冠生园事件'揭示的不单单是厂家使假造假挣黑心钱，更深一层的含义是警示厂商要对自己的品牌进行知识产权保护，且这种保护不是停留在注册一个商标就完事大吉的层面上，而关键是如何运用法律赋予的权利保护自己的产品。从目前知道的几个'冠生园'商家不难看出，申请商标保护的意识有了，但这是远远不够的。"

他指出，有些商家不自觉地表现出对注册权的淡漠。相同的产品，不同的生产商，不同的产地，不同的制造工艺，便打造出截然不同的品质，这种品质靠什么保驾护航？知识产权保护是最佳途径之一。比如说，制造工艺可以申请发明专利，包装可申请外观设计，商标进行注册。

相对于企业的厂房、机器等有形资产而言，李沪认为，商标专用权当属企业无形资产范畴，无形资产是企业资产中不可忽视的组成部分。在市场经济条件下，对企业无形资产运作的目的，应在于使之增值，进而给企业带来巨大的经济利益和社会效益。然而在现实中，很多企业对"经营商标"的概念只停留在商标注册这个初级保护阶段，对商标恰当的运作可不断增值缺乏足够的认识。

他认为，众家"冠生园"注重"冠生园"这个老字号的价值无可厚非，因为它也是一笔无形资产，但众家企业忽视了他们共同拥有的"冠生园"字号是一把双刃剑，一荣俱荣，一损皆损。"南冠事件"就是证明。有些老字号由于历史遗留问题，用现行的法律解决存在着很大的难度。因此在充分利用"公共财产"的同时，如何注重自己独特性，这就是商标应起的作用了。

当笔者提出就"南冠事件"后，众企业如何保护自己这一问题时，李沪表示由于对"冠生园"的历史不了解，只能提出一些个人的建议：第一，全体"冠生园"厂商联合起来，请行业主管部门打报告给国家工商局，说明历史、现实等原因，希望目前已存在的"冠生园"厂商共同拥有"冠生园"这一商业标识或注册成为商标。第二，目前各个企业仍各自为战，但一定要在企业名称前加注册的商标，例如"四川新都县新冠冠生园公司""昆明梅花冠生园食品公司"依此类推。第三，最早一家"冠生园"厂商，收回专有权，由这家厂商授权许可其他企业使用这一字号。当然，由于历史原因，操作起来困难很大。第四，加大商标的宣传力度，为了达到区分不同厂家产品的目的，企业要通过宣传自己的商标来提高消费者对产品的认知度。不难设想，如果众家"冠生园"一直把宣传重心放在商标上，遇到"南冠事件"至少不会像现在这样被动。

相关链接

"黑色九月"令人警醒

月饼遭遇"黑色九月"，令众多"冠生园"厂家苦不堪言。据了解，四川新都"冠生园"声称受"南冠事件"影响，企业面临困境，新都县政府要派出律师代表企业，联合全国20多家"冠生园"，向败坏"冠生园"声誉的南京冠生园讨个说法。该厂的江先生告诉记者，商家纷纷要求退货，有些熟悉的经销商不好意思撤货，但把他们的月饼放在很不起眼的地方。

昆明"冠生园"陈女士说，中秋月饼基本上占该厂全年销售收入的三分之一，今年前途未卜。据了解，个别企业月饼收入占到全年收入的一半。

在北京，上海冠生园北京分公司刚从上海运来第一批货，就撞上"南冠事件"。有媒体记者在酒仙桥万客隆超市看到，摆放在显眼位置的上海冠生园有限公司的"生"字牌月饼备受冷落。大多数顾客都把两家"冠生园"公司当成一家。一位顾客在经过这个柜台时惊讶地说："'冠生园'月饼不是出问题了吗？怎么还在出售？"据这位记者观察，不管售货员如何解释，几个小时里仍没卖出一盒。

上海冠生园北京分公司的郭先生说："有的损失是可以补偿的，但品牌的损失是很难弥补的。"他的话说到了点子上，保卫产品品牌应作为一种战略进行研究。

"南冠事件"不仅仅是失去市场，伤了消费者的心，其带来的阴影是让人始料不及的。这个1918年创立的著名品牌发展到今天，不知倾注了多少代人的心血。据说，曾在"冠生园"当过9年厂长的南京食品工业公司副总经理、桃源村食品厂厂长孙学钰介绍，"冠生园"品牌曾被估价达1000万元，这一无形资产是老字号的金字招牌。

由于中国历史源远流长，这种老字号可谓不少，例如"稻香村"就有北京和苏州两家，在上海同是洗染业就有两个"正章"，同是餐饮业就有两个"乔家栅"，同是中药店就有两个"童涵春"等。最突出的当属杭州"张小泉"和上海"张小泉"了。

"张小泉"这一刀剪商品的著名商业标识，绵延三百多年，可谓是公共的历史遗产，已成为我国刀剪行业的共同商业标识。至解放初期，全国已有千家"张小泉"厂商，仅杭州就超过百家。我们的前人是怎么解决的呢。例如，当时的上海就有发记、瑞记、林记、寿记等几十家"张小泉"刀剪厂商，这些厂家曾于1950年签署了联名具结书，约定各家"俱以'张小泉'牌号，另外各别加记，以为识别，沿用已久，难以更改"，商定"字号共用，标识各异"。以显示公平、诚信、合理共享历史遗产。明确标明厂商名称，有效区别商品来源。这种方法在今天注册商标中应予以借鉴。

有人士认为：如果众多企业已共同使用一个老字号名称多年，就不应由国内一家厂商单独注册、独占"老字号"的注册商标权，每家"老字号"厂商在注册同含有"老字号"字样的商标时，必须"各别加记"。

就在记者采写此文时，从中国焙烤食品糖制品工业协会传来信息，连日来该协会电话已被月饼厂商打爆了，他们纷纷诉苦，各地冠以"冠生园"的企业减产量均在50%以上，其中，上海"冠生园"所受影响最大。据悉，于近日将在京举办第七届中国月饼节，届时，百余家月饼厂将共同签署一个"承诺协议"，内容是坚决抵制食品生产经营中掺杂使假，危害消费者健康和生命安全的违法犯罪行为，维护企业声誉。

最新消息

冠生园中"生长"着另类

发稿前，记者与重庆"冠生园"取得联系，说明采访意图，一金姓女士第一句话就与众不同："'南冠事件'对我们影响不大。"这是连日来不曾听到过的。她说："'南冠事件'发生后，我们也进行了分析，可以肯定地说，最重要的一点就是我们非常重视商标的宣传，我们的'冠生'牌，'冠生园'牌、'重冠'牌商标在原四川省时就是著名商标，现在是重庆市著名商标。"

最后，她郑重地说："此'冠生园'非彼'冠生园'。"（原载于《中国知识产权报》2001年9月14日）

【简析】

专题报道《此"冠生园"非彼"冠生园"》，与《春城无处不飞花》的明显区别在于，"冠生园"是一个突发性新闻事件，源于央视揭露南京冠生园食品有限公司使用陈年馅料做月饼一事。而后一篇是一篇谋划在先的报道。突发性新闻事件要求记者必须反应迅速及时，从知晓事件开始，就要马不停蹄地思考。

央视是9月3日报道南京冠生园食品有限公司使用陈年馅料做月饼一事的。当时网络远远没有现在这么发达，记得我是5日（周三）才知道这个事情，在我脑海中第一个反应就是老字号商标的问题。这是一个可遇不可求的新闻话题，且不是一篇消息能容纳的内容，最好以一篇4000~5000字的长篇报道为宜。

《中国知识产权报》是每周三和周五出版，我赶紧看日历，之后的出版日期是7日（周五）、12日（周三）、14日（周五），就在这3个日子里选一。显然，7日写篇三五百字的消息没问题；12日也太紧，还没有采访，不知采访对象是什么态度，这是一篇问题报道，肯定困难要多些。只能是14日了，再错后，其新闻价值就大打折扣了。即便是14日见报，在11或12日也必须写出初稿，还要留出修改的时间。首先向负责新闻业务的张岳庚副总编辑报告想法和写作计划，得到同意；接着寻求摄影部的支持，摄影记者杨申马上到报社旁的超市拍与月饼有关的图片。接下来的几天，我便全力以赴联系月饼生产企业，还有律师等。每寻找一个"冠生园"就要耗费几个小时，终于联系上了，说明意思后，对方一句话就回绝了的不在少数。当然，还是有积极配合的。最终一气呵成，以4500字完稿。编辑没做任何改动。

《此"冠生园"非彼"冠生园"》（载《中国知识产权报》2001年9月14日）与《春城无处不飞花》（载《中国知识产权报》2001年10月12日）的写作方法类同，如果看看发表的时间，却比《春城无处不飞花》早发表一个多月。我是在赶发完这篇稿子后，赴昆明采访全国发明展览会的。其实，在酝酿"冠生园"这一突发新闻事件之前，我已经开始准备昆明的采访了，在9月12日的报纸上，就开始了昆明的报道，即第一篇消息《展示科技发明　促进西部开发　第十三届全国发明展览会将在昆明举办》。

换句话说，"冠生园"是中途插进来的一杠子。也就是这一杠子，为我昆明的采访和写作提前进行了一次"实战演习"。

《此"冠生园"非彼"冠生园"》同样是分出若干个小区域，包括新闻事件、特别关注、专家观点、相关链接、最新消息等。每个区域仅有一个小标题，通篇整齐划一。构架要比《春城无处不飞花》简明，但其写作难度却过之。如果说《春城无处不飞花》是在一个大房子里采摘我写作所需要的"食材"，那么，《此"冠生园"非彼"冠生园"》的"食材"选取的整个过程都是在"路上"。

有时候专题报道并不是"单打独斗""一花独放"。当记者接受一个新闻事件的采访报道的任务后，其脑海中就要开始筹划以什

《此"冠生园"非彼"冠生园"》报样（《中国知识产权报》2001年9月14日，本版编辑吴辉）

么样的形式进行报道比较好。以《春城无处不飞花》为例，在这篇主打作品发表前，就有几篇文章或图片报道见诸报端，其作用是对新闻事件进行"预热"，也可称之为"组合拳"的专题报道。具体发表时间及新闻体裁如下：

（1）消息：《展示科技发明促进西部开发（眉题）第十三届全国发明展览会将在昆明举办（主题）》（载《中国知识产权报》2001年9月12日，记者刘瑞升）。开幕前介绍展览会的时间、地点、主办方、规模及主旨等。

（2）消息：《第十三届全国发明展览会举办（眉题）一千二百多项发明春城展英姿（主题）》（载《中国知识产权报》2001年9月26日，记者刘瑞升）。开幕后以消息的形式迅速发稿。介绍展览会情况。

（3）组照：全国发明展览会上的"小人物"（载《中国知识产权报》2001年9月26日，记者刘瑞升）。以4幅图片配专文的形式报道了4位发明人的专利产品。与开幕式的信息同期见报，相互配合，互为补充。

（4）消息：《云南920万元重奖科技精英》（载《中国知识产权报》2001年9月28日，记者刘瑞升）。这是展览会期间发生的新闻事件，云南省委省政府召开全省科学技术奖颁奖暨农业科技先进工作者表彰大会，省委书记令狐安等领导为蒋志农等科学家授奖。

（5）专题报道（配发图片）：《春城无处不飞花》（载《中国知识产权报》2001年10月12日，记者刘瑞升）。主打报道，文字多，内容详。

（6）组照：《全国书市买了8亿多》（载《中国知识产权报》2001年10月19日，记者刘瑞升）。以5幅图片配专文的形式报道了全国书市的情况。

以上述6次不同形式的报道，既有消息又有组照（组照比单幅图片力度强大）还有配发图片的专题报道，全面翔实多角度地对昆明这次盛会进行了解读。从发表第一篇消息的9月12日到全国书市（组照）见报的10月19日，历时一个多月的时间，共计7300多字，15幅图片。这是我记者生涯中，自己较为满意的一次短平快的专题报道活动。

专题报道有时是以系列报道的形式出现（系列报道见本书第七课），这是因为其报道的主题规模较为"庞大"，单篇很难包容，若以系列的方式，更显得条理清晰、脉络明白。比如西部资源优势转变成经济优势系列报道5篇，就是一个较好的例证。

例3-2-3

编者按：

实现党中央关于西部大开发的宏伟蓝图，需要充分发挥西部资源的优势，这是国人的共识。科技创新、专利保护在其过程中起着非常重要的作用。本报从今天起分5次刊登西部资源优势转变成经济优势系列报道。

西部资源优势转变成经济优势系列报道之一
这里是一片丰饶的土地
本报记者 刘瑞升

在中国版图上，西部地区12个省市区的土地占国土总面积的70%以上。这广袤的大地蕴藏着丰富的自然资源。于是，在启动西部大开发的时候，更多的人是关注这里的矿藏。其实，人才、技术、品牌等智力资源在这里也非常丰厚，这些为丰饶的西部大开发构成了坚实的基础。

陕西省副省长陈宗兴在接受记者采访里说："在科技教育方面，我省与全国其他省区比较，实力是比较雄厚的。全省有近85万科技工作者，拥有部属科研院所64个，高校设置的科研机构399个，每年有近2000项科技成果问世。"同时他指出："由于种种原因，我省专利申请数量多年徘徊在第18位左右，这与我们这个科教大省是不相称的。"他表示，要借中央西部大开发的东风，充分发挥陕西省资源、科技、人才等资源的优势，将陕西的各项工作搞上去。

甘肃省有各类科研机构1600多个。中科院在兰州设有分院，设置了近代物理、沙漠、地质、盐湖地6所一中心。在职职工3100多人，其中专业技术人员2100多人，高级研究员779人，中科院院士8名，工程院院士1名。

四川、宁夏、新疆、重庆、青海等西部省市区也都拥有自己独特的智力资源优势。据有关资显示，陕西等几个西部科教大省的科研力量，与北京、上海等地相比可谓旗鼓相当。

在自然资源方面，东部确实无法与西部相比。以甘肃为例，其已探明的矿产资源173种中，储量位居全国首位的就有10种，32种名列全国前5位。享有"镍都"之称的金昌，硫化镍矿储量占全国的70%，居世界第二位。甘肃中药材品种多达9500种，野生药材高达1270多种，位居全国第一。

新疆维吾尔自治区副主席王怀玉曾对记者说："实施'一黑一白'为重点的优势资源转换战略是新疆今后长期的任务。""黑"是指滔滔滚滚的石油，"白"是说如云似雪的棉花。新疆石油储量达300亿吨以上，占全国陆地储量的23%，棉花年总产量140万吨，全国排名第一。

内蒙古素有"东林西铁，南粮北牧，遍地煤"的美誉，草原面积13亿亩，居全国5大牧区之首，牲畜存栏数全国之冠，森林面积全国首位。

云南生物资源占全国的46%；青海钾盐的储量占全国97%；宁夏的石膏矿藏量为全国冠军。另外，广西的铝土、水晶；贵州的杉木、柞蚕丝；四川的桑、麻、茶；重庆的杜仲、天麻等中药材；西藏的藏药及地热资源等的数量均名列国内前茅。

自然界的偏爱，使内蒙古拥有占中国90%，占世界80%的稀土资源。稀土在当代工业中用途广泛，有着很高的经济价值。在内蒙古稀土研究院的陈列室里，有邓小平的这样一段话：中东有石油，中国有稀土。中国稀土资源占世界已知储量的80%，其地位可与中东石油相比，具有极其重要的战略意义，一定要把稀土的事情办好，把我国稀土优势发挥出来。

然而，在内蒙古包头的稀土展览馆里，虽然陈列着各种用稀土制成的产品，但令人深思的是，多数产品不是内蒙古生产的，而用的是内蒙古提供的稀土原材料。惊人的数据告诉人们，我们出口一吨稀土的初级产品可获4000元，而国外深加工的产品，一公斤就可卖到这个价格。

记者采访了内蒙古稀土研究院院长张安文先生，他说："稀土的主导技术、核心技术有相当一部分的专利在外国手里。比如大家熟悉的稀土钕铁硼，它的基本专利在日本。还有发光材料，包括镍氢电池的基本专利，以及正在开发的磁制冷、纳米技术、光学等方面的专利，也都集中在发达国家手里，这对我国稀土产业的发展，尤其对高科技产业的发展形成了一定的影响。"

类似的情况在甘肃的金昌也同样存在。镍属于稀有金属，在现代工业中用途广泛，镍都的企业几十年来主要从事矿藏的采掘和矿产的初级加工。在其荣誉室内，摆放着众多的奖旗、奖杯、奖状，唯独没有专利证书。

看来，拥有丰富的自然资源，以及潜在的智力资源，并不一定会

"西部资源优势转变成经济优势系列报道"报样（《中国知识产权报》2001年11月7日，本版编辑晓月）

促进经济的发展，还要有良好的政策环境、市场机制、法律保障等。从历史的角度审视，党中央西部大开发的战略无疑是开启西部自然资源、智力资源的一把金钥匙！

请看系列报道之二——东方风来满眼春。（原载于《中国知识产权报》2001年11月7日）

例3-2-4

西部资源优势转变成经济优势系列报道之二
东方风来满眼春
本报记者 刘瑞升

1999年6月17日，古城西安。中共中央总书记江泽民在这里向全党和全国人民发出西部大开发的动员令。沉寂的西部沸腾了！这是中国20年改革开放取得辉煌成就后，为实现中华民族的全面腾飞实施的又一历史性的战略。

记者在西部诸省采访后感到，开发西部不仅是西部自身局部发展的需求，更是整个中国经济发展和社会进步的需要。加快西部发展，可以加速全国的经济增长，实现全国产业结构的合理化，促进资源的优化配置。

1999年10月，朱镕基总理提出西部大开发要做好5项工作，其中一点就是发挥西部优势，实施科教兴国。党中央国务院关于西部大开发的战略似一股春风，使西部人精神振奋。各省市区针对自身特点，提出了依靠科技创新，实施资源优势转变成经济优势的战略目标，改变西部地区"富饶的贫困"的局面。

"解放思想，转变观念"迅速成为西部人的共识。虽然观念的转变不是一蹴而就的事情，但从东部20年改革开放已取得的成就中，西部人已看到自己的未来。从党中央西部大开发动员令发出至今，仅仅两年多的时间里，西部地区出现了前所未有的变化，各种洽谈会、博览会、论坛一个接一个地举办。资金、人才和技术等生产要素向西部流动。以陕西为例，过去的两年，共计完成固定资产投资1400多亿元，超过整个"八五"期间投资的总和。目前西安市的外商投资企业已经达到2000多家。在去年陕西举办的人才交流大会上，意向来陕的科技人员和大学生达7700多人，其中有硕士以上学位的达316人，基本上遏制了长期以来严重困扰陕西发展的人才"孔雀东南飞"现象。知名学府西安交通大学自去年以来，教师队伍一改过去10年的负增长，出现了正增长。

专利技术在西部大开发中的作用愈来愈显著。在石油之城克拉玛依，新疆石油管理局负责专利工作的同志介绍说，西部大开发，专利要先行，这是该局领导的共识，因为专利为企业的发展带来了可观的效益。"一种从重质馏分油中分离环烷酸的方法"解决了长期存在于加工高酸值石油馏分的难题，已创经济效益900多万元。而广泛应用于各地油田的"丢手可钻桥塞"，创经济效益1.48亿元。"密闭取芯工具""钻井偏心短节"等实用性强的专利技术，直接经济效益都在500万元以上。短短几年间，专利实施已给该局带来了数亿元的经济效益。

"调径变矩节能抽油机"和"下偏杠铃抽油机"是新疆第三机床厂独立开发的专利产品，并已申请了美国专利。据该厂厂长高守敬介绍，目前已许可转让了8家企业生产，共创产值1.3亿元，他说，使用一台调径变矩抽油机，就可节约电力容量30千伏安，年节电10万千瓦。以新疆彩南、沙南两油田使用的71台计，每年新增产值4.92亿元，增、节支总额达1341亿元。

而作为西部开发科技前沿的西安高新技术产业开发区，其科技优势为专利技术的孵化以及实施创造了良好的环境。截至去年底，高新区共申请专利近1300件，占西安专利申请总量的16.5%。对其中21件专利实施情况的统计，累计新增产值10.48亿元，利税1.78亿元。据了解，高新区的电子信息方面的专利申请占全区申请总量的一半以上，占西安地区同类申请量的95%。其中西安泰川和公司拥有专利30多项，该公司实施的专利产品IC卡电子防伪系统受到国家工商行政管理总局的推荐，现已在口子酒厂等著名企业使用。

　　不难看出，党中央西部大开发的战略，已使西部地区开始出现变化，而且是根本性的变化。

　　请系列报道之三——"一粒种子可以改变一个世界"。（原载于《中国知识产权报》2001年11月9日）

例3-2-5

西部资源优势转变成经济优势系列报道之三
"一粒种子可以改变一个世界"
本报记者　刘瑞升

　　在青海湖，我遇见了一位叫昂夯·山珠的活佛，和往年一样，他徒步走了几天，来到圣湖旁，虔诚地诵经后，将一个装满五谷的布袋投入湖中，表达他为来年风调雨顺五谷丰登的祈望。千百年前，在人类还不足以征服自然的时候，人们便以类似的方式来寄托自己的希冀。

　　20世纪70年代，袁隆平——这位被称为"当代杂交水稻之父"的科学家，为了同样的目的，却选择了科学研究，他培育成功的杂交水稻已累计增产粮食3600亿公斤，使包括中国在内的世界上千千万万的人不再饿肚子。

　　同样是为了用现代科技改变西部农业经济，陕西杨凌从过去普通的一个小镇子，已成为全国唯一的一个副省级农业高新技术示范区。

　　八百里秦川上这个被誉为"中国农业硅谷"的杨凌，既是中国科技型农业的重要起始地和基地，也是中国农耕文明的发祥地。早在四千年前，中华民族传说中"教民稼穑"，被尊称为中国农耕始祖的"后稷"，就是在这里开始了从游猎到农耕定居的重大转变，这一转变对以后几千年华夏民族的经济文化发展产生了根本性的影响。三十年代，在辛亥革命元老于右任先生的倡导下，西北地区第一所培养农业科技人才的学府——国立西北农林专科学校在这里诞生。

　　在示范区管委会，我见到了1967年大学毕业从湖北来到杨凌，一干就是30多年的示范区副主任万为瑞。他回顾说，新中国成立后，特别是近20年来，国家对杨凌投入了大量的人力物力和财力，使杨凌成为享誉海内外的农业科学城。目前，这里已经拥有两所农业大学、五所农业科研机构、三所农业中专、一个国家重点试验室、9个部（省）级试验室，聚集了农业、林业、水利等64个学科和4000多名农业科技人才。这些院校或研究机构，对知识产权保护都较为重视，以西北农林科技大学为例，已申请专利96项，其中发明专利占近50%，且大多数项目得到实施。到目前为止，进住示范区的高新企业已达230多家，大多是依托高新技术成果转化发展起来的。2000年示范区工技贸总产值达11.6亿，今年1～7月出口创汇460万美元。江泽民、李鹏、朱镕基、李岚清等党和国家领导人先后到杨凌视察工作。杨凌已为国家培养和输送农业科技人才6万多名，取得农业科研成果5000多项，其中70多项获国家级奖励，1000多项获部级奖励。这些科研成果转化产生的直接经济效益超过了2000亿元。

在杨凌采访，示范区科教发展局薛增召副局长向我介绍了由杨凌农业科学家培育的、在全国累计推广种植20多亿亩、增产上千亿公斤的新品种，如"碧蚂一号""丰产三号""陕七八五九""小偃6号"等小麦优良品种。他说，就是这些优良品种实现了黄淮流域乃至全国冬麦区小麦品种四次大规模的更新换代。有人这样说，多年来黄淮流域和全国冬小麦种植区单产和总产的大幅度提高是与杨凌密不可分的。

杨凌已是中国农业科学家几代人集体创造的一个著名品牌。除享誉全国的小麦品种外，这里的研究成果覆盖了整个农业：优质、多抗、高产、稳产的秦白系列大白菜，已在全国20多个省市累计推广种植600多万亩，创直接经济效益10亿多元。还有居国内自育推广品种之首的秦冠苹果、第五代胚胎克隆山羊、可降解无污染塑料，等等。

在杨凌秦川节水灌溉设备公司，我了解到，以专利技术生产的内镶式滴灌管是一种整体式滴灌产品，它采用圆柱形迷宫式滴头，有长而宽的圆弧形流道，这种工艺设计使水在流道内形成强劲的水流，可以防止微生物和藻类的滋生及沉积物引起的堵塞。

就节水灌溉设备和技术，西方国家一直对我们采取严密封锁。杨凌的科技工作者，经过多年的研究，终于生产出拥有独创性的产品。

这一专利产品对提高干旱、半干旱地区农作物产量和改善生态环境具有重要的意义。以色列是世界上研究节水灌溉设备和技术的先进国家，而不久前，这一国家的客商也来到杨凌订货。

国家知识产权局专利示范工程项目"螯合态多元复合微肥"是杨凌汇丰农业高新技术公司生产的。公司总经理龚信田介绍说，这种肥料具有溶解性好、活性强、防止金属元素与土壤之间的不利反应等特点，能使粮食作物增产21.2%，蔬菜增产54.3%，经济作物增产39.8%，目前已累计推广1.6亿多亩。

在青海湖畔，昂夯·山珠活佛告诉我，他名字的含义是吉祥如意。

在长沙，袁隆平对我说，他研究的杂交水稻已申请植物新品保护。

在陕西，陈宗兴副省长对我讲，杨凌的农业科研成果必须依靠知识产权进行保护。

在杨凌街头，我看到这样一条横幅，上写着"一粒种子可以改变一个世界"。

请看系列报道之四——命运就在自己手中。（原载于《中国知识产权报》2001年11月16日）

例3-2-6

西部资源优势转变成经济优势系列报道之四
命运就在自己手中
本报记者　刘瑞升

"据新华社2001年2月19日电，中共中央、国务院今天上午在京隆重举行国家科学技术奖励大会。会上江泽民向中国科学院院士吴文俊和中国工程院院士袁隆平颁发了奖励证书和每人500万元的奖金。这是以国家名义对为科学技术发展做出杰出贡献的科技人才予以的最高荣誉奖励。"

这则消息怎能不让人深切地感受到人才的价值。

经济发展的本质，是人们对自然资源的利用。同样是利用自然资源，原始的利用和现代的利用，产生的价值多少是大不相同的。特别是今天，人类已进入知识经济时代，科技愈加成为经济发展中最重要的手段，而科技的日新月异有赖于大量的科技人才。人才的作用、人才的价值日益凸现出来。

王忠效，现任宁夏药物研究所所长，宁夏博尔泰力药业股份有限公司董事长兼总经理。1969年毕业于沈阳药科大学的他，来到宁夏贫困地区盐池县一家校办的甘草膏厂。他发现了当地生长的一种豆科槐属植物——苦豆子。别看这种植物牛羊不吃，但将其埋入土中作绿肥，既可增强地力又能消灭害虫，当地农民直接服用还可止泻、止咳、治疗喉痛等。专业的敏感使他对苦豆子产生了浓厚的兴趣。

针对苦豆子有清热解毒、抗菌消炎的功效，他研制出能治疗菌痢、腹泻的药品——苦豆草片，该药被收载于1977年中国药典中。从此，他一发不可收：1983年10月，历时4年的新药苦参碱及其制剂——妇炎栓通过专家鉴定；1987年高强度免疫功能增强剂枸杞精及其制剂——杞宝胶囊通过专家鉴定。这以后包括苦参素、苦参碱、苦参总碱等不断问世并申请了专利。

与王忠效一起，我们参观了正在兴建、总投资6754万元的国家重点工业性试验项目。据他介绍，这一项目年产40吨苦参素系列生物碱原料药及5400万支苦生素注射液，到2002年产值可达2个亿。我看到现代化的生产车间已拔地而起，先进的设备正在进行安装调试。

李武，内蒙古伊克昭化工研究设计院院长、高级工程师，20多项专利的第一发明人，其中两项是他独立完成的。在天然碱加工技术开发方面，他主持研究的项目获国家科技进步二等奖一项、内蒙古科技进步一等奖4项。

丰富的天然碱资源，并没有使伊化选择出卖原材料和初级产品加工之路。从"碱田日晒工艺"科技攻关开始，伊化不断实施科技含量和工艺技术水平越来越高的项目，有效地进行了"资源资本化"，使资源通过科技手段进行深加工，最大限度地实现增值。正是由于伊化坚持企业自主创新，以自己的知识产权技术为龙头，在技术、工艺的市场优化过程中，形成了自己的技术路线和天然碱加工技术优势，才使得以李武为首的课题小组一步步发展为研究所、研究院、伊化集团总公司，继而收购、兼并、控股一批有发展潜力的企业，并使骨干企业成为上市公司，形成总资产近43亿元、净资产达13亿元、职工人数1.6万人的跨地区大型科技企业集团，在全国化工企业中利税总额居第10位。

目前，李武领导的伊化集团，控制了全国90%以上的天然碱工业经济资源，开创了中国天然碱工业经济一体化、企业集团化、资产股份化和资源开发规模化的全新发展局面。

刘旭，广西桂林制药厂总工程师。1985年4月1日，中国专利法实施第一天申请了发明专利——抗症药物青蒿酯的制备方法。到目前为止，这种药还是我国仅有的几个一类新药之一。十多年来，为企业和国家创造了巨大的经济效益。

赵民安、刘敏、咸家华、李维琪，他们是中科院新疆化学所的科技人员，发明了从大赖草中提取与穗形相关成分的高活性DNA的方法。实现了在不增加水肥的条件下，通过这项生物技术可改变小麦的产量和品质，即大穗、多粒、大粒及高蛋白质。

江泽民总书记在甘肃考察工作时指出："人才是决定我们事业成败的一个关键因素。西部大开发，人才是关键。"

请看系列报道的最后一篇——撬动经济腾飞的杠杆。（原载于《中国知识产权报》2001年11月23日）

例3-2-7

西部资源优势转变成经济优势系列报道之五

撬动经济腾飞的杠杆

本报记者　刘瑞升

一千多年前，伟大的古希腊科学家阿基米德说，给我一个支点，我将撬起整个地球。

30多年前，世界登月第一人阿姆斯特朗说，我的一小步是人类进程的一大步。

今天，中国西部的科学家们说，科技创新是西部资源优势转变成经济优势的杠杆。

被誉为共和国独子的新疆生产建设兵团，经过40多年的奋斗，以占新疆近1/7的人口，创造出了占新疆1/5多的国民收入，为新疆外贸出口提供了1/2的商品和货源。在被称为"死亡之海""生命禁区"的塔克拉玛干大沙漠和古尔班通古特沙漠边缘的亘古荒原上，创造出人进沙退的奇迹和中华民族屯垦史。在艰苦创业的同时，他们还注重科技创新。兵团拥有科研机构160多个，各类专业技术人员14万人。兵团获国家科技进步奖10项，农业部进步奖及丰收奖38项，有省部级成果916项，其中13项达到国际先进水平，34项属国内首创，130多项达到国内先进水平。兵团已公开的专利1000余件，占自治区20%左右，有4家企业的专利项目列入了国家知识产权局专利示范工程。

钽铌铍是电子、冶金、化工、航天和原子能工业等高科技领域里一个极为重要的材料。宁夏有色金属冶炼厂作为我国钽工业的排头兵，已成为继美国卡博特集团、德国斯达克集团之后的世界第三大钽生产企业。自1993年以来，销售额、利税额和出口创汇额以每两年翻一番的速度增长。产品远销美、日、朝及欧洲与十多个国家和地区。这些靠的是什么？靠科技创新，靠知识产权保护！"八五"以来，该企业投入科研经费1000多万元，用于新产品开发的经费达1200多万元。完成国家钽铌铍科研课题194项，新产品试制144项，有30多个高新技术产品被国家有关部委批准为国家级新产品。

内蒙古科迪高科技产业有限公司，围着沙棘做文章。公司完成的国家重点科技攻关项目"超临界二氧化碳萃取沙棘油工业开发"，使我国在这个领域达到国际先进水平。公司董事长邢国良介绍说，从创业之初叫专利技术试验厂到如今公司的名称，可以体现出我们是注重科技创新，注重专利保护的。据了解该公司从沙棘产品的配方，到产品的包装，从设备的技术改造到"宇航人"牌的商标，都进行了全方位的知识产权保护。

陕西三桥车辆厂是国有大型企业，在上亿元的产值中，专利产品创造的产值占63%。西安飞机工业有限公司是特大型国有企业，不仅有完善的知识产权管理体系，而且90%以上的领导、70%的员工都接受了知识产权培训。

在计划经济时代，人们不必过问知识产权是什么，也不必关心企业经济效益是多少，只要按照国家下达的计划进行生产，企业就能生存，职工的收入就有保障。但在今天，知识产权保护已关系到企业的前途和职工的命运。因此，才有像西飞这样拥有2万多职工的企业，上至老总下到工人，都与企业签订了保护企业知识产权协议书。

荣获"全国专利先进集体"称号的重庆钢铁公司，对实施效益好的专利项目实行效益分成，1998年以来，先后已对模糊控制技术、高炉探尺、更换装置等15项专利技术按实际实现经济效益提成90多万元，奖励给专利发明人。

长岭——阿里斯顿，20世纪80年代，人们熟知了这个中洋结合的商标。经过近十几年的奋斗，"阿里斯顿"在人们的视线中和记忆里悄然消失了。借助国外的技术与品牌作为发展战略是当时许多中国企业的选择。长岭人经过引进、消化及吸收，今天终于实现了从技术到品牌都属于自己的——"长岭"。实践证明，只要创新，就会有收获。只有创新，经济才能大发展！

江泽民总书记说："在新的世纪里，知识和智力资源的创造、占有、运用将成为经济发展和社会进步的越来越重要的推动力量。我们必须抓住机遇，迎头赶上。"

人才资源和科技创新是撬动经济腾飞的杠杆！（原载于《中国知识产权报》2001年11月28日）

【简析】

"西部资源优势转变成经济优势"专题报道，共计8500字，通过"这里是一片丰饶的土地""东方风来满眼春""一粒种子可以改变一个世界""命运就在自己手中"和"撬动经济腾飞的杠杆"等5篇以不同角度阐述"资源优势转变成经济优势"的道理及其合理性、可行性，每一个例子，都是记者实地采访的结果。

记者在细节上下功夫，开掘出很多闪光的感人的故事，比如："在青海湖，我遇见了一位叫昂夯·山珠的活佛，和往年一样，他徒步走了几天，来到圣湖旁，虔诚地诵经后，将一个装满五谷的布袋投入湖中，表达他为来年风调雨顺五谷丰登的祈望。"这个具有象征意义的行为，实际上是记者的一种暗示，改变世界、掌握命运、经济腾飞等不仅需要也必须需要政策的支持、富饶的物产，但精神世界的富有也是一个不可或缺的内容。

再如："王忠效，现任宁夏药物研究所所长，宁夏博尔泰力药业股份有限公司董事长兼总经理。他发现了当地生长的一种豆科槐属植物——苦豆子。别看这种植物牛羊不吃，但将其埋入土中作绿肥，既可增强地力又能消灭害虫，当地农民直接服用还可止泻、止咳、治疗喉痛等。针对苦豆子有清热解毒、抗菌消炎的功效，他研制出能治疗菌痢、腹泻的药品——苦豆草片，该药被收载于1977年中国药典中。"

还有政策层面的建议："拥有丰富的自然资源，以及潜在的智力资源，并不一定会促进经济的发展，还要有良好的政策环境、市场机制、法律保障等。从历史的角度审视，党中央西部大开发的战略无疑是开启西部自然资源、智力资源的一把金钥匙！"

在报道形式上，每篇均配一幅与内容有关的由作者拍摄的压题图片，每篇文章的字数相当，见报时的标题多为黑体，刊登位置大体都在相同的版面和位置。

例3-2-8

编者按：本报记者刘瑞升，1999年11月至2001年4月，以自行车为伴，走过大江南北，长城内外，完成了"中华知识产权世纪行"活动，骑程达9500多公里。其间他采访了数百个单位，发表新闻稿件近百篇。此番感言，记载了他途中对知识产权问题的进一步思考和对人生新的感悟。

感言世纪行

本报记者　刘瑞升

理想，在默默中主导着人的一生。缺少了它，就不成其为生活

现在，我每天上下班的"坐骑"，是伴我走过东北大地的那辆"捷安特"。它是我的交通工具，也是我的伙伴。

这辆自行车的名字我仍把它叫"旅行者"。"世纪行"启程时的那辆，伴我走过燕赵、齐鲁以及江浙等地，回京后在一家商场门前遭窃。不曾想数百天与我朝夕相伴，夜宿一室的"旅行者"，没"牺牲"在征程上，却在我生活的城市中悄然而逝，着实令我痛心不已。

清晨，我骑着"捷安特"上班，沿北四环路向西而行。初升的太阳把光辉洒在宽阔平整的柏油路上，阳光将我和"旅行者"的影子拉得好长好长，这飘忽跳跃在车流中的影子，不由得勾起我对往事的追忆。

前方就是坐落在蓟门桥畔的国家知识产权局业务大楼，它高大洁白的身躯从很远的地方就可看见，那是我心驰神往的地方。

1999年11月9日，就是在它挺拔的身躯前，举行了"中华知识产权世纪行"的启程仪式。时任国家知识产权局局长姜颖启动了"捷安特"的里程表，跨世纪的万里征程就这样开始了。她握着我的手高兴地说："从零开始，祝你成功！"

马连元副局长的讲话我至今还记忆犹新："刘瑞升的行动，体现着一种精神。以自行车为交通工具宣传普及知识产权，这种不畏困难、勇于吃苦的精神，将会激励所有从事知识产权工作的同志！"

"报社同人祝你成功"

"亲友们愿你一路平安"

……

几条横幅将数百名自发前来送行的人连成一个整体。面对着人群、条幅、摄像机，我深深地感到：理解和支持我的人，是"世纪行"活动的基础，他们，更加坚定了我的信心。

知识产权局业务大楼近在咫尺了，望着身下的"捷安特第二"，不由得使我想起了它的前任。遗憾或许是生活中一种不可避免的现象，正因为如此，才有了我的第二个朝夕相处的好伙伴，才演绎出不屈不挠、前赴后继的"世纪行"。

> "知识产权"因为我而为国人更加瞩目，
> 我因"知识产权"而成为令人关注的人物

"请问老刘，你为什么选择单骑万里？难道你不怕艰苦吗？"一位天津的同行首先发问。

接着一位电视台的记者对我说："请问刘瑞升同志，知识产权所涵盖的内容，指的都是哪些？"

"请问加入WTO后，知识产权在国民经济中的地位和作用是什么？"

"请问应该如何确立自己的商标和著作权？"

……

在天津知识产权局宽敞的会议室中，十几位同行向我连续发问。他们想要了解关于我和知识产权方面的几乎所有问题。我本来是个经常采访别人的人，现在却成了别人采访的对象，而且俨然成了一位专家。这种错位是出发前所没有想到的。但是，情况摆在了眼前，也只能顺其自然。细细想来这也应该是"世纪行"的一个组成部分。我不能拒绝，也无法拒绝。从计划"世纪行"活动开始，我一直持"淡出淡入"的想法。但有关负责同志对我讲，这一活动不能理解为个人的行为，这是国家知识产权局宣传工作的一个部分。

此时此刻，我才明白这句话的深意。的确，自上路以后，我就成

　　了一个载体，知识产权的载体。从某种意义上说，知识产权就是我，我就是知识产权。

　　本报记者王岚涛在他所发的一篇稿件中有这样一段叙述："面对众多记者的采访，刘瑞升显然有些兴奋。他说，自己当了十多年记者，从来都是采访别人，而今天面对这么多的同行，却成了被采访对象，虽然来得有些突然，但必须尽快适应。"

　　认识转变了，我也坦然了。

　　《人民日报》《中国日报》《法制日报》《科技日报》《新闻出版报》等十余家报纸以及中央电视台的晚间新闻、早间新闻、东方时空、午间新闻等也陆续报道了这次活动。本报也破天荒地在一版用了

1	2
3	4

1．与乐清专利管理处的同志们道别

2．与杭州的朋友合影留念

3．采访上海发明家包起帆（左）

4．问路（本页图片为本报记者张子弘摄）

一个整版的篇幅介绍了"世纪行"的启程仪式及相关背景并配以大幅照片。"刘瑞升",似乎成了焦点。

在以后很长的时间里,有近百家媒体对"世纪行"进行了报道,受众无数。我的手机也经常有陌生电话打入,有询问专利方面问题的,有请我帮助打官司的,还有想加入这一活动的。知识产权把我和社会紧紧地连在了一起。

同人们托她带来的巧克力,放在了我的手中。
所有的祝福,都融入其中

到达沛县的那天晚上,我很兴奋,因为这是汉高祖刘邦的故乡。由于这个缘故,我不禁生出几分怀古之情和不尽的感慨:正可谓赤县幽幽,芳草可求。但天有不测,招待所的热水龙头突然断裂,滚烫的开水直射我的双腿。经医生诊断,烫伤度为18%。虽然一路风尘,困倦难耐,但疼痛使我连续几天难以入睡。

夜晚,床头一盏孤灯,清冷的光线洒在我的身上,暗淡的灯光给靠在床边的"捷安特"及墙角的行囊投下一层浓重的阴影。

在这远离亲人、人地两生的县城,在这充斥着寒意的夜晚,我感到一丝孤独。我没有想到,在这个能避雨遮风的客栈,心里的压力竟是如此的沉重。

不经意间,床头柜上五颜六色的巧克力忽然闯进我的视线,让我想起几天前的一件事情。在济南,我与本报到山东采访的吴晖相遇。她将报社同事杨惠敏、杜颖等托她带来的巧克力放在我的手中,并说:"所有的祝福都融进了这些巧克力之中。"

我们的手紧紧地握在一起。其实分手仅仅十几天的光景,但心里的感觉好似隔年。同到济南的还有国家知识产权局负责宣传工作的邓军同志,他对我说:"局领导和许多同志都非常关心你,让我代问你好。"

我的心里热乎乎的。记得出发后的第二天,邓军率队乘车赶到天津。他说这是"世纪行"第一个采访点,我们必须来。一同前往的还有我报社社长郭玉绮、局宣传处处长朱宏等。我将巧克力放入嘴中,慢慢品味着。

在以后的日子里，这种从精神到物质的鼓励一直不断：徐晓敏也送来了巧克力。报社摄影记者张子弘从北京赶到浙江，与我同骑数百公里。朱宏等赠诗为我鼓劲，编辑部同人，则认真修改我在路上发回的稿件……

2001年4月，"中华知识产权世纪行"活动圆满结束，这一活动得以顺利地进行，应该说是一种团队精神的体现。没有这样一个集体的支撑，我算得了什么？

此时此刻，我又想起了安宗翰，当我把骑车进行采访的打算告诉他时，他不无遗憾地告诉我，这也是他多年来的愿望。他一直等待着时机。然而，病魔缠上了他，使他心有余，力不足了。

从安宗翰的语气和表情中，我感到了一种悲壮。他的悲壮感染了我，我怎么能不一往无前呢？

临行前，安宗翰送给我一个笔记本，但见扉页上写道：

> 江湖浪迹欲何求，
> 山川锦色笔底收。
> 天性好作千秋事，
> 单骑万里畅如流。

好个"畅如流"！

每个人都不可能彻底地了解别人，
只要有了解的愿望和宽以待人心境就足矣

在"世纪行"出发的第一天，我骑了80多公里到达廊坊时，廊坊市专利办公室的赵强、李嘉卉、尹茂等同志在路边已等候多时。第二天早晨，在一眼望不到尽头的102国道旁，赵强紧紧握着我的手说："我们会惦念你的，别忘了来个电话，报个平安。"

说来惭愧，我一直也没首先给他们打过电话，而他们总是隔一段时间就与我联络，报过姓名后，便说："没事儿，问候一下！"

"没事儿，问候一下！"我在爬坡时听到过，在身体不适时听到过，在路旁避风处嚼着饼干喝着凉水时也听到过……

　　最最难忘的还是2000年中秋节的那个晚上，熟悉的声音又从千里之外传来。"例行公事"后，他说："等等，嘉卉和玉林就在我身边，他们也要和你说几句。"此刻，我的眼前模糊了。每逢佳节倍思亲，在这月光如水的秋夜，支持我的所有的人们，都与我同在！

　　赵强他们几位都在廊坊专利办工作。专利使我们相识、相知。但那个南建民呢？接到他的电话时，我正在一条道窄车多的公路上奋力拼搏。由此他成了我的又一位兄弟。可直到现在，我们仍未谋面，确切地说，他还是一个熟悉的陌生人。

　　当时他自报家门："我是内蒙古伊克昭盟的一个专利发明人，在中国知识产权报上看到你'世纪行'的报道，几经周折才打听到你的手机号……"

　　呼啸的汽车声，使我时不时听不清他的话。他的名字竟让我听成了"难见明"。

　　他在电话中说："我多年从事发明创造，到现在已申请了3项专

1 ｜ 2

《感言世纪行》报样（原载于《中国知识产权报》2001年11月7日，本报记者张子弘摄，本版编辑晓岳）

利，省吃俭用投入了3万多元，虽然研制出了样品，却没有经济能力进行生产，至今也没转让出去。"

停顿良久他接着说："而有些不法之徒，依照我的专利说明书进行生产。打官司告状，让我历尽艰辛……"话筒中传来的语调，使我感觉出他的痛苦与企盼。

从此以后，他经常打来电话，询问路上的情况。

后来，报社的同事告诉我：南建民到过一次报社，并捐了300元钱。

是专利，是知识产权，是"世纪行"，把我和赵强他们，和南建民们紧紧地连在了一起。他们既是我的服务对象，更是我勇往直前的动力。

回到北京后，一位同事特别欣赏我的那面大幅签名旗。五彩斑斓，且形态各异的签名中，却唯独没有找到我妻李萍的名字。于是他问："这是怎么回事？"我说，在我的万里行程中，只有两个人拒绝给我签名。一个是我妻，一个是某地方的一位知识产权局局长。妻说："不签名自有不签名的道理。我时时地惦记着你，你时时牵挂着我和家里，我们的名字早已相互签在了对方的心里……"

妻的话不无道理，签不签名，其实是个形式问题。只要心里有，还走这个形式干吗？另外，不签名确实各有各的道理。比如那位局长，当时他工作较忙，会议颇多，能出来接待我就已经尽力了。总之，每个人的行为都会有自己的理由，要想彻底地了解一个人是困难的，只要有一种理解的愿望和宽以待人的胸怀就足够了。

> 我每天都面对着陌生，陌生的路，陌生的人，
> 然而一触及知识产权，就都变得熟悉起来

"喂，住宿吗？"一个涂抹着红嘴唇、画着黑眉毛的女子横在了我的"捷安特"前。

"世纪行"以后，我每天都要面对陌生：陌生的路、陌生的人、陌生的城镇乡村……

骑了几十公里的山路，日薄西山，两腿像灌了铅一般。寻找住处

是此刻的唯一目的。听了红唇女的话，我真想随她而去。但微山湖畔的一幕刹那间又闪现在眼前。在山东与江苏的交界处，我被两个骑着摩托的汉子尾随。一番周旋，才摆脱纠缠。别人说，那就是当地劫道的。由于准备充分，我才免遭意外。而眼前的这位打扮妖艳的"红唇女"，又是个什么人物呢？"阶级斗争观念"油然而生。

大兴安岭林区乍暖还寒，要找个招待所实在太困难。跑了半趟街，才看到一个国营招待所，可铁将军把门！

这时"红唇女"走上前来，幸灾乐祸地说："跟你说还不相信，这回死心了吧？一个老爷们儿，咋这么胆小？怕我吃了你不成？"

虽然看不惯她拙劣的化妆，但也只好随着她来到了一个叫"美人松"的客店。多好听的名字啊，谁知底细如何？

接待我的是"红唇女"的妈妈，一个60开外健谈的大妈。她介绍说：原来他们一家人靠老伴在林业队伐木为生，日子过得紧巴巴的。后来政策放宽了，开起了这个小店。没想到生意还挺好，特别是这两年，确有顾客盈门之势。

正说着，风风火火跑进一个20来岁脸蛋红扑扑的女孩。大妈告诉我这是她的老丫头，并说这个老丫头不像她两个姐姐那样踏实肯干，什么都没长性，高中毕业两年了，还没个正事儿。"老丫头"冲着她妈嗲声嗲气地说："您怎么老看我不顺眼？甭说别的，这个店名，就给您赚了多少钱！这可是我的专利啊！"

这时"红唇女"接过话茬："你别吹自己了。这位大哥就是搞专利的，可别鲁班门前耍大斧！"

"老丫头"听说我是搞专利的，特别兴奋："我们这里生长着一种松树叫'美人松'，所以我就将这小店起名为'美人松'客栈。可是最近附近又有几家小饭店也叫起了这个名字。我觉得有些不得劲儿，但又讲不出道理来，您是老师，是专家，给我们指点指点迷津吧！"

"老丫头"的疑问和困惑，使我想到了绍兴，想到了"孔乙己"。年初，途经绍兴时当地人告诉我：十多年前，绍兴商标事务所的人到咸亨酒店，希望这个享誉中外的老店注册一下商标。咸亨酒店的老板付之一笑："谁不知道在绍兴有个咸亨酒店，谁不知道咸亨酒店里有一个'孔乙己'？"

后来，仅距咸亨酒店百米之遥的一家夫妻小店将"孔乙己"注册了商标。结果买卖兴隆，慕名者络绎不绝。咸亨酒店呢？除墙上挂着字画以外，其余一切包装、名称再也不能与"孔乙己"沾边了。咸亨的老板追悔莫及。

如今，"孔乙己"已被评为首届绍兴著名商标。经无形资产评估事务所评估，其价值已升至26万元。我把这个真实的故事，讲给了"老丫头"以及她的家人。他们都沉默了，好长时间以后，老太太才说："原来这字号还有这么大的学问！"

这个故事，一路上我讲了不知多少遍。听者无不惊诧。在娓娓的交谈中，我与"红唇女"及他的家人的距离拉近了，我们间不再存有距离感，那"红嘴唇"也不再那么令人怀疑和刺眼。在这个表象的背后，还跳跃着大兴安岭林区人的淳朴和善良。

第二天一大早，一向爱睡懒觉的"老丫头"也赶来为我送行，她对我说："大哥，谢谢您的指教，我们会赶紧请人设计图案，然后送工商局，确立我们的服务性标志。"一夜之间，她连话都很专业了。

大妈把刚刚出锅包得严严实实的玉米面饼子递给我说："小伙子，你骑车要宣传的知识我不大懂，但我听得明白，这事，肯定对国家有利，对我们家也有利。"

　　　　　在冰城，我感到了一丝寒意；
　　但在泉城，在长沙、沈阳、长春又觉得暖烘烘的

在黑龙江省的工商行政管理局的办公室里，几个男男女女正在笑呵呵地"唠嗑"。听我说明来意之后，一男子扭过头来，"事先联系过没有？"我说："没有。"听了我的话他不假思索地说："主管局长不在。""其他局长也行，"我说。"其他局长也不在。""那办公室的领导也行！"他不耐烦了："也不在！！"一连三个不在！我着实有些窝火："那你是干什么的？"他不屑一顾地说："这你就别管了！"

我怎么能不管呢？我顶着烈日从北京骑车来到这个所谓的冰城，

为的是宣传知识产权，你凭什么跟我来这一套！回到住处，真想给他们局长打个电话，让他裁定一下他的这个"下属"做得是否有些欠妥。思来想去，还是没有这样做。

所幸，这样的闭门羹吃得不多。一路下来我感觉更多的，还是热情。

记得到达济南时，我拨通了山东省版权局的电话。铃声响起来后，我的心里却有些嘀咕。虽然从理论上说商标、版权、专利同属于知识产权范畴，在国际上也有这个惯例，可在国内，还隶属于各个不同的行政部门，他们会是什么态度呢？

接电话的是该省版权处的处长。我自报家门后，他开始有点为难："怎么事先没打招呼呢？"我说："这只是'中国知识产权世纪行'的一次普通采访，并不是领导视察。没有必要兴师动众，您说是吧？"他的语调缓和下来："那就过来吧！"

见面后，他介绍了该省版权方面的情况，并说，你为宣传知识产权千里迢迢来到山东，不仅想着专利，还想到商标和版权，就凭这一点，我也没理由不热情地接待你。说着他向我介绍了他的几位同事，并安排他们的主管局长和我一起吃饭。话语间我们竟成了十分要好的朋友。

在辽宁，知识产权局的顾局长高兴地说："辽宁的专利、版权、商标三家虽然一起搞过几次活动，但从来没面对面地聊一聊。你的'世纪行'使我们三家坐在了一起，我们都有相见恨晚的感觉。"

这种亲切的场面，在吉林、湖南也曾有过。在冰城，我确实感到了一丝寒意，但那只是瞬间的感觉。而在世纪行的全程中，我更多地感到的，是专利、版权、商标三个系统对我的理解，以及整个社会对知识产权保护的渴望。

"世纪行"已离我远去。随着时间的推移，我们已可更清晰地听到中国入世的脚步声。我现在要说的是，我的"世纪行"，不，我们的"世纪行"，其实刚刚开始！（原载于《中国知识产权报》2001年6月22日）

【简析】

《感言世纪行》发表在2001年6月22日《中国知识产权报》上，是我结束"中华知识产权世纪行"活动不久后写就的。说来还有一个小故事，到任本报不久的副总编辑张岳庚先生，曾经在《中国青年报》工作，以记者是身份到南极北极采访。他听说本报还有一个骑车走全国采访报道知识产权的人，很是兴奋，建议报纸发一篇大稿子，于是会同责任编辑安宗翰一起探讨写作方式等。本文是经过几次加工修改而成，应该说是大家共同劳动的结果。

我觉得这篇稿子的写作方法有一定的创新——至少对我是这样的。其实，"我"作为本文的主角，担当被采访对象比较适合，采访者根据"我"的经历写作。目前是自己写自己，分寸感很难把握。记得当时我曾提出过这个问题，忘记张岳庚是以一个什么理由给否定了——好像理由很充分，大概是第一人称的作品比较感人吧。

1　│　2

1.2. "世纪行"记者在途中（本报记者张子弘摄）

　　《感言世纪行》是一篇"难产"的作品，前后大概写了10天。难道写自己的事真的很难吗？确实很难。写"经历"不是罗列你经过的事情就行了，要能够感人，要能够打动人，又不能有自我标榜自我吹嘘的感觉。对我来说这是一篇有所突破的作品。

　　最后谈谈组合型专题报道。

例3-2-9

第六届中国专利博览会会前工作已全面启动
第一次联席会议在沈阳召开

　　本报讯（记者刘瑞升**沈阳报道）**由中国专利局和辽宁省人民政府主办、将于今年8月6日至10日在大连市举行的第六届中国专利新技术新产品博览会会前工作已全面启动。作为承办单位的中国专利报社和辽宁省专利管理局，日前在沈阳举行了第一次联席会议，双方通报了各自前一时期的工作情况，确定了下一步的重点工作。

　　记者在联席会上了解到，虽然距博览会召开还有数月的时间，但各省市专利管理、专利开发部门及众多的企业都表示愿意借大连这个大舞台，唱好"专利"这场戏。目前，已有部分企业报名参展。

　　据了解，辽宁省的乡镇企业发展迅速，寻求新产品已成为许多企业迫在眉睫的事情。可以预见，这次科技盛会，必将对辽宁的经济建设、企业发展产生积极的影响。

　　联席会议期间，中国专利报社和辽宁省专利管理局的同志一同前往博览会的召开地大连市，与大连市专利管理处、大连市博览中心就有关事宜进行了研究。（原载于《中国专利报》1997年5月19日）

例3-2-10

"这件事我们一定能办好"
——辽宁省专利管理局赵传军副局长谈第六届专利博览会
本报记者　刘瑞升

辽宁省专利管理局赵传军副局长，有着军人特有的气质。就拿对已进入倒计时的第六届中国专利新技术新产品博览会来说，他那落地有声的一番话，令记者为之一振："攻克堡垒，是件难事，但一声令下，困难再大也必须夺取胜利。这次中国专利局和辽宁省人民政府共同主办的博览会与进攻堡垒一个道理，我们必须漂漂亮亮地打赢这场战斗。"这位曾经是高炮导弹部队的指挥官，语言简洁形象、类比准确恰当，使人如见当年身披甲胄的战将。

该局市场处闫明处长介绍说："在最近召开的辽宁省企业专利工作座谈会上，赵副局长的讲话令人心悦诚服。他说，这次博览会首先是一件好事，又的确是件难事，但最终一定要办成这件事。"见到赵副局长后，谈到这"三事"时，他笑着说："'三事'是我们对举办这次博览会的态度。好事是指全国各兄弟省市众多的发明人给我们送来成百上千项的新发明、新技术、新产品，对促进我省的经济发展一定能产生积极的影响。说是难事，的确很难，近几年我省一些企业、特别是国有企业在转轨的'阵痛'中还没有调整好自己的方向。他们举步维艰，困难重重，资金周转不灵，因而对参加博览会这样的好事，却有些为难。"

赵副局长对"一定要办成的事"信心十足，他说，既然是好事，就一定要办成。省政府对这届博览会非常重视，郭廷标副省长曾指出，辽宁省政府和中国专利局即将在今年8月举办的"第六届中国专利新技术新产品博览会"是促进专利商品化、产业化的一项重要举措，也是辽宁省的企业展示、交流技术创新成果，了解技术市场信息，促进专利实施的一次良好机会。他特别要求全省各部门共同努力，做好组织发动工作，新闻宣传部门要重视对此次博览会的宣传报道。

当记者问及下一步工作的打算时，赵副局长说："省专利管理局已将工作进行了布置，四月初我们已在沈阳召开了全省的企业专利工作座谈会和代理人工作会。大多数市、县的科委主任到会，许多同志表示要将这次博览会作为一次使企业振兴的机遇、向全国展示自己的舞台。特别是大连市主抓专利工作的科委副主任田树军表示，博览会在大连市举行，大连要全力以赴予以支持。"

赵副局长最后表示："有省政府、中国专利局的关怀，有全国各地专利管理机关的支持，有我省各市、县的协同工作，可以预见，每年一届，在专利界颇具影响的专利博览会，一定能够取得圆满成功。这件事我们一定能办好！"他还风趣地说，今年为第六届，按如今流行的说法"六"为顺，那么，我们预祝本届博览会顺利召开，凯歌高奏。（原载于《中国专利报》1997年5月26日）

例3-2-11

第六届中国专利博览会展位预订超过80%
辽宁省已着手组织需方到会选项

本报讯（记者刘瑞升北京报道）日前，记者从第六届中国专利新技术新产品博览会组委会办公室获悉，截至5月中旬，参展组团单位已近80个，预订出的展位已超过全部展位的80%，距开展还有两个多月，就取得如此成绩，这是历次博览会不曾出现过的盛况。

辽宁地处我国东北三省对外开放前沿，是国家的重工业发展基地。本届博览会的举办地大连市，其改革开放的步伐，经济增长的速度，现代化建设的势头都令世人瞩目，强烈吸引了全国众多省份和各行各业的发明人。

据组委会办公室负责同志介绍，目前，除西藏、台湾等少数省、自治区外，均有参展厂商报名。特别是一些边远省份，如新疆、甘肃、宁夏、陕西等也纷纷组团参展。

辽宁省专利管理局已着手同省乡企局等部门组织各市、县、区的国有大中型企业、乡镇企业、民营企业到会选项。这种为专利技术尽快转化为生产力，供需双方同台共曲"科教兴国"的盛会，必将取得预期效果。（原载于《中国专利报》1997年6月23日）

例3-2-12

第六届专利博览会组展工作顺利
鞍钢、石油天然气总公司等报名踊跃

本报讯（记者刘瑞升北京报道）本报6月23日曾报道新疆、甘肃、宁夏、陕西等边远省份积极报名参加在辽宁省大连市举办的第六届中国专利新技术新产品博览会的消息后，日前从沈阳又传来好消息，鞍山钢铁公司将这次博览会视为展示自己科技实力的一个舞台，决定用六个展位共计54平方米的面积进行全方位的宣传。辽河油田也不示弱，五个展位的展出项目已落实。营口在辽宁省可谓小市，目前已报5个展位。抚顺市科委主任亲自挂帅召开专门会议，他强调：不仅要组织优秀的项目参展，还要把到博览会上选择技术或专利产品的需方组织好。辽阳石油化纤总公司副经理阚学诚将这项工作视为今年科技工作的一项重要内容，现已将展位、项目全部落实。

记者还从中国石油天然气总公司获悉，该公司领导非常支持组团参加这届博览会，并拨专款3万元。常务副局长傅诚德亲自部署参展工作。目前已落实展位6个，项目70余项。另从组委会办公室获悉，申请位置较好的A区展位的单位比往年大幅度增加，这表明众多企业越来越重视宣传自己的产品，参与市场竞争。（原载于《中国专利报》1997年7月7日）

例 3-2-13

高卢麟、郭廷标为第六届中国专利博览会题词
明廷华担任本届博览会组委会主任
第二次联席会暨新闻发布会召开

本报讯（记者刘瑞升北京报道）日前，中国专利局局长高卢麟、辽宁省副省长郭廷标分别为第六届中国专利新技术新产品博览会题词。高卢麟的题词是："传播专利信息，繁荣技术市场，开发专利成果，推动技术创新。"郭廷标的题词是："繁荣专利技术市场，为科教兴省服务。"

即将于8月6日在辽宁省大连市召开的第六届专利博览会，是为落实江泽民同志关于"创新是一个民族进步的灵魂"的指示精神，配合国家经贸委实施"技术创新工程"而举办的全国性的专利技术推广活动。进一步加快专利技术产品推向市场，进而更大程度地繁荣技术市场，拓宽商品流通渠道是本届博览会的宗旨之一。据了解，郭副省长得知中国专利局和辽宁省人民政府有意向共同举办这一内容的博览会后，非常高兴，对辽宁省专利管理局呈送的申请报告，当即予以答复，表示全力支持。

另据从组委会办公室获悉：中国专利局副局长明廷华担任本届博览会组委会主任。他曾多次询问博览会的进展情况，希望这届博览会能为全国广大发明人架起一座金桥，为辽宁省及东北各省的科技、经济发展贡献力量。

据从沈阳传来的消息，第六届中国专利博览会第二次联席会暨新闻发布会于7月17日在沈阳召开。辽宁省副省长郭廷标和省政府副秘书长杨宝善会见了此次博览会承办单位中国专利报社和辽宁省专利管理局的负责同志。（原载于《中国专利报》1997年7月21日）

例3-2-14

在第六届中国专利博览会上

四大钢铁公司展示风采
指定推荐产品各具特色

本报讯（记者刘瑞升北京报道）鞍钢、宝钢、首钢、邯钢均派代表携专利技术于8月初前往大连，参加第六届中国专利新技术新产品博览会，受到人们的普遍关注。

钢铁乃一国重要的支柱产业，被誉为国家之脊梁，在国民经济中举足轻重。在科技日新月异的今天，各大钢铁公司已意识到专利技术是最具活跃的生产力，因而，四大钢铁公司不约而同地瞄准了在我国专利界颇具影响的第六届中国专利博览会。

据历届博览会承办单位的中国专利报社有关负责人介绍：我国的钢铁公司借中国专利局主办的博览会展示最新专利技术和产品已不是新话题，从第一届烟台到第五届郑州都有参加者。例如宝钢曾于去年在郑州举办的博览会上，搭建了独具特色的展位，展示了十余项最新的专利技术，成为上届博览会的焦点。但像今年有这么多家钢铁公司不约而同聚集一堂，还是首次，令人振奋。

这位负责人说，国有大中型企业看好专利博览会这种形式，积极参与市场竞争，展现本企业优势，几个钢铁企业可谓带了一个好头。他们视专利保护为科技、经济领域取得胜利和保持竞争优势的一项重要战略，将知识产权作为我国企业在激烈市场竞争中求生存、谋发展的保障，是令人称道的。

另据记者从大会组委会办公室获悉，今年申请作为博览会指定推荐产品的企业大大多于往年，从选定的几种产品看都各有特色。已申请51项专利的营口深亚木业有限公司，是亚洲最大的砧板生产企业，"长效抗菌砧板"，是利用紫椴木分泌物及特殊的制造工艺达到长效抗菌目的的系列产品，目前已出口东南亚、日本及美国。广东省五华县长寿高能电池有限公司，是生产系列微粒高容量可充电电池的企业。据该公司总工程师彭崇恩介绍，这种电池集国内外镍隔、镍氢、铅酸电池和锌锰、碱锰干电池生产工艺于一体，其优点是，不仅无记忆效应，且内阻小、可大电流放电。另外，还有辽宁腾达集团公司生产的系列针织品、广东佛山恒立电子有限公司生产的集订书钉、大头针、曲别针于一体的三合一订书器等新产品亦被定为本届博览会的指定或推荐产品。（原载于《中国专利报》1997年7月23日）

例3-2-15

总结过去五届经验　再展专利事业辉煌

第六届中国专利博览会开幕在即

本报讯（记者刘瑞升北京报道）在专利界颇具影响、以每届更换一个省份为特色、为全国各地送专利的中国专利新技术新产品博览会，已在烟台、漳州、北海、北京、郑州成功地举办了五届。第六届盛会将于今年8月6日至10日在大连举行。目前，一切准备工作就绪。

前五届博览会，不仅受到举办地的政府部门、企事业单位及广大群众的热烈欢迎，而且得到了党和国家领导人的关心和重视，王光英、姜春云、朱光亚、顾明、袁宝华、徐志坚等同志先后参观了前五届博览会并给予高度赞扬。前五届博览会共设展位1868个，参展项目15748项，参展和参观人数30余万，技术、产品成交额达40多亿元。

即将在风景秀丽的海滨城市大连举办的第六届博览会，对广大企业和发明人来说是一次不可多得的机遇。首先，大连位于辽东半岛南端，南与山东半岛隔海相望，处于环渤海地区圈首和东北亚经济区的中心区域。有驰名中外的不冻港——大连港。大连作为国家首批沿海开放城市，辽宁改革开放的窗口，其投资环境，对新产品的需求，对新技术的引入，必将使众多的发明人看好这片热土。其次，专利法实施10多年来，人们愈来愈感到专利技术是第一生产力中最活跃、最有生命力的部分。专利技术不仅推动了社会主义市场经济的发展，同时也繁荣了技术贸易市场。第三，中共辽宁省委、省政府以及大连市政府对本届博览会十分重视。副省长郭廷标明确指出，辽宁省政府和中国专利局举办的专利博览会，是促进辽宁省专利商品化、产业化的一项重要举措，是促进专利技术实施的一次良好的机会。第四，这次博览会有国家科委技术市场管理办公室、中国专利局专利管理部和全国众多省、市的专利管理机关、代理机构的支持，有众多的社会团体的参与，还有首都及辽宁省几十家新闻单位的宣传报道。

记者从大会组委会获悉，作为承办单位的中国专利报社和辽宁省专利管理局，已将大会会刊编制完毕，会刊约为35万字，大16开本，彩色四封及十余幅彩色插页，印刷精良。参会代表的住宿宾馆、接送班车已全部落实。届时，大会组委会将在报到地点和展出会场设立咨询台，为代表提供全方位服务。

一切准备就绪的第六届中国专利博览会，欢迎您的到来！（原载于《中国专利报》1997年7月28日）

【简析】

上面的例子3-2-9至3-2-15冠名为"第六届中国专利博览会前瞻"，由7篇稿件组成。记者随着第六届中国专利博览会开幕前期的动向，在5月19日到7月28日的两个多月时间里，从不同角度全面报道博览会的进展情况，给读者一个非常清晰的时间脉络。这种专题报道事先要有一个基本的报道意向，通过组委会掌握每一个新闻的节点，紧紧跟踪，及时发稿。如果在这组专题报道中，适时插入一篇言论，似就完美了。

总而言之，专题报道的写作，是一个很好的新闻表现形式。由于篇幅所限，在此就讲这些。大家还可参看本书其他专题报道作品，比如"中南大学开创高新技术产业化新模式报道"（3篇）等。

第四课
专访

第五课
人物通讯

一、什么是专访

专访是记者对被采访对象就专门的话题进行解答的一种采访方式。通常在三个"特定"的条件下进行，即特定的问题、特定的对象及特定的场合。就人物专访而言，它通常把人物通讯、人物特写等融为一体，写作特点直截了当，要言不烦。它不同于通讯中的描写那么细致形象，但在结构、篇幅及语言上富有表情达意的色彩和舒展自然的感染力。

（一）保证"专"强调"访"

什么是保证"专"呢？首先"专"在采访对象上，是事先经过选择的特定的被采访对象。其次是"专"在内容上，即通过记者的提问，被采访对象回答"特定的问题"，应当说，整个采访过程记者是提问者，被采访对象是回答者。

什么是强调"访"呢？首先，记者是有备而来的，事先有一个明确的采访目的，按预先准备好的采访计划进行的。大多时候会提前把采访时要问的问题提供给被采访对象（当然也有例外）。也就是说，到现场之前，记者已经确定自己要完成一篇专访作品。专访就是要访专人谈专题。

例4-1-1

怎样管好你的音像作品
——中国音像协会首席法律顾问孙建红答记者问
本报记者 刘瑞升

1847年，法国作曲家保尔·亨利昂和几位词曲作家在巴黎香榭丽舍大街的一家咖啡馆里听到自己创作的音乐，于是他们向法院提起诉讼，要求保护自己的著作权。巴黎高等法院最终判决词曲作家胜诉。"咖啡馆事件"使他们感到这只是一次巧遇，而众多的人使用自己作品的情况，他们是无法知道的。经过酝酿，世界上第一个著作权集体管理机构——法国作曲者、作词者和音乐出版商协会于1850年诞生了。

20多年的改革开放，使国人的知识产权保护意识逐渐增强。但是，音像版权的集体管理工作还没有被众多的音像版权所有者了解，而广大民众知之更少。为此，记者来到中国音像协会，专访了协会首席法律顾问孙建红律师，请他谈谈我国音像版权集体管理的问题。

（■记者 □孙建红）

■孙律师您好，有些读者询问我国音像版权集体管理的情况，请您先谈谈什么是音像版权集体管理？

□简单地说，音像版权集体管理是将音像版权所有者的权利，以自愿或法定的方式，由一个组织机构代表权利人，对音像版权实行统一的集体管理，维护权利人的合法权益。

另外还要说明的是，音像版权集体管理，只是著作权集体管理中的一个部分。著作权集体管理还包括音乐作品、文字作品、美术作品及多媒体制品等方面。

■实行音像版权集体管理的现实意义是什么？

□随着科学技术的不断发展，作品的种类和使用作品的方式及途径越来越多，著作权人对作品的控制能力越来越有限。例如电视台对音像产品进行点播、歌舞厅播放音像产品、社区VCD点播服务等，这些都是权利人自身难以控制的。国外的版权保护实践表明，音像版权集体管理是唯一行之有效的保护手段。

■中国音像协会能否担当此项工作？

□中国音像协会是音像行业的集体组织，有会员单位400多家，涵盖制作、出版、复制、发行等单位，其宗旨是保护会员单位的合法权益。中国音像协会承担音像版权集体保护，不仅可以保护权利人的利益，还可以代表权利人的意愿向立法、行政和司法机关提出建议，这是协会的工作职责。另外，在人员配备、管理制度等方面也都有较好的基础。因此，协会有能力完成此项工作。

■音像版权集体管理的工作方式是什么？

□由权利人将其音像产品的公开表演权、广播权、向公众传播权以及少部分使用音像产品制作多媒体产品或其他视听产品的复制，以信托的方式授权给中国音像协会，由协会对使用音像版权所有者的权利进行有效的集体管理，并在这些权利受到侵害时，以协会名义单独提起诉讼。

■集体管理的收费标准和分配比例是什么？

□收费标准取决于权利人的决议及与使用者协商的结果。在开展音像版权集体管理工作并向使用者收取使用费后，我们将按照权利人的决议和国家的有关规定扣除开展集体管理工作的开支后，将著作权的使用费全部返还给权利人。

■如何对音像版权使用的收费和分配进行监督？

□由会员代表组成的音像版权集体保护理事会对音像版权使用的收费和分配业务进行监督，协会工作机构每半年向该理事会报告一次收费和分配情况。

■音像版权集体管理机构是如何构成的？

□中国音像协会特设立音像权利集体管理中心，该中心下设会员部、许可证部、分配部及法律部。

■参加音像版权集体管理对权益人有哪些益处？对社会发展能起到哪些促进作用？

□建立音像版权集体管理制度，是一个国家著作权制度不断完善的重要体现。面对现在盗版猖獗的音像市场，每个权利人已不能通过传统出版、复制和发行的方式有效地保护自己的音像版权，并难以收回音像制作的高额投入。音像版权集体管理组织，从表演权、播放权等领域帮助权利人实现权利，能提高权利人的投资回报和创作人的热情，形成创作和投资的繁荣局面和良性循环。开展音像版权集体管理工作，不仅权利人从中可以受益，而且也为使用者建立了快捷方便地获得授权与合法使用音像版权的正规渠道，使权利人能安心地从事创作，让使用者合法便利地使用、传播，形成正常有序的音像版权使用关系，使音像产品更充分地发挥作用。

■谢谢孙律师。（原载于《中国知识产权报》2001年11月2日）

【简析】

专访这种文体主要包括人物专访、事件专访和问题专访。《怎样管好你的音像作品》是一篇"问题专访"（或称为"学术专访"），也是典型的"访专人、谈专题"的专访。文中的"专人"是中国音像协会首席法律顾问孙建红，是我国音像版权集体管理方面的专家、学者。"专题"包括一些普及性的内容，比如什么是音像版权集体管理，实行音像版权集体管理的现实意义是什么。还有一些业内人士比较关心的问题，如音像版权集体管理的工作方式是什么，集体管理的收费标准和分配比例是什么，如何对音像版权使用的收费和分配进行监督，参加音像版权集体管理对权益人有哪些益处等记者一一提出，孙建红娓娓道来。行文简洁利落，都是干货，一目了然。

（二）记者出场内容实录

专访是记者直接出场，以第一人称写作，以见证人的身份把读者带入现场。有时为了写作方式的变化，记者会隐去自己，但记者的影子还要在行文中有所流露。无论记者是直接出场，还是间接出场，记者都是不可缺少的角色。

《怎样管好你的音像作品》一文，记者第一时间出现在读者的视野中，使文章的"可信度"增强，文章的一词一句都是记者与被访者的直接对话，以期达到读者与被访者的"近距离交流"，营造一种记者、被访者和读者三方同在一个时空的效果。在这篇专访中，专访的三个要素齐备，即被访者（孙建红）、记者（刘瑞升）、现场（中国音像协会）。在特定的现场，通过记者对专人的采访，实录采访的内容，这采访内容主要是被访者的原始谈话。

《怎样管好你的音像作品》报样（原载于《中国知识产权报》2001年11月2日，本版编辑阎庚）

（三）专访以问答结构为主

既然专访是访问活动的实录，即记者提问、受访者回答，所以问答式结构是其主要形式。这是最常见、最简单的叙述方式，最能体现专访文体的本质特征。问答的优势在于能最大限度地再现访谈内容，其具有实录性、可信度和可读性强的特点。另外，还有以隐性问答的方式写作专访的，它不以一问一答的方式见于报端。记者可根据报道的需要取舍问答的内容，为记者的写作留下了较大的创作空间。

二、专访的表现形式

（一）人物专访

　　人物专访是对一个"特定人物"的正式访问。与人物通讯相比，人物专访更强调被采访者的新闻性或现实针对性，记者要注重寻找最佳的采访时机，记者还要善于寻找新闻由头，从这个由头入手，逐步深入，按照专访的方式让被采访者的特点得到最大限度的张扬，达到感染读者的目的。

例4-2-2

隆天的追求
——访隆天国际专利商标代理有限公司总经理郑特强
本报记者 刘瑞升

　　听着郑特强已实现的目标和正在实施的计划，我不由插话道："在涉外代理机构中你可能是最年轻的总经理。你的目标和规划也都独具特色。"

　　只有34岁的郑特强笑着回答："何止我的年龄是最小的，我们公司也是仅有的9家涉外代理机构中的'小字辈'。"

　　原来，隆天国际专利商标代理有限公司1995年才正式成立。虽然成立较晚，但起点却不低，它是中国国际企业合作公司的下属公司，除依托于这家大型综合性涉外公司外，隆天总部设在香港湾仔中环广场，在北京、深圳设有办事处，正在上海筹建办事机构。公司下设机械、电学等7个部门和《隆天快讯》编辑部。

　　这位获工学硕士学位的哈工大研究生，让我颇感兴趣，他提出的"关心每件案子"的办案要求很是耐人寻味。在香港隆天总部，我们相对而坐，我请他就这一办案要求谈谈初衷。他说："打个比方，我们脚下这座几十层高的大厦，一块砖石一根钢梁一袋水泥是它构成的基础。若建设者今天用几根不合格的钢梁，明天用几吨不够标号的水泥，那么，后果不堪设想。这与我们从事的工作同理。我以为，一件案子没有处理得当，危害比不合格的砖瓦沙石还严重，它将危及隆天这座无形的大厦。关心每一件案子，就是一种责任的体现，就要关心每一位申请人，就是关心这个团队，也就是关心每位员工自己。"通俗朴实的表述，脚踏实地的工作作风令人赞叹。

在与自称"小字辈"的郑特强攀谈中了解到，他投身于知识产权领域已有十余年的历史。1985年，他开始在航天航空工业部从事技术合作、信息管理以及专利与商标的管理工作。多次参加由中国专利局、商标局及国际知识产权界组织的培训。他是隆天法律公司的创始人之一，还是商标评估师。如今担任总经理一职，但他还抽出时间处理专利和商标的案子。

看得出，隆天在郑特强的领导下如臂使指且蒸蒸日上。1997年的专利与商标的代理量比1996年同期翻了一番。他表示，公司每年从北京大学知识产权学院选用业务素质高的双学士来隆天工作，这样，就可将资深的审查员和年轻的生力军拧成一股绳，再加上中国国际企业合作公司的全力支持，定会加速隆天的发展速度。

是的，从隆天1997年和1998年部分活动安排就能看出，其工作是卓有成效的：1997年5月参加了在美国召开的国际商标协会年会；10月在美国参加了美国工业产权年会；11月在澳大利亚参加了亚洲专利代理人协会年会。1998年3月将与香港中华厂商会联合举办"中国知识产权发展研讨会"；5月与香港生产力促进局举办"如何在中国保护厂家的知识产权研讨会"。通过广泛的国际交流与合作，再加上良好的内部运行机制，必能实现隆天"高效、优质、信誉、友谊"的服务宗旨。

郑特强感慨地对我说："公司起步晚这是不可逆转的，但起点高这是可以把握的。"他环视了一下在座的几位公司职员后说："有这些敬业同人的协同努力，有中国专利局、国家商标局的支持，我们的事业一定能够成功！"

在离开隆天总部郑特强的办公室时，我祝愿自称"小字辈"的郑特强，把公司打造成一支"特强"的生力军，为中国的专利与商标事业贡献力量，并衷心希望他所领导的公司"业务兴隆，如日中天"。我想，如果把这句话权且当一副对联的话，那么，横批就用本文的标题吧！（原载于《中国专利报》1998年1月19日）

例4-2-3

<h2 style="text-align:center">探索新命题的人</h2>

——赵震东印象

《中国专利报》记者　刘瑞升

发明人见到我第一句话就如数家珍似地道出了一连串的发明方案。他说："我就善于'无中生有'——不用充气的车轮：节约能源15%，橡胶75%，刹车冲距仅为充气轮胎的3/5，寿命提高一倍，不怕扎、不怕枪弹，若全面推广，每年可节约进口橡胶所用的数十亿外汇。目前已小批量生产。无梭缝纫机：零件仅为传统缝纫机的1/3，倒转不断线不打针，是缝纫机的换代产品，将使我国缝纫机工业走出困境。双向防冲消振牵引连接器：改变了国内外所有拖挂牵引装置都是单向防振的设计，是拖挂牵引领域的一项重大技术突破，这项已向十一个国家申请的专利技术已进行了道路运输试验。"说着，他递给我一份文件，上面盖有国家物资部燃料司的朱红印章。这是该司委托河南省信阳地区煤炭公司进行试验后的试验报告。

"就让我们从这份拖挂牵引连接装置报告谈起吧。"他操着频率较快的江苏口音说，"现在汽车或火车牵引连接所采用的防冲消振装置，只能解决起步时的时位差，却无法解决逆向冲击。因此，只能采用行政规定，即汽车挂车的载荷不能超过主车，火车不能一次性拉间制动。"

我插言问："若违反规定会怎样？"

"那将会使车辆在下坡、减速特别是紧急制动时，后挂列对前挂列形成逆向冲击，导致车辆翻车倾覆。"他提高声音回答。

接着他高兴地说："若在火车各车厢之间安装上我发明的装置，即使发生撞车等重大事故，也不会伴生火车'上爬'现象。"谈到发明的特点，他显得格外兴奋："优点不仅如此，它还能大大缩短列车编组的时间。"听到列车编组，我不由得想起不久前乘车路过东郊一个火车编组站路口，只见那火车一步一咣当，汽车排着队足足等了五十多分钟，令人着急。他听后笑着说："采用这个装置，你说的情况就可以解决了，它既确保了牵引起步时所必须的牵引车辆与被牵引车辆之间的始动时位差，又能彻底消除牵引运动过程中，被牵引列车前置列车的强大脱离性刚性冲击。"

我翻阅着试验报告，但见上面写着："这次试验是由一台主车牵引两台挂车组成汽车列车，经过半年左右的运煤实践，不仅车辆及连接器工作正常，而且各项指标更令人满意：单挂最大承载量是16.5吨，汽车列车为21.65吨，提高运量43.38%；单挂百吨公里耗油3.2公升，汽车列车为2.7公升，节油率15%；单挂月运费收入7800元，汽车列车为11180元，提高3380元。总之，汽车列车运输成本为60.3%，比单挂车平均费用水平82%，降低了21.7个百分点，月净增加利润2400元左右。"据了解，我国常年运煤的汽车共计100多万辆，若能够使用这一技术，节约的资金是令人惊叹的。

试验报告最后写道："使用该连接器运行更加平稳，安全性更有保证，对正常的公路运输秩序无不利影响。突出的优点在于能大幅度地提高运力，节约燃料，缓解运输压力，符合我国国情……"

临分手时，这位1.8米高的汉子紧紧地握着我的手，用充满了无限感激的语调叮嘱说："别忘了记上柳随年、严谷良等领导同志，是他们给予了我热诚无私的支持，如果没有这样好的领导干部，我又能怎样呢？"从他的神情和语气中看得出他还有许多话要说——他的发明，他的经历，他的……我们相约下次再深深地谈。

这位思维敏捷且充满乐观的中年人系国家物资部干部，今年46岁，名叫赵震东。（原载于《世界发明》杂志1991年第2期）

【简析】

例4-2-2是对隆天国际专利商标代理有限公司总经理郑特强的专访，其新闻性在于当年有涉外代理权限的专利代理机构仅有9家，"隆天"成立最晚，怎么在那些背景深厚的"老大哥"身旁立足扎根，确是一件难事，特别是公司领军人物仅年34岁。记者试图通过对这位"小字辈"的专访，向读者介绍其把公司打造成一支"特强"的生力军，为中国的专利与商标事业贡献力量。

这篇专访有别于《怎样管好你的音像作品》一问一答的方式，记者似乎在有意无意间提出问题，就像聊家常一般，便把记者想知道的事情一一掌握。在访谈中穿插叙述访问时的情景和过程。文章结束部分，略带抒情的文字，让读者感同身受，如临其境。

而例4-2-3则是针对现实生活中，大多数人对专利、发明这些名词懵懵懂懂而"现身说法"——赵震东的古怪发明。这在20世纪90年代初，确实是一堂不可多得的教育课。开篇是发明人一句"我就善于'无中生有'。"一下子抓住了读者的好奇心。从这个由头逐步开掘。发明人侃侃而谈，记者的偶尔插话和翻阅有关机构的证明材料，都是非常必要的。因为发明人的"无中生有"，记者的生活经验也不足以在一次面对面的采访中"知其然知其所以然"，这时候资料的重要性便显现出来。"我翻阅着试验报告，但见上面写着"及"试验报告最后写道"两次直接引用试验报告的内容，其作用显而易见，有就这个问题也请读者鉴别的用意。

那么，为了避免不必要的麻烦，类似的新闻是不是不报道呢？我不这么认为。发明创造是人类前进社会进步的重要标志，不能因为记者知识面的局限，而远离或回避。《探索新命题的人》之所以是用专访的体裁，也是记者为了更接近"真实"而为之。为了避免所谓"眼见为实"中的不真实的东西，记者就必须引用权威部门的评价。即便如此，记者还要慎之又慎。从文章中读者能够看到，记者没有一句赞美之词，有的只是客观的记录。就"拖挂牵引连接装置"能产生巨大的社会效益和经济效益，记者写道："据了解，我国常年运煤的汽车共计100多万辆，若能够使用这一技术，节约的资金是令人惊叹的。"记者仅仅使用"若能够"这样中性的词句。

《探索新命题的人》一文中记者对发明人的描写，使用了"如数家珍似地道出了一连串的发明方案""操着频率较快的江苏口音""他提高声音回答""他高兴地说""紧紧地握着我的手，用充满了无限感激的语调叮嘱说""这位思维敏捷且充满乐观的中年人"等。这些是通过记者的观察得到的，是大多数发明人共同的特点。发明人激情的迸发、个性的张扬不能影响记者的冷静思考。

《探索新命题的人》与《隆天的追求》文中的记者好似是截然不同的两个人。在《隆天的追求》中，记者用了"脚踏实地的工作作风令人赞叹""我祝愿""衷心希望"等词汇。通过两篇专访可以看出，记者作为一个旁观者，该说什么不该说什么，要有一把尺子。

例4-2-4

省委书记的专利观
——访江西省委书记舒惠国

本报记者　刘瑞升

　　本报曾报道江西省委书记舒惠国在今年春节给农、林专家拜年时说，希望他们要强化专利意识，学会运用专利保护自己的科技成果，要采用多种形式推广专利技术。前不久，笔者在南昌采访时，省科技厅厅长李国强在提及此事时感慨地说："舒书记是位农业专家，知识产权保护意识很强。他不仅经常在不同场合讲专利的重要性，而且还申请过两项发明专利，产生了良好的社会效益和经济效益。其产品出口到德、韩、日等国家。"

身为省委书记，在日常工作繁多的情况下，为什么对专利工作"情有独钟"特别关注呢？为此，记者借舒惠国书记来京参加两会的时机，来到他下榻的中苑宾馆，对他进行了独家专访。

"重视专利保护，就是重视人才，就是重视技术创新，也就能促进经济发展。"舒书记开门见山道出自己的观点。他说："江西经济要发展，技术要进步，必须要充分发挥专利制度的作用。就我省而言，轻工、纺织、食品加工等行业发展迅速。以不久前在南昌举办的一个食品博览会为例，4天成交额达26亿，潜力很大！所以说，这些领域的新工艺、新技术、新产品都可以申请专利。我国面临加入WTO，面临与国际接轨，自己研制的技术若不拥有自主知识产权，那么别人就会摘走你的劳动果实。这是一个不能忽视的问题。"

他指出，发展江西经济，企业担当着重要角色，而企业是技术创新得以实施的主战场。因此，加强企业专利工作刻不容缓。他特别强调，要扭转科技人员把鉴定、评奖、职称作为科研工作的最终目的的局面。

就如何加快江西专利工作进程这一话题，舒书记说，专利工作，不能片面地认为仅仅是科技、专利管理部门的事，实际上它与工业、农业、教育等各个领域都息息相关。在江西，首先，我们要把专利宣传作为一件长期的工作来抓，提高全社会的专利意识。在全省呼吁整治投资环境的同时，要让人们认识到这一环境中很重要的一部分就是知识产权保护的环境。其次，我们要建立一支强有力的专利队伍。要强化省专利管理机构的工作职能，加强自身建设。专利管理局要升格，经费要保证，人员要充实。采取这些措施，目的就是要将江西专利工作"提速"，将实现科技强省的目标落在实处。他希望专利管理机构要成为企业与科研单位、专利发明人之间的桥梁，全心全意为他们服务。

最后，舒惠国书记说，有着丰富棉、油、麻、蔗等经济作物，以及钨、铜、银、铀、钽、铌等矿产资源的江西，要借西部大开发、东部大发展这一契机，发挥"承东启西，贯穿南北"的区域优势，将江西的资源优势、区域优势转化成科技优势、人才优势，最终化为经济优势。他强调指出："在这一过程中，专利保护是实现这一目标不可缺少的重要条件。所以，江西的专利工作一定要做好，也一定能做好！"（原载于《中国知识产权报》2001年4月6日）

【简析】

为了这次采访，我准备得很充分，还多次与江西专利管理局沟通，确定采访内容，特别是有关专利管理局升格、编制、经费等问题，还了解了舒惠国申请的专利状况等背景材料。在写作过程中，我采取了比较灵活的方式，在第二段"记者借舒惠国书记来京参加两会的时机，来到他下榻的中苑宾馆，对他进行了独家专访"告知读者后，记者便隐其身，同时还隐去提问，为的是让文章通达，减少不必要的干扰。因为，作为一篇专访省委书记的文章，大多数读者是急切想要知道他是如何看待专利的，故此，我把舒惠国回答的问题有机地串联在一起，通篇读下来，气韵流畅，有一气呵成的感觉。比如，其中有一个"如何加快江西专利工作进程"的问题，没有采用常规的那种记者提出问题，受访者如何回答的形式，而是以下面的形式出现："就如何加快江西专利工作进程这一话题，舒书记说……"没有丝毫人工雕饰的痕迹。

例4-2-5

笔耕千行　跋涉万里

为知识产权呐喊

——记中国知识产权报记者刘瑞升

《中华新闻报》记者　魏轶群

有这样一个真实的故事：十多年前，绍兴商标事务所的人来到咸亨酒店，希望这个百年老店注册一下商标。酒店老板付之一笑：谁不知绍兴有个咸亨酒店，谁不知咸亨酒店里有一个"孔乙己"！

后来，仅距咸亨酒店百米之遥的一家夫妻店将"孔乙己"注册了商标，结果买卖兴隆，慕名者络绎不绝。咸亨酒店呢？除墙上挂着的字画外，其余一切包装、名称再不能与"孔乙己"沾边了。

如今，"孔乙己"已被评为首届绍兴著名商标。据有关部门评估，其无形资产价值已升至26万元。

有这样一个人，以自行车为伴，走过大江南北，长城内外。途中，他听到了这个故事，以后的路上，他不断地给人讲这个故事。因为这个故事暗中契合了他上路时的初衷，那个他念念不忘的名词：知识产权。

在中国知识产权报社见到的刘瑞升，瘦、高、白净，更像一位埋首书斋的文人。可是手中的资料分明告诉我，就是眼前这个看起来内向，甚至可以说有些羞涩的人，不久前刚刚结束了一次非同寻常的远行。这是一次单车独骑的征途，名为"中华知识产权世纪行"。

作为一个在知识产权领域工作了十多年的一名新闻工作者，他十分清楚知识产权事业风光背后存在着许多急需引起公众关注的问题。而面对即将"入世"的局面，这种状况必须尽快加以改变。于是，他从1997年开始筹划这次活动，为中国的知识产权保护，为专利工作者和专利发明人奔走呼号。为了这次远行，他整整准备了两年。除了必要的物质准备，他戒掉了白酒，每个周末骑车去北京香山。1999年"五一"期间，他用了5天的时间在北京和北戴河之间骑了个来回，全程共计700公里，最多的一天行程达160公里。这年的11月9日，刘瑞升正式开始了他的行程。

活动期间，他采访了10余位省长（主席），走访了20多个省市的科技部门，20多家工商局、版权局，50多家知识产权局、专利管理局、专利代理事务所，他还深入20多所大专院校、科研院所及几十家大中型企业、中外合资企业、民营企业进行了采访。途中，刘瑞升共记下了数十万字的笔记，录了几十盘录音带，收集了众多的文字素材，发回稿件近百篇。

"请问老刘，你为什么选择单骑万里？难道你不怕艰苦吗？""请问刘瑞升同志，知识产权所涵盖的内容，指的都是哪些？"……刘瑞升本来是个经常采访别人的人，现在却成了别人采访的对象，而且俨然成了一位专家。这种错位是他出发前所没有想到的。但是，情况摆在眼前，也只能顺其自然。细细想来这也应该是"世纪行"的一个组成部分。他不能拒绝，也无法拒绝。

从计划"世纪行"活动开始，刘瑞升一直持"淡出淡入"的想法。但有关负责同志对他讲，这一活动不能理解为个人的行为，这是国家知识产权宣传工作的一个部分。

此时此刻，刘瑞升才明白这句话的深意。的确，自上路以后，他就成了一个载体，知识产权的载体。他说："从某种意义上说，知识产权就是我，我就是知识产权。"

在以后很长的时间里，有近百家媒体对"世纪行"进行了报道，受众无数。他的手机也经常有陌生电话打入，有询问专利方面问题的，有请他帮助打官司的，还有想加入这一活动的。知识产权把他和社会紧紧地连在一起。

刘瑞升不承认自己是冒险家。他不想去征服珠峰、不想跳跃壶口瀑布，他只想工作，做一些有关知识产权方面的工作。但是，如果工作中遇到了什么险境，他也会毫不犹豫征服它。从这一方面说他又是个冒险家。天天在公路上和汽车打交道，和一人高的汽车轱辘为伍，神经得时刻绷紧，另外，噪声、尾气还有无边的寂寞都像是无形的杀手。

到达江苏沛县的那天晚上，刘瑞升很兴奋，因为这是汉高祖刘邦的故乡。但天有不测，招待所的热水龙头突然断裂，滚烫的开水直射他的双腿。经医生诊断，双腿烫伤面积为18%。

在这远离亲人，人地两生的县城，刘瑞升感到了一丝孤独。这时，他想到了远在北京的报社和那些朝夕相处的同事。

在济南，他与到山东采访的吴晖相遇。吴晖将报社同事杨惠敏、杜颖等托她带来的巧克力放在刘瑞升的手中，并说："所有的祝福都融进了这些巧克力之中！"

在以后的日子里，这种从精神到物质的鼓励一直不断：报社的徐晓敏也送来了巧克力；报社摄影记者张子弘从北京赶到浙江，与他同骑数百公里；朱宏等赠诗为他鼓劲；编辑部同人认真修改他在路上发回的近百篇稿件……

2001年4月，行程9500多公里的"中华知识产权世纪行"活动圆满结束的时候，刘瑞升感慨万千："这一活动得以顺利地进行，应该说是一种团队精神的体现。没有这样一个集体的支撑，我算得了什么？"

刘瑞升说，为知识产权呐喊是他——一个普通记者的责任，也是他毕生的事业！（原载于《中华新闻报》2001年7月7日）

1	2
3	4

1．报社同人纷纷骑上自行车送"世纪行"记者一程（本报记者张子弘摄）

2．"世纪行"记者在南京（《扬子晚报》记者赵健摄）

3．送行的人们

4．"世纪行"记者（左）在企业采访

本书作者还有不少人物专访见诸报端，比如在2000年12月至2001年1月，《中国知识产权报》刊登了一组7篇"部分西部省长谈专利与西部大开发系列报道"。其背景是国家知识产权局为响应中央西部大开发的战略部署，布置了一系列为西部服务的知识产权方面的政策和措施。那么，西部各省区又是如何看待专利保护与大开发之间的关系呢？本书作者对部分西部省区的领导进行了专访，就专利保护与西部大开发这一话题进行报道。在此，仅将文章的题目和发表的时间予以记录，便于感兴趣的读者查阅：

之一："专利发明人是代表先进生产力的一个重要群体"——访宁夏回族自治区主席马启智（原载于《中国知识产权报》2000年12月6日）；

之二：专利：实现"优势转换战略"的战略——访新疆维吾尔自治区副主席王怀玉（原载于《中国知识产权报》2000年12月8日）；

之三：内蒙古大开发专利要先行——访内蒙古自治区副主席宝音德力格尔（原载于《中国知识产权报》2000年12月13日）；

之四：起步虽晚但意识不能落后——访西藏自治区副主席次仁卓嘎（原载于《中国知识产权报》2000年12月15日）；

之五：专利为青海大开发护航——访青海省副省长马培华（原载于《中国知识产权报》2001年1月12日）；

之六：让专利迅速成为经济增长点——访甘肃省副省长李重庵（原载于《中国知识产权报》2001年1月19日）；

之七：专利：科技大省转向经济强省的保障——访陕西省副省长陈宗兴（原载于《中国知识产权报》2001年2月9日）。

（二）问题专访

前面已经介绍的例4-1-1《怎样管好你的音像作品》是一篇"问题专访"（也称"学术专访"），这种类型的专访是记者带着读者共同关心或迫切需要解决的问题，请有关人士加以解答的专访。

"问题专访"也是对人的采访，但重点不是写人，而是记其言论，向读者传达被采访者的见解、意见、观点或主张。被采访者必须是某个方面的"权威人士"，在某些问题上有发言权的代表人物。"问题专访"能够及时为读者释疑解惑，为决策者提供意见，还能起到传播知识、引导舆论等作用。权威人士说权威观点或最新观点，是记者撰写"问题专访"的最佳途径。

例4-2-6

创新：困谷中的曙光
——访卫生部科技司司长肖梓仁
本报记者 刘瑞升

卫生部科技司是代表国家行使制定医学生产科学发展规划，重点实验室建设，科技成果鉴定、推广和奖励及对外科技合作与交流的职能机构。日前，记者就对药品发明创造将施行专利保护的看法和对策，采访了该司司长肖梓仁。

创新：宏观与微观的必然选择

"创新是我国医药发展和医药研究、生产部门的必然选择。"颇具学者风度的肖司长开始了他的话题。"长期以来，药品生产处于重仿轻创的局面。据统计，在我国制药工业的产品中，仿制药品占95%以上，因此说，研制新药实际是一个弱项。首先，资金投入少。过去国家每年对研究新药的总投入200万~300万元，而国外一个新药从研究到形成商品则需投入高达2.7亿美元的资金，而且需10~15年的时间，要从1万个左右化合物中筛选出一个新的药物。其次，机构不合理。我国大部分新药研究机构归卫生部，而生产单位归医药局，致使研究与生产脱节。纵观我国医药业，几十年来，竟没有一个化合物新药打入国际市场……"从这位从事医药研究与管理多年的司长娓娓道出的言辞中，我们不难体味出几分沉重和惋惜。

　　谈到微观时，肖司长说："过去多数研究部门搞的是封闭式、学院式的科研。成果或被束之高阁，或转化速度缓慢。而企业缺乏研制能力，大多数生产厂家的眼光注重眼前利益。因此，药品实行专利保护对医药工业是一个冲击，同时更是一种机遇……据有关资料表明，国外用于研制药的资金是药品销售额的15%~20%。1991年，我国西药销售额近300亿元，中成药近100亿元，若拿出1%用以开发新药，那么就是4个亿。今后，国家若对新药的研制提供优惠政策，企业和科研单位再携起手来，走集团化道路，按照我国几百万元就可以研究出一个新药的资金投入，那么，前景还是很乐观的。"

创新：社会效益与经济效益的必然手段

　　"创新也是药品获得社会效益与经济效益的必然手段。"肖司长继续阐述他的见解，"一个新药的问世，应该是疗效显著，患者欢迎，竞争力强。因此，不仅经济效益好，更重要的是对人类做出了贡献。从长远的、民族的利益来看，药品施行专利保护，是我国药品工业从'重仿轻创'的困谷中走出的一次机会。作为卫生部，已经意识到其重要性和紧迫性，因此，计划从以下几个方面做起：首先，拟成立全国性的生物技术产业集团。这个组织集卫生部下属的中国医学科学院、中国预防医学科学院、10所重点大学、6个生物制品研究所和一个生物制品总公司的力量，以解决科研与生产脱节的问题，使新药生产从松散的技术转让，过渡为研制机构与企业共同开发、联合生产，形成你中有我、我中有你的联合体。

　　第二，准备成立国家新药研究开发中心，以中国医学科学院药物研究所、医药生物技术研究所和药用植物资源开发研究所等三个单位为主体，这是成果转变为产品必不可少的中间环节。现已在北京郊区大兴县兴建新药工业性实验基地，国家已投入2600多万元。这是一个符合国际标准、具有GMP车间的基地。成果在这里可以完成从开发到成熟直至工业化生产的全过程。中心将与药厂联合，建立起新的运行机制，走科研生产一体化道路。

第三，筹建国家级临床药理中心、毒理中心和实验动物中心等机构，以加强药物研究的基础性工作。另外，卫生部正在组建医药科技发展中心，以加强技术开发、成果转让、技术市场管理等工作，并对各有关机构起到协调作用，在中心里将设立专门机构负责专利工作。"

当记者问及现有人员是否具备完成这样一个包括社会效益、经济效益在内的系统工程时，肖司长欣慰地说："40年来，党和政府培养了一大批医药科研人员，就以中国医科院药物研究所为例，有高级专家、正副研究员130多人，3位学部委员，他们是善于打硬仗的。大家都知道的亚运会兴奋剂检测，就是以这个所为主承办的。另外，具有国际先进水平的治疗慢性肝炎的新药——联苯双脂，经数百万患者使用，证明疗效很好。"

肖梓仁司长最后说："面对当前的新形势，走创新之路达成宏观与微观、社会效益与经济效益之间的结合和统一，既是我国医药业面临的紧要战略任务，又是我国新药研制走出'重仿轻创'低谷的希望所在！"（原载于《中国专利报》1992年6月8日）

【简析】

2001年我国政府签订了《中华人民共和国加入WTO议定书》，向世界正式宣读了中国加入WTO后对药品专利进行保护的一系列承诺，这既是我国在知识产权国际保护方面应当承担的国际义务，亦表明了我国力图改变对药品专利保护不力的现状的决心。

其实，在签订议定书之前的十多年或说更早的时候，对药品发明创造施行专利保护就有各方面的声音。本文是1992年6月8日见报，与2001年中间相隔9年的时间。《创新：困谷中的曙光》是记者访卫生部科技司长肖梓仁针对药品发明创造将施行专利保护而作的一次专访。

如文起始所言："卫生部科技司是代表国家行使制定医学生产科学发展规划，重点实验室建设，科技成果鉴定、推广和奖励及对外科技合作与交流的职能机构。"就药品发明创造将施行专利保护的问题，卫生部是代表国家发声权威机构。

长期以来，药品生产处于"重仿轻创"的局面。据统计，在我国制药工业的产品中，仿制药品占95%以上。换句话说，我国一旦承诺加入WTO后对药品专利进行保护，那就意味着仿制被有条件地"叫停"。如何与国际接轨，肖梓仁给出的结论是"创新是我国医药发展和医药研究、生产部门的必然选择"。而通过两个小标题，即"创新：宏观与微观的必然选择"和"创新：社会效益与经济效益的必然手段"，肖梓仁司长进一步阐明："走创新之路达成宏观与微观、社会效益与经济效益之间的结合和统一，既是我国医药业面临的紧要战略任务，又是我国新药研制走出'重仿轻创'低谷的希望所在！"

《创新：困谷中的曙光》是比较典型的"权威人士说权威观点或最新观点"的专访。例4-2-7《60%意味着什么？》亦然。

例4-2-7

60%意味着什么？

本报记者　刘瑞升　特约记者　顾勇华

新千年伊始，笔者来到建校已有百年的上海交通大学，就职务发明专利转化后，从税后利润中提取60%作为报酬支付给发明人，采访了该校高新技术产业化办公室主任、校长助理丁文江教授。

不是"国有资产流失"

记者（以下简称记）：从国家有关规定提取25%一下冲到60%，令部分人士认为是"国有资产流失"，你的看法是什么？

丁文江（以下简称丁）：知识参与分配，这是目前一个热门话题。如何参与？参与到什么程度？这是一个有待于进一步研究探讨的问题。针对交大的实际情况，我们感到，教师在科研中付出了很多心血，而在技术转化上进展却很缓慢，这是什么原因呢？以1998年为例，交大在研科研项目达1500多项，可是真正意义上的转化为现实生产力的屈指可数。这有认识上的问题，但主要还是政策的原因。与其让这些科研项目静静躺在实验室内，或成为论文发表了事，不如制定一个切实可行的奖酬办法，使之对个人、学校、国家都有利。去年8月，上交大出台了《关于加强我校专利工作的决定》，决定中规定专利实施产生效益的，从税后利润中提取60%，作为报酬支付给发明人。我们认为，如果让研究成果束之高阁或私下转让，那才是国有资产流失呢！

从某种意义上说，60%是在使国有资产增值！

丁教授走访过几所国外大学，那些学校对教师的科技发明有很多优惠的政策。学校往往先以较低的价格将发明转让给教师，促使个人成立公司。学校还提供相应的物质条件予以帮助，使个人先干起来，让其做成、做好、做大、做强。这种机制使学校的创新实力得以提高，增加了国家的税收，同时调动了广大科技人员的主观能动性……

不是"矫枉过正"

记：有人认为，上海交大是国内一流水平的以工科为主的全国重点大学，但专利工作起色不大，60%有"矫枉过正"之嫌，你是怎样认为？

丁：的确，1998年以前，交大申请的专利仅有20多件。这与我们这样一所有较强工程背景的高等学府是不相匹配的，与"教学、科研、产业化"的办学目标相差甚远。校领导深深感到，要想在新世纪实现江泽民提出的"把交通大学建设成世界一流大学"的目标，提高专利意识是必备的条件之一。60%只是我们《关于加强我校专利工作的决定》中的一条，正因为我们颁布了一系列切实可行的措施，1999年一年，我校的专利申请达到86件。

交大人才云集，成果累累，过去申请专利不多，校领导感到主要是政策上的因素，因此，学校建立了专利基金，完善了激励机制。这不是"矫枉过正"，而是尊重知识，尊重人才的具体体现，是学校发展的必然结果。

上海交大拥有两院院士14名，教授1200多人，在校生18000名，硕士、博士研究生4000多人，有本科专业38个，博士点42个，博士后流动站7个，国家重点学科8个。

是要成就一批"知本家"

记：可以设想，不久将有一批"科技百万富翁"从交大浮出水面，你及交大的领导者是如何看待这一现象的？

丁：实际上"科技百万富翁"在上海已经出现，如贵报报道的上医大宋后燕教授课题组成果转让获得300多万元的转让收益，宋教授一人得到120万元。我们的目的是要成就一批"知本家"。就钱而言，我校有的老师以技术入股的形式已拥有几十万的股权。虽然《上海交通大学专利管理条例》和《关于加强我校专利工作的决定》出台只有5个月的时间，但已极大地调动了广大师生的积极性，现在经常有师生到高新办商议他们发明构思、申请专利、转化实施等事宜。

在日前召开的上交大专利工作专题研讨会上，校党委书记王宗光要求把我校的科研项目梳理一遍，对有市场前景、具备申请专利条件的项目都要赶快申请专利，以获得占领市场的回报。我认为"回报"就是意味着知识实实在在地变为财富。

工业革命涌现出大批的实业资本家，信息时代将造就出大批的以拥有自主知识产权的"知本家"。教师拥有百万资产，这是社会进步的标志。

校委会决定成立交大高新技术产业化办公室，目的之一就是要让教师们"知本家"的意识觉醒，并活跃起来，转变为创业的冲动，将知识自觉地与产业结合在一起。

采访过程中，丁教授递给笔者一册上海交大的介绍，封面正面是中国传统的古建筑，而其右后侧是一座欧式洋楼，左后侧是刚刚建成不久的高层现代化建筑"浩然高科技大厦"——高新办及专利事务所所在地。这三座建筑同在一个画面里，这不是偶然的巧合，而是历史的必然。好一个古今中外合璧的百年学府。这里涌现出过著名校友钱学森、茅以升、王安、汪道涵、陆定一，以及总书记江泽民。

笔者认为，崇尚个性化，并非专指衣、食、住、行，这种体现社会进步的表现，也应引入奖酬领域。对科技人员的奖励，多年来不仅是规整化一，且成效不大，这的确是一个值得深思的问题。上交大、上医大等单位在奖酬上采取因地制宜、量体裁衣，并初见成效的做法，值得称道。此段赘言，是担心出现一拥而上、削足适履、盲目效仿的现象。但愿我们这是"杞人忧天"！（原载于《中国知识产权报》2000年2月23日）

（三）事件专访

这里说的"事件"，并非完全指的是突发性新闻事件。其实，更多的是指一件能够独立成"章"的比较有意义或在重要节点上的新闻事件。事件专访是通过对人的采访来完成，在事件专访中，"事"处于中心位置，人是配角。事件专访是通过被采访者之口来报道"事"。

例4-2-8

科技人才的摇篮
——访北京市青少年科学技术馆
本报记者　刘瑞升

"六一"儿童节前夕，记者来到洋溢着节日气氛的北京市少年宫，带着对少年儿童的美好祝愿，采访了于去年10月正式命名的北京市青少年科学技术馆。

步入庭院，一座数米高的汉白玉雕塑映入眼帘，两个朝气蓬勃的少年，一个举着冲向蓝天的航模飞机，另一个俯身正将一艘轮船模型送入水中。全国人大常委会副委员长严济慈题写的金色匾额"北京市青少年科学技术馆"镶嵌在楼房的门楣上。

余洪绪馆长接待了记者。他介绍说，科技馆现设有科普、小组活动指导和科技研究等3个部门，14名有一定教学经验的教师担任专职辅导员。该馆的前身是1957年成立的北京市少年科学技术馆。20世纪50年代，同学们研制的防风火柴、防冻雪花膏，受到驻扎在高寒地区边防战士的欢迎。航模小组研制出的我国第一艘模型气垫船，在北海公园的水面上试航成功。

"文革"中，科技馆的活动被迫中断。随着科学春天的到来，科技活动在少年宫也广泛开展，1979年在全国第一届青少年科技作品展览会上，他们的"可视电话"等作品获五块金牌、两块铜牌，是全国获奖最多的参展单位。电子技术组研制成功的"铁领工人"——机械手，获北京市青少年科技展一等奖。生物组参与编写的《长岛植物志》被称为"我国第一部县级植物志"。

我询问余馆长有没有申请专利的项目。余馆长说，不仅有，而且还是科技馆的"拳头产品"，这就是已获中国专利的"便携式空中摄影装置"。谈到空中摄影，人们便想到卫星、飞机或热气球，殊不知请这些"庞然大物"上天拍摄，它竟要向你索取以万为起点的费用。而这种空中摄影装置，本身不过几千元。它以其成本低、体积小、操作简便等优点填补了我国简易低空空中摄影技术的空白。这项发明得到北京市政府的嘉奖，获北京市少年科学金奖、北京市教育局"银帆奖"、全国青少年科学创造与发明金奖和1988年北京国际发明展览会金奖，并被收入《80年代北京市重大科技成果汇编》。

余馆长对他们的成果如数家珍。接着他又指着墙上悬挂着的聂荣臻等国家领导人及一些著名科学家为该馆的题词，深有感触地说，这些成绩的取得是与党和政府的关怀分不开的。周恩来总理、朱德元帅曾来馆参观，周总理还特批赠送一台电影放映机；电力工业部赠送了一座发电10千瓦的"少年先锋水电站"；第一机械工业部赠送了3个小型车间……

我们来到活动室，见到孩子们有的在装配航模飞机的羽翼，有的在点焊智力抢答器的线路，还有的以灵巧的手指敲打着电脑键盘。看着这些可爱的少年儿童，记者脑海里浮现出在采访中听到的可谓久远的故事：

余达太，1964年少年宫科技小组组员，现是北京科技大学的教授、校长助理和该校机器人研究所所长。他在日本一家世界闻名的机器人制造公司工作期间，设计了具有人工智能的机器人部分控制系统，日方要求他把机器装配起来，并对他说，你是在大学当教师的，大概没有亲自动过手，若给你两周的时间还不够，可适当延长点。而余达太只用了6个小时就装配完毕，日方惊讶地连声说："不可能！"技术部长亲自验收，当确认无误时，赞叹道："在我公司就职10余年的人，也没有这么快，这么好！"余达太说他小时候曾在北京市少年宫受过训练。技术部长感慨地说："中国有这么好的教育场所，有机会我一定要去参观。"

朱怀鲲是北京市液压件二厂的检验科长，曾到联邦德国学习，回国后成功地解决了某设备关键部件依赖进口的难题，为国家节约了200多万马克。他说："我所以能给国家出点力，是和小时候在市少年宫电机小组学习分不开的。"

故事中的教授、革新能手，昨天不就是眼前这些手握螺丝刀、小榔头的"小专家"吗！

北京市青少年科学技术馆——科技人才的摇篮，30余年，许多美好的梦想都是在这里萌生，在日后的工作实践中得以实现的。时代呼唤着，这样的摇篮多些，再多些！（原载于《中国专利报》1990年5月30日）

【简析】

这是为庆祝"六一"儿童节专访北京市青少年科学技术馆的文章。记者通过看、听、问，了解到刚刚挂牌不久的青少年科学技术馆鲜为人知的信息。记者围绕着"科技人才的摇篮"做文章，首先通过眼看：汉白玉雕塑的两位少年；严济慈题写的金色匾额，汉白玉雕塑和金色匾，不同的材质不同的颜色，引领读者一起走进技术馆的大门，烘托出一种气氛。用耳听：余洪绪馆长的介绍，科技馆的今昔，追溯到20世纪50年代，同学们的研制成果。用嘴问：我询问余馆长有没有申请专利的项目，余馆长说，不仅有，而且还是科技馆的"拳头产品"，这就是已获中国专利的"便携式空中摄影装置"。报道"专利"是《中国专利报》的"正差儿"，扣住正题。其实，严格意义上讲，"事件专访"应该就一些内幕情况或者为澄清事实真相，通过采访事件的参与者或者见证人，"复原"事件原貌。

三、专访需要注意的问题

专访在主题以及内容方面所需要达到的"专"，是通过"访"来实现的。没有成功的采访，也就谈不上专访的写作。专访的过程是通过一系列提问完成的，记者提问的质量，直接影响到采访对象回答问题的质量。能提出高质量的问题，才会有高质量的采访，有高质量的采访，才有高质量的文章。

首先，要选择一个事宜的专访现场，比如我在采访孙建红，地点是他办公的地方——中国音像协会，采访郑特强是在香港湾仔中环广场隆天总部，采访赵震东是在国家物资部一个小会议室里。采访地点是一个被采访对象身份的基本认定。有时采访环境又直接影响文中的内容，比如《科技人才的摇篮》一文，很难想象不在北京市青少年科学技术馆采访是一个什么样的结果。

第二，记者要引领被采访对象，不能被那些滔滔不绝的被采访对象牵着鼻子走。当然，记者本人要为专访做足功课，包括背景资料、知识储备、问题设计以及见面时的开场白等。

第三，与其他采访一样，专访写就，一定要请被采访对象审核。

第五课
人物通讯

一、人物通讯的特点

人物通讯是指以通讯的形式报道有新闻价值的人物。它是通过一个人物或一组人物新近的行动来反映时代特点和社会面貌的一种通讯形式。重在表现人物的品质、性格和精神面貌，通过个别显示一般。

采写人物通讯就是要通过人的行为，反映其思想、其精神风貌。

一般的人物通讯是从两个方面展开的，一方面是"事态过程"，另一方面是"思想过程"。事态过程是在思想过程的支配下实现的。事态过程是以人物生活的经历或事件的发展为基础的，它是事物的表面现象；而思想过程它始终贯穿于人物的典型事迹中，反映着事物的本质意义。所以说，写作人物通讯的时候，作者务必要透过事态的发展过程，追根寻源人物的思想脉络。

我在构思"雪域高原科技人物速写"这组人物短通讯时，始终把握着透过每一个人物的言行，发现其背后的思想根基。

例5-1-1

走在"朝圣"路上的人
——雪城高原科技人物速写之一·雷菊芳
本报记者　刘瑞升

我向你走来，捧着一颗真心。

我向你走来，带着一路风尘……

每当听到《朝圣的路》这首歌，奇正集团董事长雷菊芳便思绪万千……十多年前，她就像一个虔诚的朝圣者，踏上了雪城高原那崎岖不平的路，为中国的藏药事业奔波着。10年后的今天，奇正藏药以其特有的风采，让世界开始认识现代藏药。

雷菊芳原来在中科院兰州分院近代物理研究所工作，三十多岁时就在物理研究领域获得过中科院科技成果奖以及"三八红旗手""新长征突击手"等殊荣。为何要转行搞起与之不相干的藏药呢？采访便从这个话题开始。

四十五六岁的雷菊芳平静地说，一个人的人生目标，有时可能就因为一件偶然的事情而转变。十几年前，她所在单位的一个青年肘关节粉碎性骨折，经多方治疗仍不见效。从小生活在甘南汉藏聚居地区的雷菊芳，想起藏族同胞常用一种黑色膏药治疗摔伤或骨折，于是，便寻来给青年贴上，结果青年的骨折很快就好了。真没想到藏药竟有如此神奇的功效。雷菊芳想，如果将这种藏药开发出来，那对西藏经济发展、人类健康该有多好啊！

她的这种简朴的想法顺应了当时改革开放的形势，于是她毅然走出了那时让人羡慕的科研大院，走上了世界屋脊。她遍访高僧名医，拜师求教。藏胞带着她寻识草药，征集药方，调查药源，饿了，就一起吃糌粑、喝奶茶；困了，就睡在藏民的帐篷里。

今天回忆起这些往事，语调温和但充满激情的雷菊芳不无感慨地说："我要感谢伟大的藏文化、博大的藏医学、纯朴的藏同胞，她们教会我在困难重重的现实中，持久和顽强、努力而平和……"

雷菊芳告诉笔者："藏药和物理表面上看不搭界，可是，现在的奇正消痛贴膏，所使用的先进的真空冻干技术是与我所学的专业息息相关的。"据了解，应用这种新技术生产出的产品，是一种以透皮吸收作为给药途径的新剂型，从而解决了传统外敷膏药活性成分不能长久保存和药效难以充分发挥的两大难题。经中国足球队、中国田径队等16支国家级运动队的使用和全国2000多家大中型医院上千万患者的广泛使用，证明奇正消痛贴膏对扭挫伤、肩周炎、颈椎腰椎病、骨质增生、风湿痛有确切疗效。这一应用专利技术生产的产品，在今年4月日内瓦举办的国际发明展上荣膺金奖，并被推举参加今年在北京举办的中国专利15年成就展。

凭着一个科学工作者的执着和对藏医药的热爱，雷菊芳带领奇正集团，先后在拉萨创建了奇正藏药研究所，当代藏医学泰斗强巴赤烈欣然出任所长；在林芝和甘肃甘南建起两座符合GMP标准的藏药厂。特别是林芝藏药厂，该厂员工80%是藏族青年，且残疾人占多数，企管干部也从藏族大学生中培养，此举被誉为光彩事业科技援藏的一面旗帜。1999年，奇正集团创产值1.7亿元，是西藏自治区20家纳税大户之一。目前企业总资产3亿元，在甘肃民营科技企业中名列第一。

读者也许会问，在短短的五六年间，奇正得以迅速发展，是不是有什么灵丹妙药？雷菊芳的回答应该可以给人们一些启示。她说："奇正集团崇尚一个古老民族的哲理：'奇以用兵，正以治国，奇胜正合'。"言简意赅，笔者感到就如今奇正事业而言，将一种科学的研究方法与博大精深、历史源远流长的藏医药相结合，创造出更为先进的技术或产品，可称为"奇"，而认准目标，团结一致，对事业不懈的追求则视为"正"。也正是以雷菊芳为首的奇正人，以这种思维为理念，怀着朝圣者的心态，通过百折不回的努

1 | 2

1．2．本书作者在藏区采访时的情景

力，使藏文化和其他民族的文明，使传统技术与现代科技得以有机和充分的交融、汇聚。

告别雷菊芳的时候，笔者的心中仍回荡着《朝圣的路》的旋律：

啊！真心，

啊！风尘，

人人心中有真神，

不是真神不显神……

（原载于《中国知识产权报》2000年10月18日）

【简析】

本文人物雷菊芳——在让人羡慕的科研单位工作；有"三八红旗手""新长征突击手"等殊荣，却毅然辞职走上了世界屋脊。生活变成了：饿了，就一起吃糌粑、喝奶茶；困了，就睡在藏民的帐篷里。雷菊芳的"思想脉络"是什么呢？——"如果将这种藏药开发出来，那对西藏经济发展、人类健康该有多好啊！"这就是她的思想动力。凭着一个科学工作者的执着和对藏医药的热爱，雷菊芳带领奇正集团，创建了奇正藏药研究所，建起两座符合GMP标准的藏药厂。特别是林芝藏药厂，员工80%是藏族青年，且残疾人占多数，企管干部也是从藏族大学生中培养，此举被誉为光彩事业科技援藏的一面旗帜。1999年，奇正集团创产值1.7亿元，是西藏自治区20家纳税大户之一，在甘肃民营科技企业中名列第一。

本篇人物通讯，展现了雷菊芳这样一个平凡的科技工作者，凭借着一种信念和理想，做出的不平凡的事业。文章揭示了时代特征，达到了启发和感染读者的目的。

这组"雪域高原科技人物速写"共发表了6篇，《让高原之火燃得更旺的人》《将"盆中圣水"洒向人间的人》《为"光彩事业"添光彩的人》等篇目，从不同角度对姚农林、白玛加措、才让扎西、次仁卓嘎等人物进行了报道，每个人物都是普通的"小人物"，但他们从事的工作、所做出的贡献都具有时代精神，对读者来说有着激励和鼓舞的积极作用。

下面两篇通讯是报道"世纪行"的作品，供参阅。

例5-1-2

阿甘·冒险家·瑞升
《中国知识产权报》记者　吴晖

报社同人刘瑞升骑车走全国的壮举在知识产权界引起轰动。我和其他人一样，被他的这种执着和富于冒险的精神感动着。半个月后，我到山东采访，与风尘仆仆的瑞升巧遇泉城济南，通过在一起的采访和交谈，我的感受与当初不太一样，突然有了一种把他和阿甘还有冒险家相比较的想法。

美国人用胶片把阿甘推到了中国人面前，而最近一个台湾电视剧干脆就用阿甘作片名，据说收视率还挺高。两个阿甘都有点憨，执着得有点傻。在这个充满物欲的年代自然显得突出和不可思议，刘瑞升当属现实生活中的阿甘。他信奉中国古代哲人的一句话"命为志存"，从两年前开始作准备，其间戒掉了用来启发思路和沟通友情的白酒，这让他痛苦了近一年。之后，埋头整理了几年来的作品，出了两本作品选，据他说，此举的目的一是想作个阶段总结，二是到各地去让当地人能通过书来了解他。两年中，评职称、分房子、人事变动、妻子生病、女儿考学、这个说、那个劝都没能阻止他实施计划，这个一条道跑到黑的家伙硬是从不被理解到单位、家庭支持。瑞升对JUST DO IT（干就行）! 这句广告词推崇备至。然而他又不承认自己是阿甘，他不会像美国的阿甘那样莫名其妙在路上跑三年，他的"中华知识产权世纪行"的活动是肩负着宣传、报道中国知识产权的使命，他把这当作是工作的一种形式。

瑞升也不承认自己是冒险家。他不想去征服珠峰、不想跳跃壶口瀑布，他只想工作，如果工作中遇到了什么险境他也会毫不犹豫征服它，从这一方面说他又是个冒险家。天天在公路上和汽车打交道，和一人高的汽车轱辘为伍，神经得时刻绷紧，另外，噪声、尾气还有无边的寂寞都像是无形的杀手。他天天在冒险。

之所以把我尊敬的师长瑞升比作冒险家，是因为我钦佩他的勇气。把他比作阿甘，是因为我希望像阿甘这样的人就应该有阿甘一样的傻运气，再次祝福瑞升平安顺利。（原载于《中国知识产权报》1999年12月8日）

例5-1-3

瑞升到苏州

《中国知识产权报》特约记者　孙莘隆

我和瑞升公交私谊甚笃，自"中华知识产权世纪行"从北京出发，我便翘首以盼瑞升的到来，每期《中国知识产权报》一到手，便先找读瑞升从途中发回的报道。谁都知道，这次"世纪行"，决不是瑞升个人的行动，它代表着一种事业。

当我得知"世纪行"路线中未安排苏（州）、（无）锡、常（州），不免有些失落感。可喜的是不久就接到了瑞升的电话，他已在近在咫尺的江阴，他说，这次还是顺道要来苏州的，只是不能逗留太久，一来看看老朋友，更何况全程骑的是"捷安特"自行车，应拜会地处昆山的总厂。

翌日下午，瑞升就风尘仆仆骑着自行车从无锡赶到了苏州。他的脸色黝黑却又那么精神，但毕竟旅途劳顿，看上去形体又瘦了一圈。《苏州日报》等一些新闻媒体的记者早就等着他，围了上去。瑞升说，他过去一直采访别人，此刻转换角色被别人采访，开始总感到些许不习惯。但是，在济南一位领导对他说："采访你是冲着知识产权事儿来的，你要把自己看作一个载体。"于是瑞升坦然了，自在了，一逢记者便如"他乡遇知己"，滔滔不绝，侃侃而谈。的确，知识产权的这块"蛋糕"需要大家的力量把它做大。

　　瑞升在苏州邮局盖了日戳，我们在当地民间小有名气的食府街"嘉裕坊"略备小酌，市科委主任和《苏州日报》记者都来作陪。嘉裕坊酒肆饭楼聚集林立，不少酒家匾额上都镌刻有注册商标，闪烁的霓虹灯上，还能见到"中国专利：缸瓦煨汤煲"一类的广告。这街头巷尾在不言中表明："知识产权"已留在苏州寻常百姓的心坎上。

　　我们在"春天的故事"酒楼坐下，聚精会神倾听着瑞升讲述在行程中各地有关知识产权的消息，每个人心中都涌起一股春潮。不是么？专利法实施10年来，苏州的专利工作，亦像烂漫的山花，开遍了城乡每个角落。企业专利工作"十年磨一剑"，已经夯实了基础，专利申请量连续14年递升，1999年少说也有1600件！大家都说，这是苏州送给"世纪行"的一份珍贵厚礼。

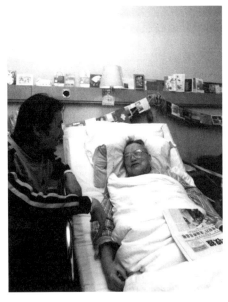

1
2
3

1．"世纪行"记者在上海采访国际著名遗传学家，中国现代遗传学奠基人之一，杰出的科学家和教育家谈家桢先生

2．"世纪行"记者（左）在企业采访

3．"世纪行"记者在内蒙古大草原

1 ｜ 2

1．深入大兴安岭，采访鄂温克族猎人
2．走在朝圣路上（右1为本书作者）

　　次日清晨，瑞升就要骑车离开苏州去昆山，我掂了掂他随车携带的行李足有30公斤重。我因耳疾不能伴随，为了表示敬意，他同意我骑车送他一程。到了312国道，我俩紧握着双手互道珍重！望着他渐渐远去的车骑，我不禁想到，瑞升真是一位对事业执着的人，虽然"世纪行"说不上是去"冒险"，但他需要多大的毅力和勇气！知识产权的事业必须有这样的勇士。（原载于《中国知识产权报》2000年1月14日）

二、人物通讯写作

（一）事迹可信　事例典型

　　预制一种理想榜样模式，往往是一些"为社会树立榜样"的人物通讯写作的套路。这种"套"出来的人物，普遍存在"千人一面千人一腔"的假大空形象，受到读者的唾弃。在知识产权领域里，众多的发明人，他们在创新之路上，各自有着不同的生活境遇，让人感动，给人激励。因此，只要认真采访、深入开掘，一定能够写出非常精彩的人物通讯。

例5-2-4

上阵父子兵

《中国知识产权报》记者　刘瑞升

1

今天，我要讲的是辽宁省镀铁工程技术中心总工程师董玉华率其四个儿子，发展中国的镀铁事业，经营"董氏镀铁（集团）公司"的故事。

这里说的"董氏镀铁"虽是大连海事大学所属的一家国有企业，但其是以家族形式进行经营的。国内外家族式企业有许多，成功者比比皆是，但多属"私有制"。而"董氏镀铁"让我想到"杨家将""岳家军"，父子齐上阵，为的是"国家利益"。

最早结识的是董玉华的次子董文仲，30多岁的小伙子儒雅中带有几分帅气，别看岁数不大，却担任大连海事大学董氏镀铁（集团）公司总经理，每年创利税850多万元，令人不禁发出"后生可畏"的感叹。更让人刮目相看的是他们哥儿四个，在其父亲的熏陶下，不仅都投身于镀铁事业，还均有建树，而且都有为中国镀铁业干一辈子的信念。我被这位父亲所感动，萌生见见他的念头，写点儿"歌颂"的文字，但是一直没得机会。这次大连之行，便将拜访这位年近花甲、在中国乃至世界镀铁业颇有名气的专家——董玉华列入了日程之中。

2

汽车在时起时伏的沿海山路上向大连海事大学驶去，我望着辽阔无际的大海，看着海平线上那星星点点的轮船，不禁想到第一次见到董文仲时，他讲述的一件关于轮船的故事：那是在1989年12月，"滨海511"号地球物理勘探船，由于曲轴严重机损，最大跳动量达8毫米，超出允许值的100倍。该船被迫停航。按常规这根曲轴只有报废，而进口同样一根新曲轴需花费15万美元，还要等半年才能装机使用。心急如焚的船长和轮机长，来到董氏镀铁集团公司……一个星期后，这条轮船满载着对"董氏镀铁"的敬意启航了。仅当年多创收金额就达一千多万元。该船负责人深情地称赞说："修好一根轴，救活一条船。"

望着波涛汹涌的海面上那一艘艘真真切切的轮船，我深深地感到这根轴的分量。董文仲告诉我，发动机是船舶、机车的心脏，曲轴又是发动机的心脏。自轮船、火车、汽车等问世以来，世人面对易损的心脏——曲轴，修复无术，即使动些"手术"，也是"小打小闹"的，绝大部分都要弃旧换新。而今，"董氏镀铁"可使发动机的心脏修旧如新，即便动大"手术"，也只需一周的时间，费用不及新轴的20%，且可多次修复。

董文仲动情地说："为使一根根曲轴的'皮肤'完好如初，为使伤痕累累的曲轴长出新'肉'，我父亲勤勤恳恳、默默无闻地钻研了二十多个春秋……"

3

1976年，董玉华在海城西四拖拉机厂任厂长。这年春耕时节，一个生产队的拖拉机送来修理，经检查是曲轴出现了问题。又一台"铁牛"被拖到厂里，仍旧是曲轴的毛病。当费尽周折从外地买回新轴时，春播已过。董文仲回忆说："每当他父亲谈起当年的情景，总是深有感触地告诉我们，那时候，他摸着根根斑驳的曲轴，眼前总是浮现出农民兄弟焦虑的脸庞，总有一种如芒刺背的感觉。他决心自己动手修复被判处死刑的曲轴。"

在大连海事大学一栋楼下为车间、楼上为办公室的普通楼房里，我见到了身体结实、气质谦和的董玉华。我请他先介绍一下自己的经历。他说："我上学时对化学、物理及数学有着特殊的爱好。当时是全校唯一一名9门功课考试全部5分的尖子生，但毕竟只是初中毕业。镀铁工艺需要高深的电化学、物理学及数学知识，同时涉及化工、磨工、机械维修等综合知识和技术。况且，国内外许多专家在这个领域里研究多年，也取得了一些成果。"

"既然如此，那你为什么还要自讨苦吃呢？"我询问。

董玉华笑笑说："不怕你见笑，当年只是凭着一种质朴的想法，那就是不能让人说出一个拖拉机修理厂的厂长，还是初中毕业生——那时在我的家乡可称之为'秀才'呀！连轴上硌出的几道印儿都抹不平。人们常说，不读哪家书，不识哪家字。当我步入镀铁这个领域以后，方感到其高深莫测。然而，也激发起我强烈的求知欲，产生了非要弄个水落石出不可的想法。"

看得出，这位颇具学者气质、自学成材的高级工程师，此时那质朴的想法已升华为一种新的境界。抹平几道硌痕已不是一时感情的冲动，而是上升为对事业的追求。不然，怎耐得住20多年的寂寞？如今，斑痕累累的曲轴已能够完好如初，但董玉华自己额头、眼角却布满了深深的皱纹。

在他漫长而艰辛的攀登路上，留下了一串串令人称道的辙印。据荣获第二届全国优秀发明企业家称号的董文仲回忆说："小时候，由于我们兄弟多，生活比较困难，父亲有时为了买书，常常挪用家里的口粮钱。最令人难忘的是他没钱买书时，就一次又一次地跑到书店去抄书。我家离公社拖拉机厂只有5里地，可是父亲为了实验连续3个除夕都没回家过年。记得有一年冬天，搞实验急需经费，他卖掉家里唯一的一头猪。在农村，杀肥猪过春节，可以说是头等大事。可以想象，那年春节我们是怎么过的。当时，别家的孩子跟着父亲赶集、逛庙会，可我们不能。我们不理解，有怨气。但父亲不怕困难、不懈追求的精神潜移默化地影响着我们，为我们树立了榜样。今天，我们哥儿四个都能独当一面，是与父亲的影响分不开的。"

这些回忆，从一个侧面说明董玉华对待困难的态度。也正因为如此，董玉华在短短的几年间，在自学的基础上，先后到吉林农机学院、北京农机学院等多所高等学府、科研单位拜访学者，请教专家，阅读了上百本有关方面的书籍，进行了上万次的实验，写下了几十万字的实验记录。

1978年，辽宁省科委、鞍山市科委和海城县科委联合考察论证了董玉华的研究课题，最后决定将这项初见成效的研究成果列为省科研重点项目。在经费紧张的情况下，拨款2.8万元予以支持。当董玉华听到这个喜讯后，他深深感到，在"文革"刚刚结束，百废待兴之时，省、市、县各级政府对自己研究项目的肯定和支持，预示着这一事业的春天已经来到。

4

20世纪50年代，前苏联研究出高温镀铁工艺，但其缺点是镀层硬度低，不耐磨、应用面窄，所以很快被60年代的低温有刻蚀镀铁所取代。低温有刻蚀镀铁方法虽然镀层硬度提高了，但结合力不够稳定，因而，众多的专家转向研究低温无刻蚀镀铁技术。但镀层与基体结合强度问题总是解决不了，因此，一些专家曾断言，低温无刻蚀镀铁是不可能实现的梦想。

董玉华针对国内外始终未能解决的镀层与基体结合不牢固的主要矛盾，和儿子发明了"无刻蚀镀铁液"。大胆取消了阳极刻蚀工序，对被镀工件表面进行交流电活化处理，使其表面呈现出微融活化态界面，再施以交流电起镀法，使沉积的镀铁层与基体金属有机地结为一体，从而使无刻蚀镀铁在理论和实践上都取得了重大突破。应用这一技术修复的曲轴，其耐磨性、抗咬合性均超过了高频淬火的45号钢。同时，克服了低温刻蚀镀铁的不足，解决了长期未能解决的技术难点。这在镀铁领域可称之为是一种质的变革。经国际联机检索和国内外同行专家论证，其主要技术指标均超过苏联，技术水平在当今属世界领先。

各级政府部门的支持、鼓励，上万次的实验，几十万字的分析记录，成为走向胜利的支撑点。1980年，董玉华与在鞍山市镀铁厂担任厂长的长子董文祥一道，成功地完成了辽宁省科委下达的重点科研项目——无刻蚀镀铁新工艺研究，并实际应用于修复进口汽车、工程机械曲轴、直轴等重要零部件。1981年，这一技术被评为鞍山市重大科技成果一等奖、辽宁省重大科技成果二等奖。由董文仲、董文胜主持完成的"船机曲轴无刻蚀镀铁新工艺研究"于1996年被交通部评为科技进步一等奖。董玉华本人先后被评为鞍山市、大连市、辽宁省劳动模范、辽宁省首批有突出贡献的中青年科技人员、获全国自学成才荣誉证书和全国"五一劳动奖章"，还享受政府特殊津贴。

这一金属表面修复新技术的发明和实际应用，立刻引起了全国及世界金属修复业的关注。过去上百万元的万吨轮主机曲轴磨蚀到一定程度，就要报废另换新轴。而今应用"董氏镀铁"技术，只花费十几万元就可修复成与原件设计标准完全相同的新轴。这项位居国际领先地位的专利新技术，有着极大的应用前景。美国、日本、新加坡等国家来人来函要求以高价转让该技术。董玉华父子将如何支配自己的专利技术呢？

5

坐落在辽宁省鞍山市南部的海城市，距辽东湾还有百余公里，粮、棉是该市的主要产品，但其名字却一直与"海"字相连，明朝称海州卫，清代为海城县，如今称为海城市。生于斯、长于斯的董氏父子，也许是出于对"海"的眷念，总之，他们回绝了众多可提供优厚待遇的合作者的请求，选择了大连海事大学。

海事大学是交通部所属的全国重点大学，有雄厚的人才、技术和科研实力，在全国甚至世界的港航业界占有显著的地位。1984年，在辽宁省科委支持下，董玉华从海城调入大连海事大学。海事大学以有利于发展生产力为原则，成功地解决了尊重和保护非职务发明与企业发展之间关系的问题。从企业名称上就可窥见一斑。

1993年公司成立之前，学校党、政领导一致建议使用"董氏镀铁"作为公司名称。但办理执照时，大连市工商局感到棘手，董玉华也有顾虑，因为过去还没有过用个人的姓氏，作为国有企业名称的先例。但学校认为，几年来，"董氏镀铁"这一名称已广为人知，从发展社会主义市场经济的角度来看，也不足为奇。经过多方努力，仍用原定名称"大连海事大学董氏镀铁（集团）公司"。

笔者此行，由于时间关系，未能采访海事大学的负责同志，但从公司名称的确定，到企业内部的管理，使人感到学校的做法是具有远见的。"董氏镀铁"是非职务发明，属个人专利技术，但学校把握好了国家、集体、个人三者利益的关系，放手让董氏父子经营管理。

董玉华在谈到与海事大学共同推广这一专利技术时说："许多人问我为什么不自己办公司？或者让儿子去办，干吗全家老少都绑在海事大学这条船上？我回答，非职务发明技术是个人的，从法律上看办私人公司是无可厚非的，如果那样的话，我和我的儿子们早已成为百万富翁了。但我想的更多的是董氏镀铁所走的每一步，都是各级政府支持的结果。由于海事大学从资金、厂房、设备、科研等多方面的支持，才使这项发明迅速进入生产领域，因此，我认为我应该这样选择。"

他环顾着办公室对我说："我对这样的办公、研究和生产环境已很满意。我总以为，人的一生留下些能促进社会进步的'财富'足矣，而不能以生前拥有多少金钱为准则。"停顿一下，他又补充说："说实话，金钱生不带来，死不带去。目前的机制，完全能够满足董氏镀铁的发展，还有何所求？"他说得很实在，很耐人寻味。

6

正像董玉华所认为的那样，全新的机制，使董氏镀铁得以迅速发展。1993年3月，大连海事大学董氏镀铁（集团）公司和海事大学镀铁技术研究所正式成立，董玉华担任所长，主管科研开发。他的次子董文仲出任集团公司总经理。董文仲于1984年在海城三中毕业，尽管成绩优秀，但他放弃了报考大学的机会，而是随父学艺。他从车、铣、刨、磨开始做起，儿时父亲的影响，再加上刻苦的学习精神，4年后，便和哥哥董文祥、三弟董文胜一起完成了"无刻蚀镀铁液的研究"，并获中国发明专利权。

在车间参观时，我看见几个液体槽中垂放着不同尺寸的曲轴。据陪同我参观的同志介绍，这看似平常的液体，就是能让铁长出"肉"的镀铁液。

董玉华的三子董文胜，虽然今年只有28岁，又只是个学机械的职业高中毕业生，却已从事镀铁研究8年。他于1990年被派往蛇口，担任深圳海荣金属表面工程有限公司主管技术工作的副总经理。他与公司同人一道开拓市场。目前，公司已占领了南部沿海和港澳地区的市场。由于使船只和电站曲轴、直轴的修复合格率达到100%，因而创下了良好的信誉。董文胜不仅善于企业管理，而且有三样绝技：一是使用曲轴磨床技术，二是配制无刻蚀镀铁液技术，三是镀铁技术管理。本文提到的"滨海511"船的修复，就是由董文胜主持的。由于他成绩显著，因而在人才济济的深圳蛇口，被评为"岗位成才——蛇口十大杰出青年"。目前，他已独挑大梁，担任起这个公司总经理的职务。

董文波是董氏家族中最年轻的指挥官，年仅24岁。1995年8月，"董氏镀铁"与上海外轮修理厂联姻，在浦东投资500万元，创办了上海海迅镀铁有限公司，董文波出任总经理。在采访董玉华时，他高兴地递给我不久前从上海发来的公司第四次董事会纪要，上面写道："公司于1996年3月开始投入生产，截至1996年11月，公司创产值216万元。成绩是显著的……"从董玉华的表情不难看出，他对热爱镀铁事业的小儿子，是非常满意的。

当我寻问长子董文祥的近况时，董玉华说："早已晋升为工程师的文祥，今年已35岁，从事镀铁工作已19年。那年我们全家来大连时，鞍山市有关部门希望文祥留下，所以他仍在我们起家的地方，担任鞍山董氏镀铁有限公司总经理。"

董玉华用一种自豪的口吻说："看到孩子们都能独当一面了，我心里比什么都高兴；看到董氏镀铁在世界镀铁业中名列前茅，我感到非常骄傲；看到自己用心血和汗水培育出的智慧之花，已结出果实，获得丰收，为中华民族争得了荣誉，还有什么比这更令人心悦的呢！"

7

1996年12月，为表彰董氏镀铁在促进交通科学技术进步工作中做出的重大贡献，交通部授予"船机曲轴无刻蚀镀铁新工艺研究"科技进步一等奖。冶金部矿山司也专门发文要求全国冶金矿山大力推广这项技术，充分发挥其在修复汽车三缸、两轴上的特殊作用。国家科委、对外经贸部已把这项技术列为中国技术出口项目和国家级科技成果重点推广计划项目。铁道部机务局确定"董氏镀铁"为铁道部机车曲轴修复定点单位，这一决定结束了机车曲轴从不修复的历史。中国船级社也为其颁发了工厂认可证书。鉴于这一技术在国际镀铁业的重大影响，欧洲共同体设在瑞士的高科技展厅为其提供场地，进行长年免费展览。董玉华被美国名人传记学会编入20世纪500名有影响的领先人物名录，同时被授予"终身成就金像奖"。

如今的大连海事大学董氏镀铁（集团）公司，已有5家成员单位，已能够为国内外客户修复船机、铁路机车、工程机械曲轴等重要零部件。笔者在宽大的厂房里看到，长短不一、粗细不同，但都伤痕累累的曲轴静静地排列在车间一隅，而包扎着"绷带"——绝缘胶带的曲轴横躺在床子上，好似前线下来的伤员在手术台上等待手术。另一边许多锃亮的曲轴，在车间天窗洒下的阳光照耀下，闪着光芒。

到目前为止，"董氏镀铁"公司已修复船舶主、辅机曲轴，内燃机车曲轴和进口汽车及工程机械曲轴累计节约资金3.7亿元。

8

在董氏镀铁（集团）公司的门前，挂着一块"辽宁省镀铁工程技术中心"的牌子，董玉华说，这个中心的建立和运行，具有重要的意义。在一份省科委、计委下达的文件中写道：中心"应以不断探索高科技与经济相结合的新途径，提高科技成果的工程化水平，培养一批具有世界水平的以中青年为骨干的科研队伍和工程技术队伍为主要宗旨，使之成为对全省科技、经济和社会发展有贡献的工程技术研究开发基地。"殷殷期望，溢于言表。我不禁对董玉华说："这意味着建立一种集科研、开发、产业于一体的良性运行机制，对你们来说可谓是一项任重道远、无限辉煌的事业啊！"这位高级工程师用充满深情的语调说："是啊！为了这崇高的目标，我们父子从未间断过研究；为了这辉煌的事业，我们父子要竭尽全力！"语气里充满了真诚。

"打仗亲兄弟，上阵父子兵"。在当今改革开放的时代，通过"董氏铸铁"公司的发展，我们看到，这句老话的内涵已不同于杨家将、岳家军的年代，它已被注入了新的内涵……（原载于《世界发明》杂志

1997年第10期）

【简析】

本篇人物通讯是以董玉华为主线，以其4个儿子为支线展开的"打仗亲兄弟，上阵父子兵"的故事，围绕"董氏铸铁"公司的发展脉络一步步展开，体现了时代精神，对社会有激励和鼓舞作用。20世纪90年代，正是中国改革开放生机勃勃的时候，董氏父子与海事大学的"合作"，即私和公在一起开创一项事业，是值得颂扬的。事迹真实可信，事例典型，让读者在思想和情感上能够产生共鸣，收到以正确的舆论引导人，以高尚的精神塑造人，以先进的思想教育人的社会效果。

记者只有走近发明人，才能够采访到生动的入情入理的细节。常言道："细节决定胜败。"比如《上阵父子兵》中，董玉华涉足铸铁领域之初，仅仅是因为"摸着根根斑驳的曲轴，眼前总是浮现出农民兄弟焦虑的脸庞，总有一种如芒刺背的感觉。他决心自己动手修复被判处死刑的曲轴"。质朴的语言，只有记者深入实地采访，才可能捕捉到这样的情节。也就是这种朴素的原动力，一直鼓舞着董玉华不断进取，从而也带动其孩子们一路同行。再如，董玉华的三子董文胜，虽然只有28岁，又只是个学机械的职业高中毕业生，却已从事镀铁研究8年，担任深圳海荣金属表面工程有限公司主管技术工作的副总经理。由于使船只和电站曲轴、直轴的修复合格率达到100%，因而创下了良好的信誉。董文胜不仅善于企业管理，而且有三样绝技：一是使用曲轴磨床技术，二是配制无刻蚀镀铁液技术，三是镀铁技术管理。"滨海511"船的修复，就是由董文胜主持的。由于他成绩显著，因而在人才济济的深圳蛇口，被评为"岗位成才——蛇口十大杰出青年"。这些内容不仅真实且情节生动，事态发展入情入理。

在采访人物的时候，特别注意抓取故事的细节，顾及入情入理的事态发展。

（二）情节生动　入情入理

例5-2-5

宋郑还和他的"好孩子"们

《中国知识产权报》记者　刘瑞升

楔子

说宋郑还是"好孩子"们的"父亲"，是我的主意，没跟他商量，若引出名誉官司，我肯定"吃不了兜着走"。也许读者认为我话重了，其实不然，他为了"好孩子"，曾采用"诉讼保全"与一家争夺"好孩子""监护权"的单位，把官司从南京打到北京。世上谁能拼上老本这么干？我想，只有当父亲的。

认识"好孩子"纯属偶然。那天，我在苏州专利办公室采访，遇到了江苏好孩子集团公司律师事务室主任胡居亚，谈话间，我渐渐地为这群只有六七岁的"好孩子"奇迹般的生活所吸引，特别是对"好孩子"的"父亲"宋郑还的经历产生好奇。于是，我当即决定前往"好孩子"的家——昆山市陆家镇。

别看童车轮子小，当开足"马力"，不比飞驶的轿车"速度"慢，况且，"好孩子"们有一位爱吹"牛"的"父亲"轿车在刚刚开通的沪宁高速公路上飞驶，十月的江南是一派丰收景象，掠过车窗扑入视野的是一片片成熟了的稻田。望着点缀其间收割的人们，我不由地问胡主任："好孩子集团经过这几年的奋斗，如今已进入收获的季节，宋总如今是不是就像一位优哉的庄园主踌躇满志？"

胡主任笑了："听你这么一说，他就像一个为五斗米而乐不可支的土财主。也许，他骨子里羡慕土财主那知足的心态。但在如今，别看'好孩子'的主导产品是一辆童车，但它的'速度'不亚于在这高速公路上奔驰的轿车。设想一下，一辆接一辆的汽车在这高速路上飞奔，身在其中的'好孩子'能停顿下来吗？"这位学哲学的律师一语惊四座。

胡主任接着说："你想，公司自1989年10月生产出第一辆童车后，迅速形成了集婴儿推车、学步车、儿童自行车、童装、童床、玩具及儿童保健用品七大系列1500多个品种。'好孩子'已被公认为中国童车行业的第一品牌。这时候，若要超然物外，恐怕有这想法，没这时间。"

"是啊，别说土财主做梦想不到，就是当年上海滩的民族资本家，也不敢想象能'玩'到这种地步。"我插话道。

胡主任深有同感："去年，'好孩子'六岁时，集团已拥有8家下属企业，员工3000余名，固定资产净值9277万元，年销售额3亿元，创税利3000余万元。"

我问："宋总是不是有什么背景？"

"背景？他原是昆山市陆家中学的数学老师。"意料之外的回答。

"那他是不是有雄厚的资金为后盾？"

"接手时，连厂门都没有的昆山信艺模具厂是陆家中学的校办工厂，有40多名职工，欠款84万，债主天天追着脚后跟。"难以置信的回答。

"不过我可以告诉你，许多职工暗地里都称宋总为吹'牛'大王。好在吹过不久，他便能牵一头膘肥体壮的'牛'回来。"车上的人听后都开怀地笑了。

后来见到宋郑还提及此事，他也笑着对我说："第一次吹牛说要当中国第一时，职工好像没听见似的，脸上一点表情都没有。但当第二次吹说要做世界老大时，职工的眼睛都波动起亮光……这就是我吹牛的效应。"

常言道："牛皮不是吹的，火车不是推的。"看来"好孩子"的"父亲"吹"牛"吹到了点子上。

受命于危难之时，还没目标，却先要造一个大门，
这是一种象征，是自尊、自爱的表现，是招贤纳才的入口

谈话间，黑色的"桑塔纳"从高速路转入正在兴建中的昆山市。这里西距苏州42公里，东距上海58公里。公路两旁，坐落着不少现代化的厂房。胡主任一会儿指着一片以白为主色调的厂房告诉我说这是好孩子——康贝婴儿用品公司。一会儿，他又用目光示意我那几栋洁白如银的楼房是好孩子自行车厂。转瞬，他又让我看在色彩斑斓的建筑群衬托下，一座像高傲的"白雪公主"样的楼房——好孩子童装厂……白色是那么的耀眼，那么的高洁，构成了昆山的一道风景。

"好孩子"给我的第一印象是：她穿着白色的裙。

在接待室，秘书递给我一本彩色精印的公司介绍：封面是一张父与子相对而笑的局部特写照片，亲切慈祥与天真可爱构成了绚丽多姿的世界。我几乎叫出声来：这幅照片的寓意与我称宋郑还是"好孩子"的"父亲"不谋而合。

他从门外走来，中等身材，四十七八岁，身着笔挺的西装，微谢的前额，透着一股儒雅之态。不等我切入主题，他便侃侃而谈："'好孩子'与专利有着血缘关系……"嘿！话虽不多，一句到位，显现出他豁达、干练的性格与作风。

"听胡主任介绍，到目前为止'好孩子'已申请中国专利89项，国际专利7项。今年1到4月，共销售童车80万辆，销售额近1.6亿，比去年同期增长16.6%，创净利1500万元。您在创业之初可否想到今天？"我说。

听到提问，宋郑还坦率地说，今天坐在这里，完全应了那句"赶鸭子上架"的老话。当初我只是个教数学的老师和兼管校办厂的副校长，我的目标是能有更多的孩子考上好学校，成为国家的有用人才。至于校办厂，能挣点钱养活这40几号人也就行了。谁曾想，后来的校长办公室，差不多每天都有债主光顾。当时让人感到，挣钱还债，远比教书育人更重要。说到这里，他的言语间充满了无奈。

别看一个小小的校办厂，对于市教育局、对于陆家中学来说却是一份"产业"。教育局的局长们来了，望着没有大门的校办厂，望着陆家

中学的三位校长，最后的目光落在了已届不惑之年的宋郑还身上……

走马上任是1988年5月18日，不知道是偶然的巧合，还是历史的必然，反正这7个阿拉伯数码是现在最值钱的。但对当时的宋郑还来说等于零。但他仍在充满自信的言语中，带有几分自嘲地说："图个吉利，争取超过这数字！"其实，拨弄了快半辈子数码的他最清楚，要让这7位的吉祥数字变成财富，谈何容易。

同年12月，他背着自己发明出的第一件专利产品来到深圳参加一个展览会。出乎意料竟卖了4万元，对于校办厂来说是笔大款项。谁也不会想到，宋郑还用这笔钱建了一个厂门。众人哗然。宋郑还自有其道理：国有国门、家有家门。门是一种象征，对内是自尊、自爱、自我约束、自己的家；对外是一个招贤纳才的入口，是一个展示自己风采的舞台；是凝聚力、号召力的象征……人们为这掷地有声的话折服了。这门也昭示着向过去告别。

"您是怎么想到研究童车的呢？"我问。这是一个很难用三两句话说清楚的话题，思绪万千的宋总不由地陷入了沉思中。

受第一个发明的启示，他决定以转让发明技术起步。于是，他又搞出了第二个产品"多功能童车"。谁曾想，这个针对儿童而设计的产品在展览会上被好几家企业看好，转让费攀至15万元。宋郑还一声"不卖了"，使在场的人吃了一惊。

此时此刻，他想起不久前在北京，偶然听到一位丹东某厂的供销员说，丹东这么个小城市，每年有20万个婴儿出生，如果有百分之三十的家庭购买童车，那么仅丹东每年就可售出8万辆。当时并没介意，而今面对自己研究出的多功能童车，竟有这么多的厂家想投产，说明儿童这个市场的广阔。与其转给别人，何不自己生产？宋郑还隐约感到这就是"众里寻他千百度"的"意中人"。

他来到中国玩具协会，更令他茅塞顿开：全国每年计划出生婴儿2500万左右，如果百分之十的家庭购买童车，就是250万辆。当然，他也清醒地知道，这只是个理论数字。在当时，这块诱人的大蛋糕后面，有全国几百家童车厂的眼睛。有广阔的市场，又有"要做就做最好的"信念，于是，宋郑还选择了强手如林的童车行业，一发不可收。

　　"好孩子"与专利有血缘关系，当有人想拐走"好孩子"时，法律会向着"好孩子"。据了解，目前全国已有近600家童车厂，且中外合资、外国独资的企业还在增加。宋总说，为使"好孩子"们健康成长，我们首先要加大技术含量。第二，加强专利保护，只有这样才能常胜不败。在"好孩子"的家庭里，我们不搞"计划生育"，只讲"多生优生"，而且都给上"户口"——用专利给予保护，只有如此，这个"王国"才能兴旺发达。在"好孩子"们的国度里，专利实施率为100%，新产品产值率在95%以上。1995年共研究开发出500多个新品种，平均0.7天就有一个新品种问世。

　　宋总介绍说："好孩子每个新品种的诞生，都倾注着科技工作者的心血。以A型推车为例，它是设计师与中国育儿科学研究所合作，根据人体工程学和中国儿童的特点专门设计的；而新研制出的B2000型童车，含有发明、实用新型、外观设计三种专利且已申请了PCT国际专利。这种产品从1996年6月上市到10月，仅仅4个月的时间，订单已达20多万辆，总价值300多万美元，1997年可达2000万美元。"

　　在车间生产线上，在产品陈列室中，我看到了令人眼花缭乱的各色产品："推、摇、坐、行"四功能的叫"成长型"，高雅而情趣盎然；线条粗豪、色彩沉着象征"小男子汉"风格的自行车叫"都市煌"；颜色花俏、轮胎洁白，体现大自然情怀的称为"热带风"；像卡通拼插的是三轮车系列；飘逸着花穗的叫"女孩子"系列；儿童铁床充满浪漫；木床满载着温柔；布床带着母爱的芬芳；学步车、餐椅、童装、玩具都有着精美别致、娇憨可爱的特点……

　　漫步在"好孩子"集团公司大院，宋总指着迎面一座四层楼房说："这是我们的工业设计研究所，这里云集着一大批优秀的设计人才。"

　　我插言道："听说公司奉行这样一句名言：'事业就是人'。"

　　"对，好孩子对人才需求是全方位的，公司不仅引进了大量的经营者，而且还引进了从事科研开发的设计师。三年来，共有213名具有大学以上学历的人员到此工作。公司还成立了工业设计研究所和育儿科学研究所。"宋总回答。

当记者提出是否有危机感时，宋总把我引入了一场尚未了结的专利官司中：与所有名牌产品一样，"好孩子"也不断遭到仿冒产品的侵扰。无锡市一家公司生产的"林芝"牌童车，不仅产品仿照"好孩子"，而且产品样本上的7幅产品照片，都是从"好孩子"的样本上翻拍来的，甚至连原照片上"好孩子"的英文商标"GOODBABY"也清晰可见。当"好孩子"到南京市中级人民法院状告"林芝"侵犯专利权后，有备而来的对手采用"你告我侵权，我告你无效"的手法，向中国专利局复审委员会提出请求，宣告"好孩子"童车专利无效。

据"好孩子"集团公司调查得知，"林芝"利用复审委员会受理无效请求、法院中止审理、等待专利争议裁定的间隙，以每月6000辆的生产速度，并低于"好孩子"10%的价格在市场上倾销。为避免更大的损失，"好孩子"集团以自己的资产为担保，向法院提出"诉讼保全"请求。

经过双方两轮书面答辩，中国专利局复审委员会于1995年4月6日公开审理这一无效案。宋郑还以其发明这一童车结构的数学理论，以他大三角形相对平稳的创造性构思，无可辩驳地道出了"好孩子"专利童车的新颖性和创造性。经过审议，复审委员会当庭宣布："好孩子"童车专利维持有效。

　　　　"好孩子"们穿着"专利"套装，世人都刮目相看，
　　　　"好孩子"不仅要走出国门，而且还要拥有世界……

短短的几年间，"好孩子"家族人丁兴旺，已形成年产婴儿推车120万辆，儿童自行车130万辆，以及童装、玩具、儿童保健用品等七大系列1500多个品种。"好孩子"童车是在国内同行业中唯一获得国家银质奖的产品。据统计，"好孩子"婴儿推车市场占有率为67%，儿童自行车市场占有率为72%，并以全国销量第一、市场覆盖率第一、质量检测第一和创利第一成为中国童车业的"大哥大"。200辆"好孩子"童车还被共和国总理李鹏当作国礼赠送给友好国家的小朋友。

如今，这所中学的校办企业，与大学校办企业北大方正集团、小学校办企业杭州娃哈哈集团，并称为中国教育界"大、中、小学"三

巨头。宋郑还被评为"全国优秀教育工作者"。

当问及已实现中国第一的"好孩子",面对世界是如何打算时,宋郑还激昂地说,1994年3月"好孩子"童车获江苏省商检局出口许可证产品评比第一名,并获得美国销售许可证,这意味着"好孩子"拿到了走向世界的钥匙。在硬件方面,我们完全具备走向世界、拥有世界的实力:投资5000万元建立了引进台湾先进设备的"好孩子儿童用品有限公司";投资800万美元与世界玩具大王香港广达玩具有限公司合作建立"广达好孩子儿童用品有限公司";投资200万美元与日本森谷公司兴建"好孩子塑胶制品有限公司";投资250万美元与日本野中制作所兴建"好孩子娃乐都有限公司"。另外,最让宋郑还得意之笔是投资300万美元在洛杉矶成立的"美国好孩子国际集团公司",这意味着"好孩子"拿到了定居国外的"绿卡";名扬全球的迪士尼公司把智力"魔球"的中国总经销权交到了"好孩子"的手上,并冠名为"好孩子——迪士尼"。

目前,"好孩子"已先后与香港中国置业(控股)有限公司、香港丁氏家族、日本木利亚精机制作所、台湾三茂企业有限公司、日本康贝株式会社合作,成立了五家合资公司。"好孩子"集团的资本也从1994年年初的8000多万元增至1.64亿元,成为名副其实的大型集团。

如今,"好孩子"还与日本TOMY公司、美国MATTEL公司、KENT公司、COSCO公司、德国IEKIWA等七家大公司签订了经营合作协议。集团的外销额在一年间已翻了一番,达1000万美元。

宋郑还坚定地说,到1999年,"好孩子"要在世界童车销售最大的国家美国销售5000万美元,这就意味着在美国排行第二,到2002年,一定要成为全美第一名。这就是那个让全体职工眼睛发亮的"牛皮"。他情真意切地对我说:"我不敢说中国的轿车超过外国。但我肯定地说,中国的童车一定能超过外国!"

后记

"天下兴亡,匹夫有责"。近三百年来,这句名言似旗帜,若战鼓,激励了中华民族多少仁人志士,为着中国的独立、富强,前仆后继，英勇奋斗。这醒世之句出自昆山人顾炎武之口。虽然，宋郑还不曾与我谈及这位明清之际著名的爱国学者、思想家，但宋郑还的言行中，却跳跃着一股爱国之情。他说，美国有"强生"、英国有"旁氏"、日本有"康贝"，而我们中国却一直没有自己著名的儿童用品品牌，就让"好孩子"肩负起这个重任吧！（原载于《世界发明》杂志1997年第1期）

【简析】

如何做到"情节生动，入情入理"呢？记者就是要注意用细节、用事实说话：

公路两旁，坐落着不少现代化的厂房。胡主任一会儿指着一片以白为主色调的厂房告诉我说这是好孩子——康贝婴儿用品公司。一会儿，他又用目光示意我那几栋洁白如银的楼房是好孩子自行车厂。转瞬，他又让我看在色彩斑斓的建筑群衬托下，一座像高傲的"白雪公主"一样的楼房——好孩子童装厂……白色是那么的耀眼，那么的高洁，构成了昆山的一道风景。

"好孩子"给我的第一印象是：她穿着白色的裙。

这个细节的铺垫，为下一步会晤文章中的重要人物——宋郑还做准备。接下来：

在接待室，秘书递给我一本彩色精印的公司介绍：封面是一张父与子相对而笑的局部特写照片，亲切慈祥与天真可爱构成了绚丽多姿的世界。我几乎叫出声来：这幅照片的寓意与我称宋郑还是"好孩子"的"父亲"不谋而合。

这个情节仍然是进一步的铺垫，也是在证实记者所谓的"父子关系"的旁证。接着是人物的出场：

他从门外走来，中等身材，四十七八岁，身着笔挺的西装，微谢的前额，透着一股儒雅之态。不等我切入主题，他便侃侃而谈："'好孩子'与专利有着血缘关系……"嘿！话虽不多，一句到位，显现出他豁达、干练的性格与作风。

记者的这段描写，一下子把被采访者推到了读者的面前：注重衣着，有些谢顶及儒雅之态，还有开口便提到专利，且用"有着血缘关系"来形容产品与专利的关系，这一切都与他是教师的身份相符。入情入理，没有一丝牵强的感觉。

这样的例子在这篇通讯中还有很多，在此不一一列举。

（三）选好角度　突出特点

一篇好的通讯，从采访到写作始终要围绕主题进行。为了使主题鲜明、集中，且能够深刻地反映事物的本质特征，在写作人物通讯的时候一定要注意角度的选择，突出其特点。例如发表在1998年5月6日《中国专利报》的长篇通讯《造石者说》，围绕着专利权人张宝贵发明的再造石新材料的一次成模新工艺最终获中国专利局与世界知识产权组织（WIPO）联合评选的"中国专利奖"入选项目的过程，突出其"艰难"人生经历，展现其高超的技艺和高贵的人格。

例5-2-6

造石者说
本报记者　刘瑞升

他没上过美术学院，但其作品却得到众多知名雕塑家、建筑师的赞誉；他每天都要与客商谈及"产品"的质量、价格，但没有人视他为商人。他发明的一次成模新工艺，研究出的造石新材料，获中国专利局与世界知识产权组织（WIPO）联合评选的"中国专利奖"入选项目。

——作者题记

1

画家用色彩、线条、形状、肌理等视觉元素，在画布上演泽情感或传递讯息；作家用文字，通过描写创作出情节曲折的故事，来表达自己所思所想；雕塑家则用石、铁、铜、木等材料，在空间中张扬自己的喜怒哀伤。

张宝贵的艺术创作属后者。但令我拿起笔记录他的言行举止，却缘于他独树一帜地运用自己发明的材料——造石，运用自己发明的一次成模工艺技术雕塑出不同质感的艺术品。

1996年5月，中国美术馆。

由中国艺术研究院主办的张宝贵造石艺术展正在这里举行。近百件作品展现在人们面前。我随人流在这雕塑艺术的海洋中遨游……

大型仿铜浮雕《大圆融》引得许多人驻足观看。它长九米，宽两米，在画面正中，有一圆形符号，阐述的是日、月、人这一永恒的主题。日久天长，源远流长，人类生息，植物繁衍。与众多作品不同的是，这里表现人类社会不是采用青春男女，而是运用夸张且简约的细条勾勒出两位稚气未脱的男孩女孩头像。

自从盘古开天地，三皇五帝到如今，逐渐壮大起来的人类，开始对赖以生存的自然环境进行盲目的"开发"。人类得到了暂时的享受，接踵而来的却是森林锐减、淡水匮乏、沙漠蔓延、酸雨肆虐、土地退化、温室效应加剧、臭氧层破坏严重……人类与自然界之间多么需要圆融啊！

我想，宝贵以强烈的责任感、敏锐的观察力感悟到许多许多。他要通过作品告诉人们，人类是稚弱的，就像幼童一样需要自然界的山水、林木乃至各种动物相伴。同样大自然也需要人类的呵护。

我看到一双以山石形态构成的大手，这双手线条结实明快，十指错落有致，似绵延不断的山峰，拱望苍穹。手掌托起用曲线构成的幼芽，幼芽上方又有好像用金属弯曲成重重叠叠的"山"字。好一幅自然与人类圆融的图画。

再向画面的左右看去，中西方哲学符号、音乐符号、佛家道家的符号构成了令人浮想联翩的丰富画面，中西方文化需要交融，古今文化需要交融，个体与群体需要交融，各种思想、意识同样需要交融。

这里有艺术家对过去的反思，对现实的评判，对未来的预见，对古往今来的把握。多元化的大圆融，在有限的空间里，展示出无限的内涵。

在这件作品前，我请宝贵谈谈其创作动机，他沉思片刻说："反映'圆融'这个主题，是我多时的想法，但一直无从下手。多次在创作冲动到来时，我又感到还缺少什么。实际上，社会是日新月异的，在有限的画面上不可能把事物一一地表现出来。古往今来，人类认为是十分巨大的事件，但在历史的长河中只不过是一滴水。我不可能用大圆融这一主题，去表现某一具体事件。想到这里，我忽然感到同宇宙对话，以人类和自然的生存环境为契机，表现人类文化思想、表现自然界的永恒，这些应是创作的主旋律……在这种思想的撞击下，作品便一气呵成。"

2

著名艺术评论家范迪安先生在张宝贵造石艺术研讨会上指出："很多艺术家在中国美术馆办展览，由于美术馆比较大，往往把作品给'吃'了。没想到张宝贵先生的造石艺术品把美术馆撑住了。他用新技术新材料进行艺术创作的行为是值得讨论的。"笔者认为，范先生评论中所谓"撑住"，这并不是指作品体积的大小，而是说是作品的精神张力、作者的智慧以及对生活的感受。

宝贵曾说："作品若没有能感动人的精神张力，那么，体积再大，也不过是一些物质的堆积。反之，作品虽小，但思想内涵丰富，也能与观者进行交流。雕塑家需要在生活中积淀一种爱，挖掘自己心灵深处的智慧，大胆实践和探索。"

宝贵的作品最显著的特点之一就是使最平凡的主题得到升华，使之鲜活和充实。使观者从消极的观赏者转变为积极的参与者。

他说："我希望我的作品能与观者进行交流。许多观众对我说，当看到某某作品时，便产生许多联想。这种联想是广泛的，游离不定的，但却是曾经的经历、感受。我为在心灵中的这种沟通感到高兴，这正是我所寻求的。这一瞬间，是激活作品生命的时刻，又是作者与观者成功的对话。作品使观者产生悲伤、兴奋或愉悦。这时，只有这时，我好像被一种奇妙的感觉牵动了，我捕捉到了关于情感，关于生命，关于自然的再创作的灵感……"

在一幅大约50厘米见方的浮雕作品前，宝贵向我介绍说："这幅作品的名称为《小草》。别看尺寸不大，但我很是珍爱。"只见作品的画面均以曲线构成。日、月、风、火和小草是以变形的太极图为中心排列组合的。当观者将各自的生活经历伴着丰富的画面展开想象的翅膀时，便感到其震撼力和切肤之感。

　　田边、路旁、墙脚，

　　都有一簇簇、一簇簇野草。它们获得的养分，不多，

　　它们遭受的践踏，不少！

　　是火，都想把它烧掉，

　　是风，都想把它刮倒。

　　只有大地对它十分怜悯，

　　紧紧护卫在自己的怀抱。

　　受苦受难，它从不计较，

　　仍把活力输送到每片叶梢。

　　用芽，传播春的讯息，

　　用实，迎接金秋的来到。

一位四十五六岁的男子，在与宝贵攀谈中不禁吟出这首诗。他说："瞬间，只是见到作品的瞬间，使我忽然想起这首讴歌小草的诗篇。我记不清作者名氏，也记不得诗的名字，但这诗的内容我曾不止一次地默读过。疾风、暴雨、雷电，使多少参天大树连根拔起，而小草依然生长；挺拔、伟岸、茂盛，使多少古树名株令人羡慕，而小草不为所动。"

他握着宝贵的手激动地说："这件作品使我想到了自己的经历，想到我们这代人坎坷的过去……"

宝贵也感动了："是啊！世事无常道路长，清静无为法自然。我们经历了一些过程，从中体验了生活。几分耕耘几分收获，我们还有什么可苛求的呢？"

3

出生在北京的张宝贵，从小就喜欢美术。17岁那年，与同学们前往山西插队落户。不曾想，20年的光阴留在了"广阔天地"。艰苦的生存环境，不但锻炼了他的筋骨，更重要的是磨炼了他的意志，为他日后返京，在京郊农村开创事业奠定了基础。

山西，中华民族古代文化的发源地之一，有北魏开凿的云冈石窟，有辽金时的华严寺、善化寺，有数不清雕刻精巧、造型生动的造像和壁画，以及剪纸、绢人等民间工艺品。

宝贵说："晋南十三个县，县县都有珍贵的文物。二十年中，各具特色的民间艺术品，使我受益匪浅。这对我今天的艺术创作不无影响。

"1987年，我一家四口从山西回到北京，但只能将户口落在昌平县一个小村庄。十几年又过去了，我一直和农民在一起。时间过得真快，一晃儿，我在农村呆了三十多年了。'我的大学'是在农村这个大课堂里读完的。

"多年来，我交了许多朋友，这里有农民，也有名人；有教授，也有学生；有建筑师、艺术家，也有材料专家。多元化的文化，不断为我的造石艺术注入新的知识和活力。

"常言说'院子里跑不出千里马，花盆中长不出万年松'。十几年前，我与妻子带着两个年幼的儿子来到京郊。土坯砌墙，草席为顶，没有玻璃的门窗。生存条件的艰辛是难以想象的。冬天，煤球炉子的火苗难以抵御寒风的侵袭，水缸里都结了厚厚的冰。孩子在床上围着被子还喊冷。而我工作时，要将暖水袋放在一个纸箱里，然后把双脚放进去，再在脚上盖上毛巾。手边放一个热水杯，不时焐一焐手。夏季，这小屋又变成了蒸笼……

"也许就是这三十余年的生活经历和艰难的艺术之路，形成了我的创作风格及为人处事的方法。例如作品《悟》《一种精神方式的构成》《法自然》《东方哲学》《文化状态》等都反映出我对自然、哲学、人生的感知。"

人生的经历，使他将赞美生命、记述生活、崇尚自然视为表现造石艺术品的主旋律。在美术馆明亮的厅里，我在面具构成之一，又称为《相依为命》的浮雕前停住了脚步。这是一对男女相对而视的侧影图，一条曲线将二者分开，又有机地使二人互相包容在一起，使人感到你中有我我中有你。夸张的五官，布满了绘纹、麻点，饱含苍凉之感。令人联想到油画《父亲》那满是"犁沟"的脸、干裂的嘴唇和老树皮般的大手以及罗丹雕塑的老妇人那干瘪的乳房，佝偻着的脊背。这种掩盖在丑陋下面的美，只有理解生活真谛的人才能体会到，只有那些读懂生活的人才能创作出来……

记得宝贵曾对我说："我的艺术之路、发明之路和实业之路是三位一体的，其得以实现，都得益于生活的经历，也得益于妻子的支持。"

他回忆说："我至今忘不了那个风高月黑的夜晚，一辆破旧的卡车将我们一家四口和全部家当拉到土坯房前。一望无边的黑暗里，什么也看不见，远处传来几声狗吠，间或有点点荧光在前方一闪一闪的，但转瞬就被黑暗所吞噬。从这时开始，我们一家又开始了一次插队生活。"

我想他妻子该是一个高高大大，敢大碗喝酒、大口吃肉的女中豪杰。我错了。后来我见到了这位女性，与我想象的大谬不然。她个子不高，显得比较单薄，不善言谈，即或说话声音也很轻缓。然而，就是她，为了支持丈夫的事业，在每日工作之余，包揽了全部家务。在她的支撑下，如今大儿子在首都师范大学读书，二儿子考取了北京重点高中四中。我请她谈谈经历，她却淡淡地说："像我们这一代人，有几个人又不是这样过来的呢？常言说苦难是黄金。"

4

苦难是金。苦难也是最好的老师。

宝贵说："没有苦难，也就不会有今天的我。即使命运之神安排我从事雕塑，我也不会搞出今天这样风格的作品。"

为钓鱼台国宾馆宴会厅创作的"丰""牧""食"等浮雕，可以说是他将多年的生活积累与中国传统文化的有机结合。

他说："在创作这一组雕塑时，我仿佛又回到了山西，插队的生活历历在目：'大白馍，油泼辣子。泥瓦罐，盛凉水……'晋南耕田、插秧、麦收与远古时采桑、牛耕、攻战、喜庆、收获等沟通对话，活生生的场景加上传统的技艺，再运用新材料便完成了一张张设计图纸。

"由于运用了新的工艺手段，因此，钓鱼台国宾馆要求一个多月时间创作、制作100幅不同内容、不同尺寸的作品，被我完成了。可以说，这么多不重复的单件作品，用如此短的时间完成，都得益于我的专利技术。

"从古至今雕塑艺术的发展都是离不开科学技术支撑的。艺术家自觉或不自觉地利用同时代科技手段来进行艺术创作。我的发明，是在借鉴前人经验的基础上，使之更趋于合理。

"造石艺术的最大特点就是艺术与技术有机地结合起来。这项专利技术的主要特点是：首先实现了水泥制品石材化、艺术化。造石艺术品始终抓住材料肌理、质感与艺术风格相统一的攻关课题。

"水泥制品表现石材质感的方法很多，如采用多彩喷涂、喷彩砂等。但其质感及延久性不尽如人意。造石制品是以特种水泥为胶凝材料，以石粉石渣为材料，依靠模具制作成型。它的外观可细腻可粗犷，色彩肌理变化丰富、古朴自然，由于选用无机材料合成，它的理化性能稳定。造石制品以天然石渣、石屑、河沙、豆石为材料，按照一定比例与水泥进行配比。脱模后进行磨制处理，达到自然的效果。由于采用了CRC等新工艺，材料性能稳定。由中国建筑材料科学研究院测试的再造石仿古砖，其外观、冻融、抗压、抗折、吸水等性能指标均达到国家同类产品一等品或优等品水平。受到著名古建专家单士元、张缚、马旭初等的赞扬，并积极推荐古建工程使用。造石假山石，外观石材感逼真，施工方便，整体重量轻。已在北京紫竹院公园和中直苗圃等地采用。

"特点之二是简化制模程序。由传统的四道工序成模变为一道工序成模。因此大幅度降低了成本，提高了效率。这种新工艺可以在艺术作品创作过程中随机进行特殊肌理的制作，达到预期效果。这一技术在国内外几百项工程的装饰艺术品制作中发挥了显著的作用。"

5

十几年来，宝贵在发明之路、艺术之路上探索着，前进着，终于取得了不小的成绩。自1988年首先在亚运会工程中应用以来，该专利技术先后在北京钓鱼台国宾馆、中国历史博物馆、五洲大酒店、中日青年交流中心、几内亚"十月二日公园"等国内外近百个工程中应用。

《对话》《喜怒哀乐》被中国美术馆收藏，《四方神》被世界银行收藏。王光英等国家领导人曾前往昌平造石制作基地参观。钱绍武、郑于鹤、邓福星等国内外著名艺术家给予了高度评价。

1997年11月，中国科技贸易博览会在香港举行，造石艺术品受到人们的关注。特首董建华听完宝贵的介绍后，对这一运用专利技术、采用造石创作出的"铜雕"非常感兴趣，赞扬这是艺术与技术的结晶，并欣然接受了宝贵赠送的仿铜小壁饰《骏马》。

6

古人云："天地至精之器，结而为石。"石，涵容着太古的历史意蕴，具有"古"的文化品格；石是大自然的精灵，具有返朴归真的自然美；石，是古往今来中国文人所尊崇、亲和、挚爱甚至膜拜的对象。

与宝贵促膝而谈，我渐渐读懂了这位造石者，他造石的底蕴与其人格的追求可谓不谋而合。他用石的品格规范自己：他寻石之"顽"——阳刚之美；他觅石之"清"——阴柔之姿；他求石之"拙"——质朴稳重之态；他找石之"奇"——突奇傲骨之样。

造石——表达自己的喜、怒、哀、乐；造石——演绎人生的故事；造石——张扬大自然的美好。这就是造石者——张宝贵述说不尽的话题……（原载于《中国专利报》1998年5月6日）

【简析】

通讯从1996年5月在中国美术馆的展览写起：

由中国艺术研究院主办的张宝贵造石艺术展正在这里举行。近百件作品展现在人们面前。我随人流在这雕塑艺术的海洋中遨游⋯⋯

在20世纪八九十年代，中国美术馆开始成为人们心目中艺术的殿堂，能够在那里举办展览，是一种荣幸和艺术成就的认可。

著名艺术评论家范迪安先生在张宝贵造石艺术研讨会上指出："很多艺术家在中国美术馆办展览，由于美术馆比较大，往往把作品给'吃'了。没想到张宝贵先生的造石艺术品把美术馆撑住了。他用新技术新材料进行艺术创作的行为是值得讨论的。"

评论家的评价，进一步为了说明通讯主人公的艺术造诣。而其艺术实践也不同于科班出身的艺术家：

宝贵说："晋南十三个县，县县都有珍贵的文物。二十年中，各具特色的民间艺术品，使我受益匪浅。这对我今天的艺术创作不无影响。

"1987年，我一家四口从山西回到北京，但只能将户口落在昌平县一个小村庄。十几年又过去了，我一直和农民在一起。时间过得真快，一晃儿，我在农村呆了三十多年了。'我的大学'是在农村这个大课堂里读完的。"

另类的艺术实践，其艺术成就也是"另类"。

宝贵在发明之路、艺术之路上探索着，前进着，终于取得了不小的成绩。其发明的专利技术自1988年首先在亚运会工程中应用以来，先后在北京钓鱼台国宾馆、中国历史博物馆、五洲大酒店、中日青年交流中心、几内亚"十月二日公园"等国内外近百个工程中应用。

　　《对话》《喜怒哀乐》被中国美术馆收藏，《四方神》被世界银行收藏。王光英等国家领导人曾前往昌平造石制作基地参观。钱绍武、郑于鹤、邓福星等国内外著名艺术家给予了高度评价。

　　从古至今雕塑艺术的发展都是离不开科学技术支撑的。艺术家自觉或不自觉地利用同时代科技手段来进行着艺术创作。通讯进一步阐释了造石艺术的特色是将艺术与技术有机地结合起来，并介绍了专利技术的特点等。通讯行笔自然流畅，记者与受访者的对话，与观众的交流，记录不同的现场，全面详尽地把造石者呈现在读者面前。让读者在娓娓道来的故事中，领略一个发明人艺术家的精神风采。

第六课
日记体

第七课
系列报道

一、什么是日记体新闻

日记体新闻，一是日记；二是新闻。把二者组合起来，便成为一种可读性较强的新闻报道形式。简言之，就是用写作日记的方式报道新近发生的新闻事实；这种形式是在融合了消息、通讯及评论等新闻体裁的基础上，更多地注入记者的主观感受和对新闻事件的剖析和解读。

就新闻的"可读性"而言，主要是指新闻内容与新闻报道形式较为完美的结合，使新闻作品不仅吸引读者并能够让读者产生共鸣。日记体新闻把日记这种妇孺皆知、喜闻乐见的"形式"与新闻的"内容"恰如其分地结合到一起，运用日记体灵活性较强的写作方式，使新闻事件得以充分的表达，使可读性得到强化。

例6-1-1

"世纪行"记者日记选登之三

各方人士都在关注知识产权

本报记者　刘瑞升

2000年5月15日（星期一）下午

接受《黑龙江日报》记者唐小清采访刚开了个头，她的呼机就响了起来。原来，下午哈尔滨中院开庭审理一起"转基因番茄"侵权案，报社让她迅速到庭采访。我决定与她同行。省专利管理局赵作审局长立即派车送我们前往法院。

从审判长递给我的判决书中了解到，原告哈尔滨师范大学承担了省重点攻关项目"美洲拟鲽抗冻蛋白基因导入番茄"的研究课题，科学家将美洲拟鲽（一种冷水鱼）抗冻蛋白基因导入番茄中，获得了世界首创的抗寒高产转鱼基因番茄的科技成果（简称"鱼番茄"）。而被告双城市某种苗公司假冒原告的"鱼番茄"技术生产、销售种子，其行为侵犯了原告的科技成果权。

在法庭，我的目光不由得被旁听席上的人们吸引住了。首先是新闻媒体，据了解，黑龙江及全国新闻单位驻哈尔滨记者站大多派人参加。某电视台记者对我说，随着"入世"的临近，知识产权成为一个人们必须关心的问题。因为，知识产权领域里的许多问题，与百姓息息相关，是我们过去不曾接触过的。要与国际接轨，了解知识产权方面的案例，不乏为一个直观、便捷的途径。这位记者最后说，近几个月，他们台播报了几宗有关盗版、假冒专利、假冒商标的案子，观众反映很好。

在审判长李靖海接受媒体采访的空当，我请他介绍一下哈尔滨市有关知识产权方面案件审理情况。他说，由于人们对知识产权的认识不断提高，因此，近两年来，涉及这方面的案子增长的幅度较大。目前，哈中院也加强了知识产权审判队伍的建设，审判人员的素质也有较大的提高。

我还采访了旁听席上的一位研究所的科研人员以及某律师事务所的一位律师，他们都表示旁听的目的是了解有关知识产权方面的知识，指导今后的工作。

《黑龙江日报》记者唐小清也感慨地说，如今报社的各个版面都很关注有关知识产权方面的情况。就她自己而言，经常与省专利管理局联系。

从这一案件审判现场不难看出，黑龙江省各方人士都十分关注知识产权的保护工作。

晚间，我见到了报社的老朋友——哈尔滨市专利管理处张好兴处长，他可谓是哈尔滨专利工作发展的同路人，不论是中国专利第一股哈慈集团的变迁，还是首批被确定为航空工业知识产权保护试点单位哈飞集团的经历，这些单位的发展过程，都有好兴同志以及他领导的哈市专利处全体同志洒下的辛勤汗水。

我知道哈市专利处曾被国家专利局和国家人事部评为全国专利工作先进集体，连续四年被评为黑龙江省专利先进集体。但我仍不失时机地请张处长介绍一下哈市专利工作情况，他如数家珍般地告诉我，到去年年底哈市专利申请总量已达1.2万件，授权近6000件，在全国计划单列市及沿海开放城市中位居第三。

我们约定明天一起到哈飞集团和阿城市采访。（原载于《中国知识产权报》2000年7月28日）

【简析】

这是"世纪行"记者日记选登之三。篇首注明年、月、日及"下午"字样，这是日记必备的要素。在有必要的时候，还要有天气状况等。不同于普通写日记，因为是新闻报道，所以要有标题。

该篇日记通过记者下午到晚上这个时间段的见闻，介绍黑龙江省各界人士关注知识产权的情况。日记以记者自己接受《黑龙江日报》记者唐小清采访开篇，增加了趣味性，引发了读者的好奇感。记者本应该是采访别人的，怎么却被他人采访呢？这里有两个目的，一是打下一个伏笔，即当地媒体关注《中国知识产权报》记者的行为，从一个侧面说明"各界"之一的新闻界对知识产权的关注；二是增加了本文的可读性。

然而，笔锋一转，用一个特写镜头——记者唐小清呼机的响声，打断了这次采访。转而，采访者与受访者一同前往法院——采访一起与知识产权有关的"案子"。读者马上会跟着记者的笔端向下展开思考：是什么案子，必须让任务在肩的记者唐小清马上前往？本文作者是在一步步地把读者领到自己设计的包围圈中，以期达到新闻主题的目的。

这个可谓天衣无缝的文章开头，是作者在谋划本文时，从众多事件中筛选再三而定的。由此看出，这个接受"采访"的画面仅仅是一个为吸引读者的铺垫而已。而"法庭""案子"等，同样是记者为达到自己需要的新闻主题而借用的舞台，要在这个舞台上，寻找到自己需要的"演员"。

我们撇开这个有趣的机缘巧合的开篇，单就本文通篇报道的内容是法庭上的场景，且是"旁听席上的人们吸引住了"记者，这时候，读者会发现，被审理的案子仅仅是一个引线，变成了一个背景材料，因为记者时刻记着这篇新闻稿件是报道"黑龙江省各方人士都十分关注知识产权"。

接下来记者"眼见为实"，开始了以事实说话的真正意义上的采访：首先是新闻媒体，"黑龙江及全国新闻单位驻哈尔滨记者站大多派人参加"。让读者一下子就感觉到这桩知识产权案子，很快就会通过电视、广播、报纸等媒体传播出去。

接着是一个"近景"：某电视台记者对"我"说，随着"入世"的临近，知识产权成为一个人们必须关心的问题。因为，知识产权领域里的许多问题，与百姓息息相关，是我们过去不曾接触过的。要与国际接轨，了解知识产权方面的案例，不乏为一个直观、便捷的途径。

继而进一步强调："这位记者最后说，近几个月，他们台播报了几宗有关盗版、假冒专利、假冒商标的案子，观众反映很好。"

读者再回到本文的开篇，《黑龙江日报》记者采访本文作者，为何采访呢？因为"我"是《中国知识产权报》记者，是骑车到全国各地宣传报道知识产权的。其实，从"我"一开始接受省报采访，就暗示了"各界人士关注知识产权"的事实了。

再接下来，"我"采访了审判长李靖海，还有旁听席上的一位研究所的科研人员以及某律师事务所的一位律师。这些具有代表性的"人物"从不同的角度谈了为何关注知识产权。

如果本文不是以日记体的方式写作，通过一个庭审，很难写出"各方人士关注知识产权"这样一篇报道。只能是另一篇以案例为新闻主题的文章了。硬着头皮为写而写，就我自己的写作能力而言，绝不会有像本文这样的可读性。

即便选取其他场合，写作报道"各界人士关注知识产权"这样的稿件，也是一件棘手的事情。大多数的写法是，领导如何重视，如何发红头文件，基层如何组织学习等。千篇一律，千人一面。遮挡上单位名称或领导姓名，放到任何一个单位或个人名下都适用。

本文的独特性在于，充分利用日记体写作的灵活性，出人意料地"借"一个新闻事件的现场——法庭，表述了自己欲表述的内容。在看似与新闻主题不搭界的"法庭"，完成了新闻主题的表达，既巧妙又新颖。其不拘一格的写作方式，为这类新闻稿件的写作提供了借鉴。

倒数第三段起，似以随笔的方式，讲述记者见到了"报社的老朋友哈尔滨市专利管理处张好兴处长"。继而谈到哈市专利工作状况。让读者豁然开朗，在关注知识产权的各界人士，专利管理机关功不可没。本文最后一段"相约明天一起到哈飞集团和阿城市采访"的内容，也非可有可无，因为是日记连载，告知读者后续动向。

最后要特别指出的是，这篇日记开篇的采访画面，是客观事实，而非为有一个吸引人的开头而编造的。新闻真实是第一位的，关键是记者如何运用发生在自己身边的每一件小事，为我所用。

二、日记体新闻的主要特点

（一）以时间为顺序

　　按时间顺序结构谋篇是日记体新闻写作的重要且显著的特征之一，目的是给读者一个清晰的脉络和明确的线索。我在写作日记体新闻的实践中的体会是：常规的日记体新闻，不必把篇章结构搞得过于复杂，比如像倒叙插叙等写作手法，不是绝对不能用，但要慎用。把新闻事件按照时间前后以讲故事的方式一一道来，以期达到情节取胜，重点突出，条理清晰，虚实结合，张弛自然的目的。这里说的以时间为顺序，指的是用时间这根线串联起那些具备新闻价值的事件，为报道所用。

例6-2-2

"世纪行"记者日记选登之四
哈飞集团专利工作见闻
本报记者　刘瑞升

2000年5月16日（星期二）上午

　　今天上午，我和吴国清、张好兴前往哈尔滨飞机工业集团。路上，通过好兴处长的介绍，我了解到，哈飞是国有特大型航空工业企业，创建于1952年，是我国"一五"时期国家重点建设项目之一，是我国中小型直升机、轻型运输机科研生产基地。

　　9时许，来到连续7年跻身于全国500家最大工业企业的哈飞集团，副总工程师金善东接待了我们。他说，在"创新—发展—再创新—大发展"的思想指导下集团已形成了航空产品、微型汽车和其他机电产品的产业化产品结构。赢得了市场，创造了效益，销售收入翻了四番，固定资产增长了10倍。

他说："几年来，我们以引进先进专利技术为先导，在消化吸收中求发展，开发具有自主知识产权的产品，使得企业得以迅速发展。"

他举例说："EC120是我集团与法国等国合作开发的先进直升机，也是我国第一个与西方发达国家平等合作的项目。自始至终，我们全面参加了研制工作，并按分工独立承担机身、燃油、着陆、通风、操纵、除雾等系统的设计、制造和取证工作，这在我国直升机界属于首次。最令人高兴的是我们承担的项目，全部享有自主知识产权。"

据了解，EC120直升机上采用哈飞集团研制的先进技术，以及结构"一体化"的设计，已相继取得欧直公司DGAC和美国FAA型号合格证及英、美、意等26个国家的适航证。产品投放市场后，一年内就接到200多架订单。

金副总还说："我们专门召开了EC120产品申请专利讨论会，将10多个项目报到航空总公司专利办公室审查、确定。目前已将前舱罩、抗坠毁设计等5项技术申请了专利，还申请了1项国防专利。"

在前往飞机制造车间的路上，哈飞科技处的同志指着我们乘坐的微型客车说，这是刚刚通过国家鉴定的新款车型，名为"松花江中意"。集团在"松花江"微型客车仍满负荷生产、不愁销售的情况下，与意大利宾尼法瑞那公司联合设计研制了这款全新的微型车，目前已申请了多项专利。

在半天的参观采访中，我们听到哈飞人自豪的声音：不论是首飞成功的"神舟"号飞船，还是北极考察，不论是建国50周年阅兵式上使用的直升机，还是香港回归装备驻港部队的直升机，都有哈尔滨飞机工业集团研制出的科技成果伴行！（原载于《中国知识产权报》2000年8月2日）

例6-2-3

"世纪行"记者日记选登之五
访阿城
本报记者 刘瑞升

2000年5月16日（星期二）下午

从哈飞集团赶回黑龙江省专利管理局已过中午12点。我见到了齐齐哈尔市科委副主任陈新国、党组成员李文明及负责专利工作的陈曦。赵作审局长介绍了"世纪行"的情况，陈副主任一行表示要全力支持这一活动。我们相约十几天后齐齐哈尔市见。

午饭后，我与好兴和少军顾不上休息便前往阿城。

阿城距哈尔滨30多公里，是哈尔滨所辖市。在阿城科委，我们见到科委主任王福德、副主任孙常发及专职负责专利工作的孟凡革。刚一落座，好兴处长就高兴地对我说："瑞升，看到没有，从接待你的阵势就能看出阿城对专利的重视程度。各个部门主要领导都是亲自抓专利。"说话间，他从孟凡革手中拿过几份红皮烫金的册子递给我，只见上面写着："阿城市2000年科教兴市工作责任状"。坐在我对面的王主任接着说，他们用责任状这种形式将专利工作落到实处，指标逐条分解，主管领导签字画押。全市40多个部门一家一份。

围着专利做"文章"的阿城市，的确做了许多扎扎实实的工作。首先，他们建立了33个信息网站，定期发布包括专利在内的技术信息。另外，在阿城的报纸上，刊登阿城市授权的专利项目。还有，对有重要发明的发明人，可破格评定高级职称。这些举措，使阿城的专利申请量在十几个县中名列第一，且比第二名多出100余项。

在谈到实施时，王主任说："抓申请的最终目的是实施。我市专利实施率为50%左右。几年来，实施的专利项目共创产值4600多万元，利税3300多万元。"

不知不觉间，已到了下班的钟点。在王主任的引导下，我们参观了金都普乐实业有限总公司，该公司依靠已获发明专利的"烟草去毒液及制作方法"和"植物制剂普乐液及其制备方法"两项技术，已形成产业化生产。这一降低卷烟烟气有害生物活性的研究，成功地筛选出一种既能抑制、拮抗、削弱烟气中的有害物质对人体造成的潜在危害，又能与烟草香味和吃味相协调的安全卷烟添加剂，这一技术已通过有关部门的鉴定。

返回哈尔滨市，手表上的时针已过晚上9点。十分感谢张好兴处长，他从早晨7点就一直陪着我，要知道，他已年近花甲。（原载于《中国知识产权报》2000年8月4日）

【简析】

"世纪行"记者日记选登之四和之五，是记者在哈尔滨一天的采访记录，分两次见报。我们先以前后顺序看几个与时间有关的词汇：今天上午；9时许；在半天的参观采访中；已过中午12点；午饭后；不知不觉间，已到了下班的钟点；手表上的时针已过晚上9点；从早晨7点就一直陪着我。

两篇稿件是一天的日记，因此其时间是连贯的。往往在一篇非日记体的新闻稿件中，为了突出时间的特点，记者有时明白无误地标示清楚。比如我在《德州一日》（见本书第065页）一文中，完全按照时间顺序从上午8点30分写起，到德州市专利局采访；10点到德州市天科专利事务所；下午1点30分到德州晶华集团有限公司；下午3时到皇明太阳能集团公司。将新闻事实以时间为序串联起来，把"一日"的活动叙述得清清楚楚，毫无拖泥带水的感觉。这是单一式短通讯较为通行的写法。

而这两篇日记体新闻稿件，较《德州一日》的内容要复杂，且分两次刊登。读者清楚日记多是以时间为序的，再生愣愣地以时间的前后进行活动的区域分割，显然不是最佳方式。我尝试着在强调"时间"标识作用的前提下，采用对时间以不同的称谓方式，让"时间"融入内容之中，但又不被"湮没"。

两篇日记共使用了8个与时间概念有关的句子。第一个出现的时间概念是日记的起首第一句"今天上午"，这是一个比较含糊的时间概念，然而，接下来的内容是我在前往哈尔滨飞机工业集团的路上，生活的经验让读者知道，到达采访地点是需要一定时间的。接着的"9时许"，基本是一个确定性质的时间概念。为何用"许"，而不是真真切切的"9时27分"或"9时5分"等，那样未免太做作了。如果是有关一篇长跑到达终点的报道，必须精确到分秒。

在第二篇日记的结束出现了早上出发的时间——"从早晨7点就一直陪着我"的字样。之所以把本该放在最前面的"7点"这个时间数字，移到文章的最后，是为了说明陪同我一天的张好兴处长"已年近花甲"，非常敬业，非常不容易。在这里，本是一个平常的时间数字，变得充满了感情色彩。如果开篇就亮出"7点"，仅仅就是一个时间而已，充其量读者会说，起得挺早。

第二篇日记的开始，就表明"从哈飞集团赶回黑龙江省专利管理局已过中午12点"，一语双意，即表明时间概念，也是告诉读者上一篇日记写的是哈飞集团，起到了承上启下的作用。"午饭后"明显是一个时间指向。而"不知不觉间，已到了下班的钟点"是一个多重的时间概念：一是说明采访的时间之久；二是为接着去参观的行为进行铺垫。

"返回哈尔滨市，手表上的时针已过晚上9点。十分感谢张好兴处长，他从早晨7点就一直陪着我，要知道，他已年近花甲。"简洁利落的结尾，充满画面感的"手表上的时针已过晚上9点"，进一步强化了专利工作者任劳任怨的工作作风。后置的"早晨7点"和最后告知读者的全程陪同者张好兴处长已是一位"年近花甲"的老者，使全文得到升华，让读者肃然起敬。

两篇日记共使用的8个时间节点，互不重复的表述方式，有机地把丰富多彩的内容串联起来，使之条理清晰，加强了文章的可读性。

（二）以现场感为第一要务

所谓新闻报道的现场感，就是说能够通过新闻报道来让读者感受到自己也置身于新闻现场，"亲临其境"与记者同行。在确保新闻的真实性、可信性的前提下，"现场感"是让新闻"活"起来的重要手段之一，"现场感"为可读性提供了必要的保障。

现场感是通过对话、声音、色彩、气味等体现，这就要求记者运用自身的视觉、听觉、触觉、嗅觉、味觉等各种感官，仔细观察、认真感受新闻现场所展现出的各种各样的情况，捕捉到形象化、立体化的现场情景和典型细节，用极富"现场感"的文字进行描述，以期吸引读者，让读者有兴趣读下去。

例6-2-4

"世纪行"记者日记选登之六

冷暖吾心知

本报记者　刘瑞升

2000年5月17日（星期三）

今天上午"自由活动"，我要去买地图、胶卷及明天路上的食品，还要到邮局寄材料。下午到版权局和商标局拜访。

骑着我的"旅行者"走在哈尔滨的大街上，不觉左顾右盼起这座头一次来的城市，花繁叶疏的丁香随处可见，紫、白、蓝、红颜色丰富。据说这是哈市市花。丁香花不易遭受病虫害的侵袭，生命力极强，具有东北人质朴、豪爽的特点。抬眼望，湛蓝的天空令我惊叹，而在北京只有雨过天晴时才偶见湛蓝。

　　在秋林商厦对面的邮局办完事，我便沿街而行。没想到东北的气温说高就高，今天28℃，人们已换上了春装。姑娘们穿上了线条分明的紧身衣裤，而着超短皮裙子的少女，更是妩媚。我从临街商家的橱窗玻璃里，清楚地看着我那一身冬季的行头，又傻又土；厚重的高帮皮靴，粗布裤子皱皱巴巴，印有"世纪行"字样的运动服已好久没有洗了，不用说，肯定有股难闻的味道。面部黑黑的，头戴一顶太阳帽，背着一个沉甸甸的摄影包，这身打扮，与此情此景格格不入。我决定换装。转了一个多小时，只买了一件灰色T恤，至于鞋就不换了，因为我舍不得脚下这双已跟我走了四五千公里的"伙伴"。

　　下午，先到黑龙江省版权局，一位姓邱的青年人热情地接待了我，他很抱歉地说主管领导都不在，而他今天又忘记带钥匙，有关材料取不出来。不过他凭记忆将近年来全省版权工作的情况做了介绍。版权局虽然人手不多，但工作做了不少，如查处各种侵权、盗版案件，加强服务意识，强化著作权管理等。小邱还详细谈了省版权保护协会、省版权保护中心、省报刊转递代办处的工作情况。

　　上午与省工商局商标局联系，告之今天负责人陪客人外出了，所以今天本不打算去商标局。但从版权局出来后，我想既然已到哈市，不去工商局了解一些情况实在遗憾。于是我来到工商局办公室。但见几个人笑呵呵地在"唠嗑"，我说明来意，一男子扭过头来问我事先联系好没有？当听到否定回答后，便说主管局长不在。我说其他局长也行。他回答也不在。我问办公室领导呢？他不耐烦了："不在。"我问他是干什么的？他不屑一顾地说这你就别管了。我问他叫什么名字，他不说。

　　不知这位男子是不是省工商局商标局的公务员，倘若是的话，这种"衙门"作风也该改一改了！

　　晚上，回到招待所，收拾行装，当拿起哈尔滨专利处的同志刚刚为我买的两个大面包、几根哈尔滨红肠和几瓶矿泉水，联想到连日来省专利管理局、版权局的同志们热情接待，我的眼睛不禁有些湿润……

　　好了，今天早点睡觉，明早5点我将告别哈尔滨向大庆方向前进。200多公里的路，计划用两天时间走完。（原载于《中国知识产权报》2000年8月9日）

【简析】

本文是这组日记体新闻的最后一篇，记者有意识地先把话题扯得远了点，即去买地图、胶卷及明天路上的食品，还到邮局寄材料。看似与报道主题不搭界，其实，每一件事都是与"世纪行"密不可分的。这种"游离主题"的写法，也是为了使这组报道在节奏上有所变化，不能总是采访采访。生活化的描写，更有说服力，更能让读者有一种亲近感。

记者首先看到了随处可见的花繁叶疏的丁香，紫、白、蓝、红，颜色丰富。"花繁叶疏"是记者仔细观察的结果，哈尔滨的丁香，就如北京乍暖还寒的初春，玉兰同样是先开花后长叶子。记者继续颂扬说"丁香花不易遭受病虫害的侵袭，生命力极强，具有东北人质朴、豪爽的特点"。此处把丁香与人的性格联系起来，有意为之。抬眼望蓝天，与千里之外的家乡北京做比较。信笔由性，收放自如。其实，这一切现场的观察和议论，都是为内容服务的。

特别是看到换上春装的姑娘、穿着超短皮裙子的少女，心中油然而生的羡慕，这是记者对美好生活的自然流露，与读者产生共鸣。当从橱窗玻璃上映现出自己一身冬季的行头：厚重的高帮皮靴，粗布裤子皱皱巴巴等，当即决定"美化"一下自己。这样的描写，都是通过记者的眼睛看到的，不仅看到了别人，还看到了自己，让读者浮想联翩，宛如与记者同行。文章中只字没有记者谈论"世纪行"如何艰辛，但细心的读者似乎通过文中的描写，感知到了什么。印有"世纪行"字样的运动服的味道，记者面部黑黑的颜色，进一步强化了这种感知。而版权局的热情，商标局的蛮横，再到"哈尔滨专利处的同志刚刚为我买的两个大面包、几根哈尔滨红肠和几瓶矿泉水"，强烈的对比增加了这篇报道的故事性。

例6-2-5

扬州行

本报记者　刘瑞升

1999.12.11（星期六）3～12℃

扬州行程0km　累计1409km

我是昨天下午1点多从高邮出来的，天黑得真早，晚5点多点儿，路灯就亮了，5点40分才到达扬州市科委。扬州市专利管理处许必元，还有张荣亮、李海燕在灯火辉煌的十字路口等我。然后与科委副主任周振华一起共进晚餐。热情好客的扬州人，不！应当说我所走过的苏北大地，所遇见的人，都是如此热情亲切。

由于明天是周日，所以今天要采访3个企业，江苏亚星客车集团有限公司、江苏牧羊集团和华扬太阳能集团。

扬州电视台记者杨志丹、奚晓兵闻讯早早赶到亚星公司。当我来到亚星公司门口时，但见一牌子上写着"欢迎中华知识产权世纪行记者刘瑞升"。公司副总王浩荣一行人接待了我。我们先在公司院内参观了一排排、一辆辆不同型号的客车。

我对王副总说，在路上，我看到的各种客运车，大多数都是亚星牌的。

王副总介绍说，亚星公司已建厂50年，生产客车也有20年的历史了，是首批江苏十大集团之一。重视专利保护，使企业尝到了不少甜头。卧铺客车是亚星最先发明的。目前亚星已建立了客车专利信息数据库，一万多件有关客车的专利文献供科技人员查询。

从亚星出来，我们一行人来到江苏牧羊集团。该集团是一家专门生产饮料机械的省级高新技术企业。有关负责人介绍，今年1月26日该单位办公室的门及文件柜被撬，这家集团丢失一套MUZL600型颗粒机图纸，这套图纸是牧羊集团引进欧洲最大的饮料机械制造商——英国UMT公司具有国际先进水平的技术。后经扬州警方全力侦察，于1月29日将犯罪嫌疑人顾如明（牧羊集团质检员，男，38岁）抓获归案，并于1月30日又将另一名犯罪嫌疑人吕某（江苏某集团办公室副主任）抓获。

原来，早在1997年江苏某集团以每月500元的酬金诱使顾如明成为卧底内线，要其提供牧羊集团的规划、销售、产品开发、营销策略，并与吕某单线联系。

牧羊集团在自主研制饮料机械（拥有中国专利40多项）的同时，为加快企业技术进步，与英国UMT公司签订国际技术转让合同。由于引入国外先进技术，使产品销售旺盛。

江苏某集团多次打电话给顾如明，催其尽快搞到图纸。顾如明终于在1999年1月26日凌晨铤而走险，撬开牧羊集团中宏机械有限公司技术部作案行窃。顾将图纸交给吕某后，分两次获得12万元赃款。2月10日，扬州警方依法追缴了被盗图纸。3月7日，顾、吕二人被依法逮捕。

牧羊集团负责人忧心忡忡地对我说，他们最担心的是图纸被他人复印。按照当初与英方公司的协议，不管仿制机器出自谁手，牧羊集团都要承担失密责任。

这一事件的发生不是偶然的。近年来，企业间的不正当竞争愈演愈烈，侵犯商业秘密的事情屡有发生。但在国内像这种卧底2年，性质恶劣的案件我还是头次听说。过去在专利报上也登过不少国外"工商间谍"的故事，听起来似乎很遥远，没想到如今也在自己身边发生了。长期以来国内大多出现的是挖墙脚、拉人才等不正当竞争事件，而像演电影似地单线联系接头，秘密潜藏两年的真实事件还真鲜为人知。这起由看似简单的盗窃行为引发的侵犯商业秘密案，还未画上句号，据说这中间有些背景人物还很有来头。

下午到拥有50多项专利技术的华扬太阳能集团参观采访。

晚21时许回到招待所，整理材料，记事。23时休息。（原载《上道就好》，中国轻工业出版社，2003年11月版，第48~50页）

【简析】

《扬州行》的开始就把读者带到了一个傍晚的现场："晚5点多点儿，路灯就亮了。""许必元，还有张荣亮、李海燕在灯火辉煌的十字路口等我。"到企业采访，记者也记录了一个有意思的场面："当我来到亚星公司门口时，但见一牌子上写着'欢迎中华知识产权世纪行记者刘瑞升'。"这段现场描写注意了细节,把读者带到了灯火辉煌、热热闹闹的现场。

(三)内容宽泛写法灵活

关于新闻日记这种文体采用的背景、原因及与其他形式的区别,被称为"民初三大名记者之一""中国第一个真正现代意义上的记者"黄远生(1885—1915)在第一篇新闻日记(写于1915年4月1日,发表于当月5日的《申报》上)中有详细说明:"鄙人每日必登通信一篇,全篇皆缀以日记体。是日有独特之新闻则纪新闻,无新闻则取内外之新闻而评论之。至并评论之新闻而无之之时,则以吾自身为之通信之主人翁,吾所获之感想,吾友朋之谈话,乃至吾夙昔所记忆之零星琐碎,皆一一笔之。"

从黄远生的话中我们可以领悟出这样一个道理,日记体新闻的采写范围是广泛的,包括重大新闻事件、重要新闻人物、记者个人的思索感想、与他人的谈话,甚至生活琐事等。故此,日记体新闻在写作时就不受各种新闻形式的束缚,只要是围绕着新闻主题,便可以让自由的行文融入感情的色彩,用真切丰富的语言描绘多彩多姿的生活。这一点在例6-2-4《冷暖吾心知》得到了较为充分的体现。

例6-2-6

在淮阴

1999.12.06(星期一)-1~10℃

宿迁→淮阴行程110km 累计1214km

被烫的腿已好了许多。昨天骑在车上也不怎么疼了,屁股依然不舒服。后腰和手腕酸、胀、痛的感觉愈来愈重,多亏道路比较平坦没给我添麻烦,谢天谢地谢三光,给各位磕头啦!

早7点多从宿迁出来，今天的终点是淮阴。

最早了解淮阴是从汉代名将韩信的最后封号——淮阴侯开始的。韩信是我国古代卓越的军事家，他辅佐刘邦，为汉朝的建立立下了汗马功劳。与萧何、张良并称为"汉初三杰"。

11时许，江苏省知识产权局也是本报特约记者陈苏宁来电话，询问我到哪里了，我告其下午5点左右就能到达淮阴。他埋怨我为何不通知他已进江苏。

我说："这离南京还远，不想过早地打扰你们。"

"哪的话，国家局的文件我们已转发给各地。今天我给徐州通电话，他们说你已从徐州过去了。"

我简单地向陈苏宁讲了一下情况。他说江苏局领导很重视这一活动，各市县也都希望我能进行采访报道。他特别提到淮阴科委的董国善，已询问几次我何时到淮阴。

我与董国善可谓老相识了。近几年，他经常组织企业参加国知局主办的专利技术博览会。我本想下午上班后同他通电话。

与陈苏宁结束通话不久，老董的电话就来了，他以最真挚的语言欢迎我的到来，并告诉我马上就去安排宾馆，有关采访事宜见面再说。

4点20分，到达淮阴科委门前，见到老董和科委副主任陈静巧等人。住梅园宾馆。

到后得知，江苏省知识产权局施光亚副局长专程从南京赶来。

晚，淮阴科委主任缪品章、副主任宋延其、邵汉琦、陈静巧等共进晚餐，施光亚副局长代表江苏省知识产权局欢迎我的到来。（原载《上道就好》，中国轻工业出版社，2003年11月版，第43页）

例6-2-7

昆山小记

1999.12.27（星期一）1~12℃

苏州→昆山行程50km　累计1895km

今天上午11点多到达昆山市科委。见到童伟宝主任，还有昆山市专利事务所所长白淑媛、代理人盛建德，以及昆山电视台的记者。

苏州专利处副处长谢再鸣与苏州有线电视台记者杨晓冬、《姑苏晚报》记者沈映宇专程从苏州赶来。

下午，一行人前往捷安特。我的坐骑就是捷安特赞助的。

捷安特（GIANT）——行销全世界的著名自行车品牌，由台湾巨大机械股份有限公司创立。巨大公司成立于1972年，经过10余年的奋斗，使捷安特自行车以其优良的品质、合乎潮流的创意行销全球。

1992年9月，巨大公司在江苏省昆山市经济技术开发区设立捷安特（中国）有限公司，总投资5000万美元，厂房面积17万平方米。1994年产量15万辆，去年产量已达97万辆，最终年产量可达150万辆，内外销比例为1比1。捷安特的三大生产基地分别在中国台湾、荷兰和中国江苏。目前已有1万家专卖店遍布全世界，国内拥有近800家的销售网点。

在捷安特公司，我见到总经理郑宝堂，就他对"世纪行"活动提供的一辆自行车表示谢意。

他向我介绍了捷安特的发展情况。

但我们一行人对捷安特公司负责接待人员的冷漠感到非常气愤，与其形成鲜明对比的是他们对上司的殷勤，说明这些人士不仅仅拥有冷漠。

从捷安特出来前往好孩子集团。

好孩子集团公司也是生产车的——是目前全国最大的儿童推车和儿童自行车生产企业。

我曾于1996年来"好孩子"采访过，发表过长篇通讯，名为《宋振还和他的"好孩子"们》。宋振还是"好孩子"的老总。

"好孩子"于1989年生产出第一辆童车，到今年整整10年的光景，共申请了中国专利818件，国外专利14件，仅1998年就申请了278项，今年1—11月，又申请了349项。这两年申请总数占10年专利申请总数的76％。看得出，专利使企业尝到了甜头。

副总经理张荣杰介绍说：专利产品始终是"好孩子"的支柱产品，如可折叠车架，是"好孩子"看家的专利产品，已生产10年了，总产销量达320万辆，按平均单价200元计算，其销售额达6.4亿元。"摇篮童车"于1996年投放市场至今年7月,共销售53万多辆,销售额18647万元,创汇1400万美元。这种例子在"好孩子"俯首皆是。

晚,见到"好孩子"的律师胡居亚,他与我是老相识。他从上海匆匆赶回,面包车上装有假冒"好孩子"品牌的童车。他说,这几年打假已成为他的头等大事。

省局陈燕平局长真是言必行,下午开车从南京专程赶来,为我走出江苏送行。陈苏宁让我差点掉下眼泪,他是一早坐长途汽车从南京赶到昆山的。(原载《上道就好》,中国轻工业出版社,2003年11月版,第63~64页)

【简析】

《在淮阴》和《昆山小记》两篇日记选自《上道就好》一书中的《江苏日志》。我是从1999年12月3日起,到12月31日止,较为详细地记叙了在江苏的一个月里,在1300多公里的骑行中的所见所闻,是跨越3个年头的"中华知识产权世纪行"活动的一个缩影。文章涉及的事情有大有小,有些内容比如"被烫的腿已好了许多。昨天骑在车上也不怎么疼了,屁股依然不舒服。后腰和手腕酸、胀、痛的感觉愈来愈重",如果在正规通讯里面,不是不需要,而是不太好表述的,但在日记体新闻里,很自然地进行叙述,既不感觉唐突,也不认为啰唆。

再比如"省局陈燕平局长真是言必行,下午开车从南京专程赶来,为我走出江苏送行。陈苏宁让我差点掉下眼泪,他是一早坐长途汽车从南京赶到昆山的",这些贴近生活、由新闻主题派生出来的、在正规通讯中不便出现的"作料",放在日记体新闻中,便产生了独一无二的效果。也许,这是日记体新闻日益受到读者喜欢的原因之一吧。虽说"内容宽泛写法灵活",但也不能信马由缰,离题万里。切记,一切的一切,都要为主题服务。

第七课
系列报道

277
第八课
采访

一、什么是系列报道

这里说的"系列报道"，指的是围绕同一新闻主题、新闻题材从不同侧面、不同角度作多次的连续报道，构成的报道篇幅通常不能少于三篇，且字数、风格、版式等大体一致。与连续报道不同的是，连续报道面对的是同一新闻事件，每一篇报道都是前一篇报道在内容要件上的补充；系列报道各篇报道之间没有外在的时态连续，却有内在的必然联系，多篇独立报道聚集在同一新闻主题之下，达到对新闻事实做出比较系统、全面且有一定深度的报道。系列报道的题材多是非事件性新闻，且是重要题材，如果是重大题材更好。

下面的例子是记者在吉林省农科院就植物新品种保护有关新闻的采访实录。记者通过该院院长了解到，随着加入WTO的临近，国外众多公司窥视着我国拥有的十几亿亩耕地这样一个广大的种子市场。《中华人民共和国植物新品种保护条例》的实施，可以规范外国公司进入我国种子市场的行为，在公平合理的条件下进行竞争。

例7-1-1

"终于盼来这一天"
——吉林省农科院见闻之一
本报记者 刘瑞升　通讯员 王春霖 王圣东

在吉林省农业科学院院长办公室，我们见到不久前刚从北京参加首批获得植物新品种保护授权仪式归来的冯巍院长。仍沉浸在喜悦中的冯院长，高兴地对我们说："这次授权仪式不同寻常，不仅仅是由于我院在第一批被授权的38个农业新品种中占17个，名列全国第一名，更重要的是看到国家在知识产权保护方面又取得了重大进展。对农作物育种界来说，这是走出了划时代的一步，是一个里程碑。"

冯院长认真地说："自国务院颁布《中华人民共和国植物新品种保护条例》以来，我们一直期盼着授权日的到来。现在终于盼来了这一天。过去，我国的植物新品种没有保护政策，一方面，育种单位的合法权益得不到保障；另一方面，私繁滥制、违法经营的假劣种子在市场上横行泛滥，坑农害农事件时有发生。实施植物新品种保护条例不仅有效地遏制了上述现象的发生。同时，还将鼓励植物新品种的培育，提高我国植物新品种开发水平，提高我国农作物品种的竞争力。"

冯院长回顾说："长期以来，国家对农业科研育种单位一直给予大力扶持和资金投入。这种方式的投入，曾经促进了我国农作物新品种选育工作的开展和新品种的推广与应用。但是，随着我国社会主义市场经济发展的不断深入，这种扶植与资金投入的方式，远远不能适应社会的发展，也不能很好地参与国际竞争。"

冯院长举例说："一个玉米品种的培育需要7~8年的时间，这期间，仅育种方面的投入要在100万~150万元，而当新品种问世后，便无偿交给种子经营部门，该新品种以后创造的价值与科研院所、研究人员毫无关系，创新的价值没有得到体现。这种巨额科研经费的投入，没有丰厚的回报作支持，因此使众多的科研部门无法继续工作，有些单位处于难以维系的境地。另外，由于新品种的培育、示范都要在室外进行，因此极易扩散和流失，只要几粒种子便可以进行繁育。因此说，植物新品种的保护势在必行。"

冯院长还告诉记者："随着加入WTO的临近，国外众多公司也看好我国所拥有的十几亿亩耕地，这是一个广大的种子市场。条例的实施，可以规范外国公司进入我国种子市场的行为，在公平合理的条件下进行竞争。"

冯院长最后说："面临市场竞争的新形势以及农业技术创新特

点，我国加大了植物新品种保护力度。我院在农业部受理植物新品种的第一个申请日，便提交了36件申请，在所有申请人中名列第一。目前农业部已授权38项植物新品种，吉林省农科院占17项，又居第一位。"（原载于《中国知识产权报》2000年6月9日）

例7-1-2

"农业，更需要知识产权保护"
——吉林省农科院见闻之二
本报记者 刘瑞升 通讯员 王春霖 王圣东

"农业，更需要知识产权保护。"这是我们在吉林省农科院采访时听到最多的一句话。针对众多国人对农业与知识产权保护的关系知之甚少的状况，冯巍院长感慨地说："从全球经济一体化到中国加入WTO，以及中美签署农产品贸易协定等大背景来看，我国农业面临着前所未有的竞争和挑战。过去谈国际贸易，似乎离农业很远，事实上国际贸易中的很大一部分就是农产品的贸易，不仅与农业有关系，而且直接与我们农业科研部门有关系。"

据冯巍院长介绍，"八五"以来，吉林农科院共育成农作物新品种77个，仅玉米杂交种"吉单159"一个新品种累计推广应用面积达3000万亩，增产粮食近36亿公斤，社会效益约为18亿元。据不完全统计，该院培育出的玉米新品种已累计推广45亿亩，增产粮食近300亿公斤，增加社会效益100多亿元。除玉米品种外，该院还培育出水稻、大豆、高粱、谷子等新品种151个，其中近几年选育出的水稻新品种"超产一号""组培六号""长白九号"等占吉林省水稻种植总面积的40%，增产稻谷65亿公斤，结束了80年代日本水稻品种"唱主角"的历史。该院培育的大豆新品种占吉林省大豆面积的40%至60%，累计增产大豆6亿公斤。

建院50年来，该院共取得科研成果800多项，其中有300多项获国家自然科学奖、国家发明奖、国家科技进步奖等奖励。经济效益过亿元以上的科研项目近20项。建院以来国家各类投资总额3亿元，而该院科研创新累计效益达300亿元，投入产出比例为1：100。

近年来，吉林省农科院本着认清形势，抢抓机遇，用好政策的指导思想，在加强创新的同时，围绕知识产权保护做文章。1998年该院申请了包括50多个种类的120多个品种的统一商标——"吉农牌"，目的就是在树立农科院形象的同时，确立法律保护的地位，向不法分子假冒农科院作物品种亮"红牌"。1999年4月23日，我国首批受理植物新品种权申请，该院将主要推广的36个玉米、水稻新品种申请了植物新品种权，占农业部受理的首批植物新品种的三分之二。该院还将8项技术申请了专利，其中"细胞质雄性不育系大豆及生产大豆杂交种的方法"已通过PCT申请了23个国家的专利。此外，还有以技术秘密形式保护的研究成果10余项。

冯院长高兴地对我们说："吉林省农科院的经验表明，创新是农业科技研究的命脉，将科研成果形成自主知识产权，使其受到法律保护，是农业科技必经之路。鉴于农业科研的特殊性，农业更需要知识产权的保护！"（原载于《中国知识产权报》2000年6月14日）

例7-1-3

"我们认准农科院"
——吉林省农科院见闻之三

本报记者 刘瑞升 通讯员 王春霖 王圣东

伴着潇潇春雨，我们一行人来到农科院大门外的种子市场。一排几十米长的销售厅，分为玉米、水稻、农药、果树等若干个部分。陪同我们的是该院科研处的张雪清同志，她指着大厅前一片空地说，每年"五一"节前，是农民购买种子的时候，这里可以说人挨人，人挤人。许多农民从几十里甚至上百里之外赶来。说话间，只见玉米厅门口几位农民正向农用车上装着一袋袋种子。我们上前询问他们是从哪里来，他们回答是从大屯，离这里近百里路。

"为什么到这么远来买种子？"我们问。

一个农民感慨地说："农科院的种子货真价实，品种优良，买着放心。"

另一位农民也说："农科院的种子都是专家培育的，绝不会有问题，我把每年强制摊派下来的种子搁在一边，也要买农科院的种子。"

"我们认准农科院。"他们纷纷这么说。

我们走进农药厅，这里比肩接踵，农药专家的咨询台前围满了农民。张雪清介绍说，播种后，农民就要选购农药了，于是，农科院的农药科研工作者就在这里为农民答疑解难。

水稻厅里只有3个工作人员在"唠嗑"（聊天）。我们询问为什么没人买种子？其中一位女同志回答说："'五一'节前可把我们累坏了，一共卖了70万斤稻种，价值130万元。现在买种子已经不赶趟了。"

"那你们怎么不关门休息？"我们问。

"那怎么行？有些农民遇到问题会来咨询的。"她回答说。

一圈走下来，给我们最深的感觉就是农民信任的背后，是与多年来农科院重视创新分不开的，是与他们重视新品种的选育分不开的。冯巍院长说的更是直白："国外农业方面的大公司早已虎视眈眈地瞄准了我国的种子市场。我们必须抢抓机会，打出自己的品牌，研究出自己的优良品种，让更多的农民兄弟信任我们。"

在种子大厅里，看着一位位农民兄弟，我们回想起在谈到加入WTO后我国种子市场时，冯院长充满信心的声音："与国外育种公司相比，我国的农业院所在对土壤、气候等自然条件的掌握上占有优势。但是我们也必须看到，由于我国农业产业化规模比较小，人均土地资源占有量比较少，受到的冲击肯定是会很大的。因此，我们在加强科技投入，研究出更多适合我国国情的品种的同时，一定要注重品牌价值，注重优良品种的推广。我们一定要珍视农民兄弟对我们的厚爱。"

好雨知时节。当采访结束时，春雨还在静静地下着。冯巍院长——这位去年被评为全国专利系统先进个人的科研工作者，不无感

慨地说，知识产权保护就似这场春雨，必将促进我们的科技成果"茁
壮成长"。（原载于《中国知识产权报》2000年6月16日）

【简析】

本系列报道紧紧围绕着吉林省农科院"植物新品种保护"这一
新闻主题展开，三篇文章的标题均是引语式，真实、亲切。首篇《终
于盼来了这一天》，从对仍沉浸在喜悦中的刚刚从北京参加首批获得
植物新品种保护授权仪式归来的冯巍院长的采访开始，通过冯院长的
介绍，读者知道了吉林省农科院在农业部受理植物新品种的第一个申
请日，便提交了36件申请，在所有申请人中名列第一；在农业部已授
权38项植物新品种中，该院占17项，又居第一位。两个第一是不寻
常的，首先说明该院对植物新品种保护的重视；其次，"更重要的是
看到国家在知识产权保护方面又取得了重大进展。对农作物育种界来
说，这是走出了划时代的一步，是一个里程碑"。

第二篇《农业，更需要知识产权保护》，列举事例进一步说
明"保护"的重大意义。文中引用冯院长的话说："吉林省农科院
的经验表明，创新是农业科技研究的命脉，将科研成果形成自主知
识产权，使其受到法律保护，是农业科技必经之路。鉴于农业科研
的特殊性，农业更需要知识产权的保护！"

第三篇《我们认准农科院》，记录记者"眼见为实"的经历：

伴着潇潇春雨，我们一行人来到农科院大门外的种子市场。
一排几十米长的销售厅，分为玉米、水稻、农药、果树等若干个部
分。陪同我们的是该院科研处的张雪清同志，她指着大厅前一片空
地说，每年"五一"节前，是农民购买种子的时候，这里可以说人
挨人，人挤人。许多农民从几十里甚至上百里之外赶来。说话间，
只见玉米厅门口几位农民正向农用车上装着一袋袋种子。我们上前

询问他们是从哪里来，他们回答是从大屯，离这里近百里路。

"为什么到这么远来买种子？"我们问。

一个农民感慨地说："农科院的种子货真价实，品种优良，买着放心。"

另一位农民也说："农科院的种子都是专家培育的，绝不会有问题，我把每年强制摊派下来的种子搁在一边，也要买农科院的种子。"

"我们认准农科院。"他们纷纷这么说。

3篇独立成篇的短文，围绕着一个新闻主题，从不同的视角进行观察、分析，报道了一个新闻事件。3篇文章共计3000字，实际上就是一篇偏长的通讯的篇幅，但是，通过分割篇幅近似、内容均等、风格近似的3个部分，分别再配以引语式标题，产生了一种较为强烈的认知冲击力，达到吸引读者的目的。同时，系列报道这种形式也为篇幅较长的文章提供了一种不受报纸版面约束的可能性。

二、系列报道的写作

鉴于系列报道多侧面、多角度，稍不留神就可能"跑题"，在写作之前要有一个较为周密的策划，确定主题、篇幅、题目等，还要包括系列报道每一篇是什么内容，不妨把每一篇的开头、结尾，还有段落层次的内容都有所设计。

下面是记者以6篇系列报道的形式，比较全面翔实地报道了在澳大利亚参加培训班的情况。其中第一篇《历史从这里走过——赴澳大利亚培训工作札记之一》在本书第42页已经引用，恕不重复。

例7-2-4

百年老店铸就的品牌
——赴澳大利亚培训工作札记之二
本报记者　刘瑞升

2009年11月27日，我们一行16人，顶着刺骨的寒风前往北京首都机场。下午3时许，随着飞机引擎的轰鸣声，12小时的空中之旅后，我们降落在澳大利亚最大城市悉尼。

澳洲地处南半球，四季时序与处于北半球的我国正好相反，目前正值夏季。悉尼与北京的时差为3小时（其中含1小时的夏令时）。澳是大洋洲国土面积最大的国家，面积770多万平方公里，人口2100万（北京约1700万）。澳大利亚作为一个国家，仅有200多年历史。1770年，英国一位名叫库克的船长航行探险时发现澳洲大陆，便将米字旗插在了这片土地上。1788年1月26日，英国派出的菲力浦上校率领1400人（其中一半是囚犯，一半是士兵）在悉尼登陆，澳大利亚的历史就从这一天写起。1月26日被定为澳的国庆日。

1901年1月，澳大利亚联邦政府成立。谁能想到，联邦政府仅仅成立3年后的1904年2月，澳大利亚联邦知识产权局就宣布成立。

这次赴澳"知识产权战略"培训班，我们学习访问的单位共11个，澳知识产权局是重点之一。

飞机落地后，接待我们的是澳大利亚联邦国际合作协会的徐先生，他是辽宁人，40多岁，来澳已10年了。他的角色可称为"全陪"，我们的一切活动都是他安排，除公务活动有专职翻译外。后来在其他城市亦同，且接待者都是同胞兄弟。在悉尼逗留4天后，由徐先生开车，我们前往首都堪培拉——澳知识产权局总部所在地。悉尼距堪培拉297公里。

澳大利亚是一个年轻的国家，超过100年的东西，特别是建筑即被视为文物予以保护。澳知识产权局已有百多年的历史，在去澳局的路上我们开玩笑地说，澳局的大门上，应该挂上一块"非物质文物"

的牌子。汽车停在一座设计风格现代的办公大楼前，我们得知这就是澳知识产权局。大厅一通到顶的玻璃幕墙，不仅采光良好，且窗外的青山绿树尽收眼底。看来，这是一座集澳大利亚100多年的科技文化历史与现代文明的结合体。

澳局专利和植物育种权部部长Portelli先生代表联邦政府知识产权局，对我们的到访表示热烈欢迎。他从澳知识产权法律制度、澳知识产权局现状及知识产权宣传培训三个方面做了详细的介绍。他说，1852年，新南威尔士州通过了第一部专利法案，这部专利法案是与英国专利法同一年通过的；1872年，澳洲各州都通过了专利法案；1901年，澳洲组成澳大利亚联邦国家，随后的1903年将各州专利法合并，建立了联邦专利制度。澳联邦专利法至今已有100多年的历史。

接着，他介绍了现行涉及知识产权的联邦法律法规，它们是《1968年版权法》《1990年专利法》《1991年专利法实施细则》《1994年植物育种权法》《1994年植物育种权法实施细则》《1995年商标法》《1995年商标法实施细则》《2003年外观设计法》《2004年外观设计法实施细则》。我觉得，澳局每一次法或细则的修订，在其前冠上年号，使人一目了然，是非常好的做法。

他详细地解释了《1990年专利法》。他说这部专利法已经多次修订，共23章240条（不含附加条款），并有相应的《1991年专利法实施细则》。这部专利法依据发明创造的创造性程度和技术水平的不同，提供了两种类型的保护，即标准专利和革新专利。他解释说，就像中国专利法中的发明专利和实用新型专利。标准专利保护期为20年，革新专利的保护期为8年；标准专利需经过实质审查，而革新专利授权前不需要进行实质审查。澳大利亚的革新专利体系是用以取代原有小专利的一项新制度，其目的是更好地以相对快捷而经济的方式维护创造能力较低、知识产权预算较少的中小企业的利益，并适应IT类产品市场生命周期较短的特点。

通过与Portelli先生交流，我们还了解到，成立于1904年2月的澳大利亚知识产权局，隶属于联邦国家创新部，是一个独立运作、自负盈亏的机构。该局2008年的收入是1.28亿澳元。令人惊讶的是其专利申请量居世界前十名之列。现共有1043名员工，其中包括336名专利审查员、113名商标审查员、7名外观设计审查员和6名植物育种权审查员，另外在墨尔本还有31名员工。

澳局下设业务发展与战略部、专利审查部、商标与外观设计审查部、信息管理部、人力资源管理部、客户服务部、财务管理部7个部门。主要承担知识产权管理、专利商标代理人的管理和注册、知识产权宣传培训、知识产权国际合作交流以及为政府制定相关政策提供决策依据等方面职能。

当我们提出想了解一下澳局是如何做好知识产权宣传工作时，Portelli先生也表示出极大的兴趣，他说，在引导和提高中小企业、高等院校、科研机构、社会公众知识产权保护意识和创新能力方面，澳局采取了一系列积极而有效的措施：首先是提供出版物。每年免费散发约五万套知识产权方面的信息资料和适合中小型企业的出版物。这些资料包括如何申请专利、革新专利、商标和外观设计等，以及其他关于知识产权和知识产权对企业有哪些价值的指南。例如《SmartStart》就是一本针对中小型企业的出版物，该书可帮助澳大利亚经营者在成立公司或收购企业时，了解知识产权相关事宜。

其次是创办了"开个好头"网站。该网站有很多实用的工具，如商业规划模板、保密协议生成工具、案例研究以及获得更多知识产权帮助的信息。

第三是建立"知识产权工具箱"。知识产权工具箱是一个面向企业和研究人员的综合性知识产权网上指南，由澳局与著名业界专家共同制作。对如何发现、保护和利用知识产权作了全面易懂的说明。

第四是开辟"知识产权保护战略"栏目。该栏目指出应如何发挥知识产权在商业行为过程中的指导性作用，提供了知识产权转让和使用许可等方面的知识。

我们一行人还来到宽敞明亮的专利审查员办公区参观，并与一位蓄着长长胡须的审查员攀谈起来，他表示非常喜欢这个工作。有趣的是，其他四五个审查员听说我们是中国客人，也围拢过来与我们合影留念，其中包括两位中国人士，他们还担任该局的部门经理。

　　澳大利亚知识产权局的管理理念是："为澳大利亚人民创造一个高效、畅通的全球化知识产权体系，促进创新、投资和国际竞争。"参观学习结束了，坐在面包车上，挥手告别送我们到大楼外的澳知识产权局同行，我忽然感到，有着这样一个与时俱进的理念，有这样一支意气风发的团队，这家经营了百年的老字号，一定能够辉煌无限。

（原载于《中国知识产权》2010年1月29日）

例7-2-5

创新能力是怎样炼成的
——赴澳大利亚培训工作札记之三
本报记者　刘瑞升

　　2000年2月，由各方人士参加的澳大利亚"国家创新峰会"在墨尔本举行，会议形成了强调知识产权保护的国家创新战略基本框架。峰会提出，澳大利亚工业、公共研究机构和政府，需要更好地管理知识产权，在国内和国际市场上要尽最大可能地开发商业潜力；知识产权的保护要有利于创新的发展；加强澳大利亚在全球研究活动中的知识产权保护等。

　　在澳大利亚期间，记者一行人感受到了酷暑下的悉尼，凉爽中的墨尔本，"艳阳之都"布里斯班，以及享有"一城山色半城湖"美誉的首都堪培拉。尽管这些城市气温相左，历史不同，风景各异，但是，有一点是相似的，那就是不管是到政府机关拜访，还是到大学院校学习，或者到研究机构考察，他们的工作都是围着创新做文章。特别是以创新为目标的知识产权保护体系，在促进澳大利亚技术创新、商业投资以及增加国际竞争力方面，起到了积极的推进作用。那么，澳大利亚创新能力是怎样炼成的？

　　澳大利亚是一个年轻的国家，建国仅200多年，澳大利亚人在这块原本荒芜的土地上建设起了一个现代化国家。澳大利亚的发展历史就是一部创新精神史。在科技方面，拯救过无数生命的青霉素、飞机记录仪——"黑匣子"、以电为动力的心脏起搏器、检查孕妇的超声波成像技术、仿生耳等，这些给人类社会带来福祉的重大发明创造，都是澳大利亚人的杰作。澳大利亚曾有8人获诺贝尔奖。

记者作为"知识产权战略"培训班的一员，更多的是想了解知识产权在澳大利亚经济、科技、文化等各个领域中的作用。在与不同机构人员的接触中，记者渐渐地寻找到了一些线索，这些线索佐证了知识产权保护在"创新"中的作用及地位。

2001年，"澳大利亚能力支撑——以科学和创新构建未来"计划（简称BAA）出台。在这一创新行动计划中，澳大利亚政府将知识产权保护纳入国家创新战略之中，使知识产权保护体现在科技计划的立项、实施、验收等全过程。在实施创新投资基金计划、研发税收减免计划、研发启动计划、合作研究中心计划等一系列科技计划中，都明确了包括专利在内的知识产权保护目标。在这些科技计划中，有的计划还允许将部分资助经费用于知识产权保护。例如，旨在推动澳大利亚生物技术商业化进程的生物技术创新基金计划，允许将不超过资助总额的5%，最多不超过3万澳元的款项用于知识产权的保护。

记者到澳大利亚联邦科学与工业研究组织（CSIRO）参观，据该组织高级顾问梁达仁博士介绍，该组织是澳大利亚规模最大、学科最全的国家科研机构，相当于我国的中国科学院。其最大的特点是与企业结合解决国家的前沿科学问题。主要参与22个领域的研究与开发工作，其中13个领域排名世界前列。据了解，2007年，CSIRO的研发费用为9亿澳元，其中6亿澳元来自政府，3亿澳元来自各种基金和企业。2006年专利转让收入为3000万澳元。

澳大利亚是世界上第一个印刷和流通塑料钞票的国家，这一技术就是CSIRO研发的。梁达仁博士一边从兜里拿出一张50元的澳币，一边说，澳元钞票的手感犹如塑料和纸的混合，它是用特殊的UV聚合物技术制成，防伪程度很高，平均流通寿命比传统钞票长5倍。目前，澳大利亚运用这项专利技术为20多个国家和地区承印钞票。

据联邦知识产权局负责人介绍，修订后的《1990年专利法》。依据发明创造的创造性程度和技术水平的不同，提供了两种类型的保护，即标准专利和革新专利。其中革新专利，就是为技术含量较低的发明提供保护。由于许多中小企业的资金用于对旧产品的改进和新产品的研发中，虽然这些研发只是在现有技术上的改进，并没有实质上的重大突破，但在商业化过程中能起到重要作用，且具有较大的商业价值。然而，这种"小改小革"往往不具备申请发明专利的要求，而革新专利可以以相对快捷而经济的方式维护这种创造能力较低、产品市场生命周期较短、知识产权预算较少的中小企业的利益。

在采访澳大利亚发明者协会Stuart Fox教授时，他认为，澳大利亚政府非常重视专利商业化，由政府成立的知识产权商业化工作组，对知识产权在财政、信息、咨询等方面提供全面的支持。他介绍说，澳大利亚政府将在2010年1月启动澳大利亚商业化计划，该计划拨付的财政资金为1.96亿澳元，由主管工业的政府部门负责实施，主要用于大学、研究机构发明创造的商业化。此外，政府各个部门还有大小约28个类似知识产权商业化计划正在或已经实施。

10年前，在具有里程碑意义的"国家创新峰会"上，会议主席做了题为《创新打开未来之门》的总结报告。今天，从记者了解的情况来看，透过被创新打开的未来之门，澳大利亚人已经惠泽到了创新带来的甘露。（原载于《中国知识产权》2010年2月24日）

例7-2-6

高校知识产权的"经营"之道
——赴澳大利亚培训工作札记之四
本报记者　刘瑞升

去年11月赴澳之前，记者看到有关澳大利亚几所大学因破产而闭校的报道。消息称，有2700多名外国留学生失学，其中包括近千名的中国留学生。澳大利亚的大学怎么是这个样子呢？恰好在本次培训班的行程中要到悉尼大学、堪培拉大学、莫纳士大学和墨尔本大学参观学习。也许是"破产闭校"的缘由，记者对澳的高校产生了探个究竟的好奇。

记者去的第一所大学是被誉为"南半球的牛津"——悉尼大学，该校是澳大利亚的第一所大学，创建于1850年，具有悠久的历史和享誉国际的学术成就。其优势科目是法律、医学和商科。在校学生4.2万人，其中留学生6100人。走在校区，古色古香的建筑和现代化的设施相映生辉，反映出这座大学文化源远流长。悉尼大学没有校门和围墙，只有标着"University of Sydney"或"ENTRANCE"的出入口，人们可以自由进出校区。记者以为，至少可以体现悉尼大学开放和包容的精神。

记者走访了悉尼大学的知识产权管理部门，其名称为悉尼大学Sydnovate，它的任务是管理学校有关知识产权方面的法律事务，并为大学老师从事教学和研究提供经费创收渠道。悉尼大学Sydnovate技术转移中心部部长Malcolm Donnell先生介绍说，学校大力提倡通过转让知识产权或以知识产权为依托开办新公司等方法，实现与企业的合作和科研成果的产业化。

悉尼大学每年拨付Sydnovate500万澳元的工作经费，其余经费由知识产权商业化所获利润提供。悉尼大学制定有严格的知识产权管理制度，教师自进入大学工作之日，就要与学校签订一份合同，明确在校期间产生知识产权的申请权归学校所有。发明创造产业化前，还要与学校签订合同，约定发明人可以获得三分之一的利润分成。

而位于首都堪培拉的堪培拉大学，是澳大利亚新兴大学之一，它是一所现代化的综合大学，由联邦政府直接管辖。在知识产权融资方面，他们的研究具有一定的特色。

堪培拉大学法学院知识产权法Bruce Arnold教授告诉记者，澳大利亚知识产权的融资，主要是在商业领域里进行。专利、商标、版权、外观设计、植物育种权、集成电路等知识产权都可进行融资。以知识产权为基础的借贷，在联邦公司法中能够找到相关法律依据。公司法明确界定知识产权属于资产范围，与有形资产一样要对其进行审计，定期向社会公布。融资程序也与有形资产相同，都要考虑风险安全与借贷回报。

另外，澳大利亚的融资机构对知识产权融资行为是认可的，融资机构包括大型银行、风险投资银行、保险公司以及一些小银行均可提供投资贷款。在澳大利亚知识产权可自由交易，是金融延伸的工具，知识产权是拓宽金融融资渠道和融资领域的重要手段。

澳大利亚的大学，其重要工作之一是推动知识产权商业化。以莫纳士大学为例，这所在马来西亚及南非都设有校区的综合性科研大学，2008年学校总收入13亿元，其中科研收入6.35亿元。如何使科研成果更好地服务社会是该校的主要目标之一。

独具特色的"莫纳士大学产业与商业化部"于2007年成立，主要工作是，第一以知识产权为资本与企业和相关产业进行长期合作；第二是商业化，包括知识产权管理，准入和许可，公司的剥离等工作。

另外，学校还设有"商业化与知识产权顾问委员会"，该委员会是由学校的高级研究人员、专业律师和相关产业人员组成，主要提供专利申请管理、商业化的方法、资金使用建议等。该校的专利申请由专业律师帮助申请，专利预算每年80万澳元。委员会通过了解专利申请的前期情况，最终决定是否申请专利、是否进行商业化、是否进入PCT申请程序。

莫纳士大学还有一个创立于2008年"泛塔斯曼商业化基金"，由4所澳洲的大学（包括Monash、Adelaide、UniSA、Flinders）和新西兰的Auckland大学共同设立，每年共有3000万澳元用于专利早期商业化，每个项目最多可获100万澳元的资金支持。目前，共投资了25个项目，有4个项目已经实施。

"莫纳士影响创新基金"更是直接对项目研究的初级阶段进行资助，使其可以继续研发。该基金的理念是"创新带来理想"，对能够为社会带来积极影响的项目都给予资助。

澳大利亚的高校在知识产权的"经营"上各有各的门道，这些"门道"交织在一起，形成一股合力，这股合力正是澳大利亚知识产权的核心之一，即推动商业化。在政府引导下，各个领域都设立了各种知识产权商业化计划，集聚了大量政府和民间资本。而作为知识产权的拥有者也非常重视知识产权商业化的早期投入，在专利申请初期即进行商业化计划。政府还指定相关领域专家帮助申请人加快专利转化实施，项目产业化成功后，专家还可进一步帮助申请人获取政府其他资助项目。

记者在澳大利亚期间还了解到，本文开始谈到的"破产闭校"的大学，它们共同特点是：第一都是私立学校；第二在英文里叫school，既不是综合性大学，也不是学院，类似于国内职业中专或职业大专。又据有关资料显示，澳大利亚可以颁发学士以上学位的大学有40所，其中仅有3所是私立大学。破产的大学都不在其列。（原载于《中国知识产权》2010年2月26日）

例7-2-7

知识产权社团组织的作用
——赴澳大利亚培训工作札记之五
本报记者 刘瑞升

在澳大利亚期间，记者还走访了澳大利亚发明家协会、澳大利亚版权理事会、铭德律师事务所、联邦科学与工业研究组织、联邦知识产权研究所等社团组织。这些与知识产权有着密切关联的机构，就像一根根纽带或似一座座桥梁，连接在政府与企业、发明人之间。政府许多计划的实施，都是通过这些机构"上传下达"来完成的。可以看出，这些机构在澳大利亚知识产权的发展过程中所起到的重要作用。

成立于1893年的澳大利亚发明家协会，是世界上成立的第二家发明家协会，可谓历史悠久。该协会有着一整套成熟的管理模式。在与该协会Stuatr Fox教授攀谈中，他谈到的正在进行中的"新兴产业转化计划"，引起了记者的极大兴趣。这是一项政府资助金额较小的专利商业化计划，资金额度从5000澳元到12万澳元不等。资助对象为个人或中小型企业已授权或新申请的专利项目，资助金额为申请人已经投入资金的两倍。专利项目由申请人提出申请并交纳120澳元申请费后，专家组在6个星期内评审确定是否给予资助。获得政府资金资助的项目，政府将为其指定一名"业内人士"——即精通该专利技术及法律事务的专家。"业内人士"是从发明家协会及有关协会的专家中精选出的，为该项目商业化提供各项服务。这名业内人士的薪酬由政府拨付，同时"业内人士"和申请人还要签订合同，约定项目商业化产生效益后，这名业内人士将提成2%的利润作为奖酬，提成上限不超过8万澳元。

Stuatr Fox教授说，就这项"新兴产业转化计划"而言，发明者协会自始至终都参与其中，工作非常繁杂。类似的项目还有许多，他说，目前，政府各个部门还有大约28个类似知识产权商业化计划正在或已经实施。

在和澳大利亚版权理事会的交流中，记者了解到，近年随着旅游业的发展，假冒伪劣的土著艺术品不断出现在澳大利亚商品市场。这让记者不由得想起赴澳的飞机一落地，在机场的商店里，就有许多土著人狩猎用的飞镖等特色产品。而在街头巷尾不少店铺内，一种名叫迪吉里杜管（Didgeridoo）的乐器曾吸引了记者的眼球。这是澳大利亚土著部落的传统乐器，是经白蚁啃噬而形成的。但是，许多店里的这种乐器都是人工制作的。这就使世界各国的旅游者在购买这些土著艺术品时，很难判断其真假。澳大利亚政府已经意识到对传统文化遗产保护的重要性，计划通过立法保护土著人的传统文化和艺术工艺的完整性。目前澳大利亚版权理事会正在调查市场状况，为政府出台相关的保护办法做准备。理事会还设有专门的网站，介绍澳洲的传统文化和涉及知识产权保护的相关内容。

为了了解培训班走访过的铭德律师事务所，记者在Google上输入Minter Ellison，特别有意思的是，进入中文界面的指示是这样几个字"中文按这儿"，连儿化韵都用上了，透着那个亲切。从这个细节可以看出人家精细的服务意识。该所是澳大利亚最大的律师事务所，有着120多年的历史。目前在上海和香港都有办事机构。该所是亚太地区的最大的综合性法律事务所之一。有280名合伙人和多达1000名法律人员。作为一家国际性的商业律师事务所，知识产权的法律服务是他们的主要业务之一。该所曾为中石油、中石化、神华集团等中国企业提供过包括知识产权在内的法律服务。

Dr.Peter Kearney所长为了这次见面，特意邀请了昆士兰大学法学院的院长、格里菲斯大学的教授、太平洋种子公司的代表参加会谈。Dr.Peter Kearney所长向培训班一行人详细介绍了该所在知识产权领域的业务和发展情况，表示愿意为更多的中国企业来澳大利亚申请专利、转让技术等提供服务。培训班一行人对该所为促进中澳知识产权领域的往来所提供的高水准法律服务表示赞赏，并就当前全球金融危机背景下，中澳企业、社团如何继续保持紧密的知识产权合作等相关问题，进行了广泛的探讨。在交谈中得知，铭德律师事务所所在的昆士兰州与中国上海市是友好城市，建立有良好的国际合作与交流关系。有人提议同行的上海知识产权局的童伟宇，回到上海后拜访一下该所设在上海的办事处。（原载于《中国知识产权》2010年3月3日）

例7-2-8

我们，任重道远
——赴澳大利亚培训工作札记之六
本报记者 刘瑞升

在赴澳大利亚之前的国内培训时，国家知识产权局保护协调司武晓明副司长给赴澳人员介绍了国内外知识产权形势及国家知识产权战略。他认为美国实施知识产权战略其目的是引领全球经济发展，日本通过知识产权立国战略保持经济高速增长，德国通过知识产权护航战略确保经济稳步增长等。发达国家通过加强国内外知识产权保护力度，不断提升自己在国际经济中的主导地位。

我国的知识产权战略确立了"激励创造、有效运用、依法保护、科学管理"的十六字方针，突出了知识产权制度的根本，体现了知识产权转化为生产力的程度要素，反映了知识产权保护工作要遵循的原则和标准，强调了知识产权管理要尊重客观规律。

各国知识产权战略的实施，都应该有充足的经费作支撑。澳大利亚的做法是值得我们参考和借鉴的。在工作札记之三里，记者谈到澳大利亚的"以科学和创新构建未来"计划（简称BAA）。该计划于2001年设立，澳大利亚政府在此后的5年时间里投入了30亿澳元，后再追加53亿澳元。加上原有的各种计划经费，澳政府在2001—2010年的十年间对BAA计划的投资总额达到520亿澳元。BAA计划是以加强国家创新能力为宗旨的一个超大型科技计划，10年间在加强科研能力、加快产业化进程、致力于人才培养和高度重视国家研究优先领域和项目执行情况评估等方面，都取得了骄人的成绩。

我国实施知识产权战略，必须有国家财政政策的大力支持，同时可设立知识产权扶持基金或发展基金，还可以吸纳社会上的其他资金参与知识产权领域的投资，当然，要有相应的优惠政策予以支持。另外，能否以政府采购为杠杆，为自主知识产权产业化营造良好的市场环境；以政策性融资和担保为导向，拓宽资金供给渠道；通过财政和公共支出政策，从制度上给予激励；利用财政政策手段引导民间资本促进自主知识产权产业化。

我国政府应加大对创新成果的扶持力度，促进创新成果及时转化为知识产权，并积极鼓励创新主体到境外申请注册知识产权，切实解决目前我国存在的"有技术无专利、有专利无效益"的问题。

澳大利亚的经验告诉我们，澳大利亚政府在实施科学和创新计划时，首先将知识产权保护纳入国家创新战略之中，使知识产权保护体现在科技计划的立项、实施、验收等全过程；其次是通过提高社会公众知识产权意识和加强社会公共服务体系建设，积极营造知识产权创新氛围；第三是紧紧围绕知识产权商业化这一主题，促进知识产权为社会带来更多的财富；第四是以知识产权为核心推动经济发展；第五是政府各经济部门均有相关的知识产权计划，这些计划在政府的指导下，在相关机构具体操作下，都能得到稳步的实施。

澳大利亚政府知识产权管理模式与我国也不尽相同，澳大利亚联邦知识产权局隶属于联邦国家创新部，负责专利、商标、外观设计和植物育种权的管理。它是一个独立运作的机构。昆士兰州也将知识产权的管理放入该州最重要的部门——"经济发展与技术创新部"，直接由该部常务副部长主管。简言之，澳大利亚知识产权的管理脉络清晰，责、权、利分明。

　　而我国管理部门较多，致使知识产权管理工作出现了一些不必要的交叉和间隙。从长远考虑，国家知识产权局在建制上应成为政府的组成部门，统一管理全部知识产权事务，这样有助于提高行政效率。国家知识产权局应着重加强与国家各部委的协调与合作，统领地方各级知识产权管理部门的工作，推进国家和各地知识产权战略有效实施。

　　总而言之，走马观花澳大利亚知识产权管理，令人感到，百多年的历史使其无论在专利、商标、版权、植物育种权、商业秘密等方面都制定了详细、可操作性非常强的法律法规。既能严格保护权益者的利益，又不允许侵犯他人权益。一旦有侵权违法行为，相关机构立即进行处理。老百姓知识产权意识也较强，绝不买有侵权嫌疑的商品，市场上很难见到无品牌的商品。在全球强调保护知识产权的今天，澳大利亚在知识产权保护方面的做法和取得的经验值得我们学习与借鉴。

　　2008年10月，来华访问的澳大利亚联邦知识产权局副局长法蒂玛·贝蒂女士，对我国政府颁布国家知识产权战略纲要表示赞赏。她说，在知识产权领域，中国用了不到三十年的时间完成了澳大利亚用一百年才完成的工作。

　　其实，我们深知还有许多许多工作要做。我们，任重道远！（原载于《中国知识产权》2010年3月5日）

　　【简析】

　　2009年11月27日至12月17日，记者作为赴澳大利亚"知识产权战略"培训班一员，走访了澳大利亚联邦知识产权局、澳大利亚科学与工业研究组织（CSIRO）等11个单位。出访之前，记者就着手收集有关这类培训项目的资料，把曾经的案例存档备查。记者发现，没有一个案例是以新闻报道的方式出现的，大多数是总结汇报。根据自己掌握的情况先列出一个提纲，大概是11个方面：（1）澳大利亚知识产权简况；（2）我国与澳大利亚知识产权制度的异同；（3）澳发生的具有代表性的知识产权案例；（4）澳政府的政策法规；（5）参观时的现场情况(细节记录);(6)公共场所与知识产权的联系;(7)学员的情况;(8)老师的状况;(9)环境(包括上课和生活);(10)各个方面与中国之比较;(11)拍图片。

作为国家知识产权局智力引进工作的一个项目,培训班从一个侧面反映了自我国专利制度建立以来,国家知识产权局国际交流与合作所取得的成果。本文是通过记者的视角,以系列报道的形式,对这次活动进行报道。

系列报道的写作最忌讳空洞无物的标语口号式的字句。要尽可能做到微观切入、宏观展开,就是由一个点的情况写起,逐步过渡到整体情况,包括体现整体情况的数据,整体面貌的描写等,有点有面,点面结合,有声有色,有立体感和厚重感。比如下面这篇"访湘专利手记之一",就是从一次会议的掌声写起。

例7-2-9

访湘专利手记之一
科技大会上的掌声

本报记者　刘瑞升

在长沙采访第四次湖南省专利工作会议期间,适值湖南省科技大会隆重召开,全省各地各部门的第一把手参加了这次被称为湖南省科技发展、科教兴湘和跨世纪里程碑的盛会。国家科委、中科院的有关领导专程参加会议。省委书记王茂林、省长杨正午做了重要讲话。大会明确了"科教兴湘"战略,提出了今后的目标、任务及措施。据悉,这样多的党政部门第一把手抓第一生产力,科学家、企业家携手合作勾画科教兴湘蓝图,在湖南省还是第一次。

在这次高规格的会议上,在为数不多的几个大会发言中,湖南省专利管理局的名字列在其中。杨松桥局长发言后说,在这样重要的会议上,能够给"专利"一席之地,并报之以热烈的掌声,怎能不让我们这些"专利人"兴奋！这是对十年专利工作的肯定和支持……

十年前，湖南省专利管理局在湘江畔、麓山旁宣告成立，以后，在有着"文物之邦""芙蓉国"之美誉的湖南省，在这片"古老"与"神秀"的土地上，"专利"这一新生事物逐渐成长起来。"十年磨一剑"，经过十几年的风风雨雨，历经艰辛的专利事业从无到有，从小到大，取得了令人瞩目的成绩。

他们忘不了创业之初培训班里紧张学习的情景；咨询台前忙碌的身影；街头散发宣传材料的场面。他们也不会忘记取得成绩时的欣喜：1989年和1995年湖南省专利管理局被中国专利局授予"全国专利工作先进单位"的称号。特别是近3年来，专利申请量连续每年都突破3000件。到1994年年底，全省专利申请量累计达20804件，授权量累计达10783件，均居全国第6位。

据了解，十年来，全省有400多项专利获国际和国内省、部级以上奖励。在今年3月，全省共组织155项专利技术参加"中国专利十年成就展"，有50个项目获奖，其中金奖27枚，银奖17枚，优秀奖6枚，获奖项目总数居全国首位，并且荣获"最佳组织奖"。

十年来，全省涌现出一大批像长沙矿冶研究院、中南工业大学、湖南大学、长沙远大空调有限公司、衡阳中药厂、长沙阀门厂、湘潭顺风空调设备有限公司等新老专利大户和先进单位。同时有伍尚魁、张剑、颜孟秋、范崇武等一批优秀发明企业家脱颖而出，他们的发明创造转化为现实生产力，结出了丰硕果实。

以湘潭顺风空调设备有限公司为例，创建7年间，每前进一步都有专利技术为后盾。他们运用12项专利技术，使只有十几个人的小厂迅速发展为年经营规模1.2亿元，拥有500多名员工的合资企业，并跻身全国中央空调三强之列。再如长沙阀门厂，虽然是个只申请了7件专利的小企业，但全部得以实施，该厂专利产品年产值已达2000万元，占该厂总产值的95%。

目前，湖南省专利工作呈现出勃勃生机的局面，省专利局不仅升格为副厅级，并且成为省政府直属事业单位，行使行政管理与执法双重职能。与此同时，长沙、衡阳、岳阳、湘潭等8个地市也成立了专利管理局。现有湖南省专利服务中心等22家专利代理机构。到目前为止，全省60%以上的县（市、区）设立了专利管理办公室，另有30%的县市科委（科技局）有专兼职人员负责专利工作。省地两级有专职专利工作干部200多人，持证的专利代理人300多人，在基层单位的专兼职专利工作者1.3万人，初步形成了全省专职与兼职相结合，管理与代理相配套，人员分布较为合理的专利工作队伍格局。

十年来，专利实施在全省取得了可喜成绩，据统计数据表明：截至1994年年底，全省累计实施专利6000多项，累计创产值176.2亿元，创税22.4亿元，创汇2亿美元。在计划实施方面，益阳、湘潭、邵阳、娄底等地市都做出了突出的成绩，仅1994年度，每个地市就有30项以上的专利技术列入国家、省、市（地）科委、经委的各类计划，一大批专利项目尽快进入了经济建设主战场。

随着采访的不断深入，我们愈发感到：在湖南一个包括专利管理、代理、司法、文献等在内的专利工作体系已建立并投入正常运转。在谈到这些成绩时，杨局长感慨地说："我们绝不能在掌声中沾沾自喜，而应将这掌声作为鞭策自己的动力，再立新功。"我们深信，在掌声响起的地方，湖南省第四次专利工作会议和全省科技大会，必将形成一股强劲的科技之风，吹遍三湘四水。（原载于《中国专利报》1995年11月22日）

【简析】

"访湘专利手记之一"从科技大会上的掌声写起，且标题亦是"科技大会上的掌声"，进一步强调这掌声的重要性。的确，在1995年，专利在很多省份根本提不到议事日程上来，而在湖南省科技大会、在全省各地各部门的第一把手参加的被认为是湖南省科教兴湘和跨世纪里程碑的盛会上，在为数不多的几个大会发言中，湖南省专利管理局的名字列在其中。就像杨松桥局长发言后说，在这样重要的会议上，能够给"专利"一席之地，并报之以热烈的掌声，怎能不让我们这些"专利人"兴奋！这是对十年专利工作的肯定和支持……

系列报道并不追求每篇之间的连续性，篇篇均可各自独立成篇。既然是系列报道，每篇单独成篇的报道若连接起来，其必然有内在的逻辑联系。就"访湘专利手记"而言，读者势必会问，"专利"在短短的十年间受到重视，原因是什么？"访湘专利手记之二"做了回答。

例7-2-10

访湘专利手记之二

省长"爱"专利

本报记者 刘瑞升

提笔写下这个标题，笔者不由得对湖南省专利管理局产生一种由衷的羡慕，因为有一个"爱"专利的副省长关心着他们。以往，访问主管专利工作的省、市长们，往往多以某某省长谈专利为题，而当我们走访了湖南省副省长潘贵玉后，总感到她的言谈话语间不是泛泛地谈专利，而是对专利工作倾入了一股热切的情感。

此次潇湘之行，采访省长并非计划内的事。可在访问过程中，许多人都谈到潘副省长重视专利工作的事情，不由得萌生要见一见这位主管专利工作的女省长。当笔者把这个想法告诉省专利管理局杨局长后，并讲了我担心在召开科技大会期间，不知她能否抽出时间。杨局长说，我们的女省长没有架子。她的确很忙，但只要没有特殊情况，采访不成问题。看到杨局长成竹在胸的表情，心里踏实了许多。

果真，这临时插入的采访被安排进潘副省长的时间表。我们的话题从这次湖南省科技大会的主题"科教兴湘"谈起。潘副省长说："如何发展湖南，使我省科技、经济等方面协调发展，关键是人才。"看得出，在这位省长的心目中，"人才"是湖南省最重要的"专利"。

　　她接着说："千百年来，湖南就是人才济济的地方。'惟楚有材，于斯为盛'，就是人才云集盛况的写照。'科教兴湘'，就是要充分调动科技人才的能动性、创造性。我们省政府号召广大的科技人员积极参与发明创造，同时将自己研究出的成果及时申请专利，用法律手段予以保护。通过这样的途径，才能维护科研人员的利益，只有在这一良性循环中，才能使我省的优势得以发挥。专利法实施以来，我们省政府对专利工作十分重视，特别是这次科技大会以后，我们要将专利工作作为'科教兴湘'的一个重大措施来抓。不久前，省政府发过一个文件，9个方面30条，其中有一重要条款就是尊重知识，尊重人才，当然也包括尊重发明创造人才，尊重他们用自己的知识发明出的专利技术和专利产品。"

　　由此使人感到，专利技术的实施已是当前科技工作的一个重要环节。潘副省长对此谈了自己的看法："提高专利技术的转化率，一方面我们要依法保护专利权人的权益，调动广大科技工作者的积极性和创造性；另一方面要积极探索社会主义市场经济体制下专利实施的新途径、新办法。坚持一手抓申请，一手抓实施的方针。我省要把专利实施纳入各级科技、经济部门的计划中去。当前，我省的专利申请量和授权量在全国都名列前茅，但形成拳头产品和规模效益的不多。因此，我们工作的重点是加强企业专利工作，特别是国有大中型企业的专利工作，要把专利工作与企业群众性技术革新、合理化建议等活动紧密结合起来。同时要积极开展专利战略研究，使之在市场竞争中赢得主动。"

　　据了解，"八五"以来，湖南省共取得各类科技成果5396项，其中288项达到国际先进水平，在1992年评选的全国十大科技成果中，湖南入选两项，它们是"银河I型10亿次巨型计算机"和"大型多金属共生矿弱磁—强磁—浮选矿新技术"。据国家科委对全国各省市科技综合实力评估，湖南省科技综合实力已由第13位上升到第11位，专利申请和授权均属全国第6位，被誉为专利大省。这些成绩的取得都倾注着省政府的关怀和支持。

　　采访结束时，我们感谢潘副省长在繁忙中抽时间接受本报的采访。她高兴地说："希望你们常来。感谢《中国专利报》对湖南专利工作的支持。"

行文至此，再看一看本文的标题，笔者忽然感到，倘若全国有更多的省长、市长像湖南这样，那么，我国的专利事业将会有一个空前的大发展。

最后，为"迎合"潘副省长前面那副"惟楚有材，于斯为盛"的对联，记者将曾集录的一副前人为湘楚而作的对联"篡改"一下，虽对仗欠佳，但谨此祝愿湖南人才辈出，科技昌盛：

千百年楚材导源于此；

近世纪科教与日争光。

（原载于《中国专利报》1995年11月27日）

【简析】

系列报道在为一个主题服务的前提下，每篇内容各有侧重，系列报道"访湘专利手记"中，突出体现湖南省把专利工作作为"科教兴湘"的一个重大措施来抓：尊重知识，尊重人才，包括尊重发明创造人才，尊重他们用自己的知识发明出的专利技术和专利产品。记者将这个主题层层深入挖掘，逐步展开，从"掌声"到"省长爱专利"，再到《科研院校的方向》《企业动力从此来》和《异军突起的民营科技》，这些构成了整个湖南专利工作大格局。

例7-2-11

访湘专利手记之三

科研院校的方向

本报记者　刘瑞升

"独立寒秋，湘江北去，橘子洲头……"

奔腾不息的湘江，从广西灵川县发源，南纳渚水，北注洞庭，纵贯湖南全境，滋润着湖南21万平方公里的锦绣土地，哺育了众多的优秀人才。立于"橘子洲头"的望江亭，凭栏西望，"碧嶂屏开，秀如玉琢"，宛如一道天然屏风的岳麓山下，长沙矿冶研究院、中南工业大学、湖南大学、湖南师范大学等研究院所、高等学府云集于此，构成一道别具一格的风景。

今日湖南的大专院校、科研院所正以不曾有过的热情，逐步在面向经济建设主战场的基础研究、应用研究和产业开发等方面培养人才、投入精力、配备力量。

湖南大学这所历史悠久的学府，不仅是枝繁叶茂的育人园地，也是科学研究、技术开发的一方沃土。自专利法实施以来，湖南大学共申请专利89项，其中6项获国家级科技进步奖和国家发明奖，15项获得部、省级科技进步奖，有3位同志获湖南省十大专利发明家称号，该校先后三次被评为湖南省专利工作先进集体。

据湖南大学科技处高级工程师冯志坚介绍，湖南大学非常重视专利保护工作，采取一系列措施，制止侵权行为于萌芽之中。例如"一种催化合成氯化石蜡的方法"发明专利，在湖南省怀化地区实施，在较短的时间内，新建了一座年产3000吨的氯化石蜡厂。国内一家合资企业来人进行"考察"时，采取不正当手段窃取了一瓶催化剂，工厂立即派人追查，但对方只交出半瓶。工厂及时向学校反映了这一事件，学校当即派一名专利代理人和一名副处长连夜赶往出事地点。在当地政府和有关部门的密切配合下，专利代理人向当事人明确指出，这一技术已申请专利并被授权。同时严肃告诫对方，该项专利技术已引起国内外同行的关注，英国ICI跨国公司已准备用巨额资金购买这一专利技术，如果技术一旦泄露出去，将会触犯国家法律，到那时，事情的性质就不是一般的偷窃行为了……经过一番耐心细致的教育，当事人认识到这一事件的严重性和可能引发的不良后果，于是主动交代了事件的经过，并交出了藏匿在离县城几十公里以外车站旅馆的半瓶催化剂。通过这件事，湖南大学的领导及广大科技人员认识到，如果没有保护智力成果的专利法，问题的解决也不会这样顺利。

湖南大学在注重专利保护的同时，把专利实施也当作专利工作的重要内容来抓。目前已实施专利技术47项，实施率为52.8%，实施许可金额达4500万元。据初步统计，专利实施使该校每年新增产值20亿元，新增利税6亿元。

通过对几所大专院校、科研院所的采访，我们发现这些院所在专利申请、保护、实施诸方面都有各自不同的"高招"：

长沙矿冶研究院专利工作的特点之一是跟踪已转让的专利技术，使之不断完善。例如：荣获全国专利金奖的新2号岩石炸药已应用推广了103家企业，年产值达8亿元，年增值达2.6亿元，这些充分说明该专利是一个较为成熟的技术。但矿研院的科技人员经过深入施工现场了解到，这种炸药的爆炸速度较慢，于是经过二次开发，研制出"轮碾机刮板系统"，这一专利技术不仅使爆炸速度提高，而且缩短了出料时间和提高了投料量。通过在17家企业应用的105台测试显示，这种新型刮板系统仅缩短出料时间和提高投料量两项指标，每年就可新增产值达1.6756亿元。

刚刚捧走湖南省专利工作先进单位奖牌的中南工业大学，也有出奇制胜的经验。他们采用树立样板、典型引路的方法。例如"碱法热球磨处理钨精（中）矿"发明专利技术，具有比常规流程减少三个工序、杂质溶出率低、节煤50%、节电20%~30%等特点。10年来，中南工业大学共申请专利216项，实施率为60%，许可实施合同金额达100余万元，先后与150多个厂矿签订专利实施许可合同，每年为企业新增产值13亿元，新增利税5.2亿元，创汇1727亿美元。1991年该校被中国专利局、国家人事部授予全国专利系统先进集体。

纵观湖南众多的高等学府、科研院所，在"科技是第一生产力"这一战略思想指导下，涌现出一批攀高历险、造诣颇深的学术带头人和在国内外有重大影响的研究成果，有代表性的如：

湖南省农业科学院名誉院长"杂交水稻之父"袁隆平的籼型水稻杂种优势利用的研究，使湖南杂交水稻的研究和推广一直居于国内外领先水平；

湖南师范大学刘筠完成的"工程鲫鲤"研究，是养殖鱼类繁殖生理学方面国内外领先的科技成果，既有理论上的突破，又在生产中产生了显著的经济效益和社会效益；

国防科技大学周兴铭填补了国内巨型机的空白，银河计算机的诞生，打破了西方国家对我国巨型机的封锁，在国内外产生了重大影响；

这类例子，在湖南的大专院校，科研院所还有很多很多。

采访湖南大学、长沙矿冶研究院等单位归来，顺路登上橘子洲，她像一片柳叶直浮在湘江之上，只见连成片的金橘挂满枝头，这是收获的季节。

站在橘子洲头，远方烟水连天，帆樯点点，不由得让人想到"看：万山红遍，层林尽染；漫江碧透，百舸争流……"的著名诗句。斗转星移，1925年毛泽东对这里自然景观的描述，恰恰是对今天——湖南经济、科技等方面突飞猛进、取得丰硕成果的写真！（原载于《中国专利报》1995年12月11日）

例7-2-12

访湘专利手记之四
企业动力从此来

本报记者　刘瑞升

参加湖南省科技大会时，听到省长杨正午这样一段话："建立企业技术进步机制，确立企业在科技经济一体化中的主导地位，大力增强企业追求技术进步的动力和实力，是加快科技进步的关键一环。因此，要把提高企业技术创新能力作为企业改革的重要内容。"这番话所阐述的中心，正是企业动力的重要源泉。

纵览湖南众多的企业，都有这样一个特点：重视科技创新，依靠专利技术，加快成果转化。具备这个特点的企业，就能从小到大，从弱到强。首先，使企业逐步成为技术开发的主体，成为新技术、新产品创新的重要基地。其二，使企业成为科技成果、专利技术转化的主体，因为许多新技术只有通过企业才能形成产品，形成产业从而走向市场。

由于专利制度在我国只有短短十年的历史，因此，大多数企业对此都有一个认识的过程，在湖南省也不例外。例如湖南华南光电仪器厂，从1984年到1992年的8年间，产品开发虽有成功，但企业参与市场竞争能力不强，新产品开发成功率仅为32%，很难研制出适销对路且形成规模的产品。8年间该厂没有申请过专利。

1992年之后，这个厂总结经验教训，在厂长郭福生的主持下，对厂专利工作进行研究布置，由总工程师薛海舟主管专利工作，针对本厂专利工作起步晚这一实际情况，制定了以4个"强化"为中心的重要措施：强化组织建设，实行"机构、人员、制度"三落实；强化宣传教育，增强全员专利意识；强化专利实施管理，在企业内部练内功；强化奖励兑现，促进专利工作良性循环。短短3年多的时间，这个厂涌现出一支发明人队伍，共申请专利30多项。

中南制药机械二厂对专利工作的认识也经过了一个过程。该厂虽然对新产品开发一直比较重视，但过去由于忽视专利工作，结果是新产品样机刚出来，图纸便到了其他厂家手中。部分同志专利意识淡薄，把新产品图纸拿到外面去加工，结果技术资料屡屡被窃。由于没有申请专利，缺乏保护措施，只好眼看着别人无偿实施自己的技术。几年间使该厂蒙受了近百万元的直接经济损失，也严重挫伤了科研人员的积极性。

开展专利工作后，该厂通过专利文献的检索和同行业技术水平的调研，发现国内的水针剂用量很大，而国产设备却停留在60年代中期水平，每年水针设备进口就高达数百万美元。于是，这个厂首先引进国际80年代末期先进技术，在消化吸收的同时，成功地开发了新一代水针联动机组，共申请了4项专利，其性能完全达到国际同类机组各项指标，填补了国内空白，结束了我国水针设备长期依赖进口的历史。该机组荣获省科技进步二等奖、优质产品奖和国家技术进步三等奖。这是我国制药机械至今获得的最高荣誉，也是同行业唯一的一个国家科进步奖。该专利产品已占领国内同类产品80%的市场，并独家出口到蒙古、印尼、泰国等国家，成为我国制药机械成套设备出口的唯一厂家。

增加投入是加速专利工作更快发展的关键措施之一。湖南省的经验充分证明，对专利的投入是一种有远见和高回报的工作。涟源钢铁股份有限公司是一个年产钢超过100万吨的大型钢铁联合企业，公司在加强科技攻关、科研开发的同时，对符合专利申请条件的项目，及时办理专利申请手续。每年对职务发明安排30万元实施经费，由总工程师一支笔审批，使这笔资金真正落到实处。同时公司认真贯彻"一奖两酬"制度，对专利发明人给予较高的物质奖励，公司已兑现奖金及报酬3万余元。"开缝式钢管摩擦锚杆无槽式锥模具""行车钩头上升限位装置""液压驱动组合式冷床""隔振平台电子秤""气动翻钢机"等一批实用专利技术在公司实施后创效益4800万元。

在湖南，靠专利而迅速发展的国有大中型企业还有许多。如专利实施率为80%的湖南省第四工程公司、把知识产权列为工厂"五个一工程"的零陵卷烟厂、将每年4月定为公司专利工作宣传月的巴陵石化公司等，都把专利作为企业发展的动力和源泉。

杨正午省长在谈到2000年全省科技工作时指出：工业科技进步的贡献率要达到40%，全省要形成30~50个国家或国际名牌产品，发展一批技术开发能力达到或接近国际先进水平，产业规模达到30亿~50亿元的企业集团，高新技术产业产值占工业总产值的比重提高到12.5%……

不难看出，实现上述目标，"专利"将肩负着具有历史意义的重要责任。（原载于《中国专利报》1995年12月18日）

例7-2-13

访湘专利手记之五
异军突起的民营科技
本报记者 刘瑞升

民营科技被誉为是发展湖南经济的一支生力军。不论是在省科技大会的讲台上，还是在第四次省专利工作会议的交流材料里，都能看到民营科技企业的名字。令人惊讶的是，我们遇到或听说的民营科技企业，无一例外都与专利有不解之缘。

在湖南，被杨正午省长称为异军突起的民营科技，可谓方兴未艾，正以前所未有之势蓬勃发展。杨省长讲："到1994年年底，全省民营科技企业达1200多家，年技工贸总收入20多亿元，创利税3亿元，创汇2000多万美元。特别是涌现出了长沙远大空调实业公司、湖南迅达集团、湖南三一集团等一批年产值过亿元，利税过千万元的典型。"

我们采访了湘潭顺风空调净化设备有限公司副总经理李建军，他介绍说："我们之所以从一个乡镇小厂，经过7年时间发展成年经营规模1.2亿元。可用'三自'予以概括，即自发、自愿、自觉地申请专利、实施专利、研究和运用专利。我们对专利制度的拥护和热爱是发自内心的。"

据了解，顺风公司靠12个专利跃上9个台阶，该公司的发展史，就是一个成功运用专利的典型范例。李副总说："从数量上看12项专利并不多，但分量却格外重，每项专利的研制和实施，都为顺风公司立下汗马功劳，都是公司发展的一个里程碑。"依靠专利技术而迅速崛起的顺风公司，被美国英施特莱公司邀以专利技术入股，成立了"中美合资顺风空调净化设备有限公司"。外方以资金入股，中方技术占股30%，加上土地及其他，股本比例超过50%。当时，在湘潭市外方承认中方以技术入股还是首例。

已申请17项专利的娄底地区雄宇实用技术研究所，几年来，这个所靠转让专利技术的收入达100多万元，闯出了一条集开发、生产、销售为一体的科研新路。据所长肖国雄介绍，今年可实现产值2000万元，利税720万元。

在与这些民营科技企业接触中我们感到，民营科技在湖南能生机勃勃地发展，是与各级政府的支持分不开的。正如长沙远大空调有限公司总经理张剑在省科技大会上所讲的："远大诞生在一个这么好的时代——一个高举'科教兴国'大旗的时代；远大诞生在一个这么好的地方——一个大力扶植高科技企业发展的省份……"由此不难看出，湖南省政府对民营科技企业支持的态度。

说来也巧，我们采访的另一家民营科技企业也是生产中央空调的公司，这就是长沙远大空调有限公司。它的前身是1988年成立的远大热工研究所，曾以研制成功中国第一台无压热水锅炉而名噪一时，仅这种锅炉就申请了18项专利。1992年成立了长沙远大空调有限公司,研制成功我国第一台直燃溴化锂冷温水机。目前,已申请直燃机专利20项。在1993年8月直燃机定型的当年,这项新产品就实现产值5000多万元,1994年完成产值1.2亿元,成为长沙开发区产值过亿元的4家高科技企业之一。同年投资6000万元,只用了1个月的时间,就建成年产1000台,产值11亿元,世界最大的全封闭直燃机生产基地——远大城。

我们驱车来到坐落在长沙郊区的远大城。四层楼高的全封闭生产车间占地1.7万平方米,外围墙壁镶嵌着白色瓷砖,整个正面是天蓝色镜墙,在秋高气爽的季节,与蓝天白云相映,煞是好看。负责接待我们的张小姐介绍说,"远大V型直燃机"是针对我国电力缺乏和国际将禁用氟利昂而研制出的新产品。它采用溴化锂作为制冷剂,这是空调产品发展的方向。国内外同行专家普遍认为,远大独创的12项专利技术,解决了国外直燃机至今尚未彻底解决的预冷却、溶液过滤等难题。

当选为第八届全国人大代表的该公司总经理张剑,由于参加全省科技大会而未能见面,但看到他创建的远大城,使人感到这就是湖南民营科技企业的缩影,是民营科技的方向。国家科委和国家统计局的统计资料表明,1994年全国4100家民营科技企业年利税为220亿元,其中上缴税金76亿,出口创汇近20亿美元,技工贸总收入达1559亿元,比上一年增长近一倍,已成为我国高科技产业和新兴产业的生长点。另据有关资料显示,1995年,对我国国家级高新技术产业开发区以外的民营科技企业按"技工贸总收入指标"排列,其中100强中60%的产品是企业独自开发的。由企业申请并获得专利权的技术或产品平均每个企业有2项。

杨正午省长在全省科技大会上强调指出:"积极引导和支持民营科技企业的发展,充分发挥他们在发展我省高新技术产业中的生力军作用。要鼓励科研院所、大专院校、国有企事业单位的科技人员,创办一批民营科技企业,并在信贷、税收、奖励和科技人员政策等方面给予支持,切实保障其合法权益。"这掷地有声的话语,必将使湖南民营科技再上新台阶。(原载于《中国专利报》1995年12月25日)

编后话:这组访湘专利手记五篇到今天编发完毕,不由得使编者有所感悟,故记如下。费尔巴哈说:"在空间中部分小于整体,相反，在时间中至少在主观上，部分大于整体，因为在时间中只有部分是现实的，而整体只是想象中的对象。"这是哲人的睿语。专利法在我国实施已经十年了，这十年的"整体时间"，是由年、月、日组成。通过这组手记我们不难看出，湖南的广大专利工作者，不仅有对专利事业"整体时间"的宏观设想，而且更多的是注重对"部分时间"的现实把握。他们懂得，"部分时间"是实实在在的，只有在这实在的每时、每分、每秒中多干实事，中国的专利事业才有可能在整体水平上得到提高。因而他们为这部分的现实——专利管理、代理、司法、实施、文献等方面不懈地工作。也由于他们把握住了在空间中部分小于整体和在时间中部分大于整体的现实规律，才使湖南省的专利工作出现如此生机勃勃的局面。

【简析】

"访湘专利手记"5篇紧紧围绕主题做文章，把湖南的专利进行了多侧面、多角度的扫描，信息量较大，这就要求记者对整体新闻事件把握在胸。而下面"江苏的专利故事"5篇同样是全方位地报道一个省的专利工作的例子，分别是《走近专利大省》《掂掂专利的分量》《"国家队"与"半壁河山"》《有这样一个"行业协会"》《"根"仍在默默地工作》。把"江苏的专利故事"与"访湘专利手记"放在一起进行比较，可以看出它们的异同。两篇系列报道为这类新闻报道提供了很好的例证。

例7-2-14

走近专利大省
——江苏的专利故事之一
本报记者 刘瑞升

人们常将申请量和授权量位居全国前十名的省份称为"专利

大省"。江苏省自专利法实施以来一直名列其中，1993年为第三名，1994年和1995年均为第六名。截至今年7月专利申请累计32742件，其中发明占14.5%，实用新型占73.3%，外观设计占12.2%。

江苏地处美丽富饶、历史悠久的长江三角洲，来到其身边，我不由地感到，这里的过去和现在，都与发明创造、专利保护有着不解之缘：十九世纪中叶，在南京，太平天国干王洪仁玕在其《资政新编》中提出"首创至巧者，赏以自专其利"；1881年皇帝批准给予江苏管辖的上海织布局的机器织布工艺以10年专利，诞生了我国历史上的第一件专利；1912年中华民国工商部颁布了《奖励工艺品暂行规定》，在之后的12年间批准专利97件，其中有江苏11件；1953年，著名化学家侯德榜的"侯氏碱法"被批准5年专利。

历史的日历翻到了1985年3月13日，即专利法实施前夕，江苏省人民政府批准成立江苏省专利管理局。接着，省政府拨款60万元作为专利实施基金。次年，中国专利局批准在江苏设立中国专利局南京代办处。这一切，使江苏的专利事业，像穿越该省的浩荡长江，一浪高过一浪地奔涌向前……

江苏省专利管理局办公地设在28层高的江苏省科技大厦内，宽敞明亮的办公室，从一个侧面反映出省政府对专利工作的重视。在这里，我见到了周嘉鹏局长，他介绍了十余年来江苏的专利工作。他说，江苏省专利工作起步较早，体系完备。到目前为止，形成了省、市及19个县（市）组成的三级管理体系，建立专利管理机构31个，有专职管理干部80多人；在省、市及部分高校和大型企业内建立了专利事务所29个，有专、兼职代理人300余名；成立了各类全民和民营的专利技术实施开发实体30余家；成立了省企业专利工作研究会，下设常州、南通等分会。这一纵横交错的立体网络，为全省上下的专利管理、受理、代理、司法、文献、开发、研究和信息服务提供了保障。

在江苏，曾掀起过三次普及专利法的高潮：首先是在专利法实施的时候；第二次是在修订专利法期间；第三次是在宣传"复关"之时，从科技界到企业界，再向全社会逐步深入展开。在全省范围内培训"专利明白人"4000余人，举办各种学习班、讲座、报告会一千多场，组织了大型"南化杯"专利知识竞赛和多次电视大奖赛，使全省接受教育人数超过百万人。

正是这种全方位、多视角的专利宣传，使江苏涌现出一大批依靠专利发达、运用专利取胜的企业：如南化集团、南京无线电厂、无锡合成纤维厂等单位。专利项目的实施使产值超亿元的企业达21家，超2亿的有10家。

拥有89项专利，其中有7项国际专利的昆山"好孩子"集团，专利实施率100%，年销售额3亿元，创税利3000万元；无锡永新集团的铸态高强度球墨铸铁用球化剂专利技术，实施两年来，新增产值6400万元，利润1152万元；武进一步干燥设备厂以专利产品DLG真空沸腾干燥机和HLG高速混合制粒干燥机为龙头，产品畅销全国并出口日本、伊朗、印尼，被农业部评为全国先进乡镇企业，获化工部、中国化工装备总公司定点生产证书。

在采访中记者了解到，"专利大省"江苏的另一特点是，专利申请的技术含量高。在过去四届由中国专利局和世界知识产权组织（WIPO）共同颁发的、被誉为中国专利界最高政府奖的"中国专利金奖"名单中，江苏的"序列脉冲激光瞬态全息摄影仪"等5项榜上有名，占全部金奖的10.4%，同时获优秀奖10项，这些技术项目共创产值15.9亿元，利税2亿元，节汇810万美元。

几年来，江苏省还开展了一系列有声有色落到实处的大型活动：十强院所专利技术万里巡展、专利十强县评比、专利百强企业评选、十大企业集团专利工作交流会、争当专利明星企业家、'96中国专利及新产品博览会等。在我们走访的南京、武进、无锡、宜兴、苏州、昆山、常熟等城市，专利工作都各有特点，丰富多样。众多的专利技术造福了一方土地，受到了国人的青睐，赢得了国际声誉，专利已使人们看到其实实在在的分量。那么，江苏专利工作的各种举措，江苏的专利技术和产品为江苏乃至全国做出了什么贡献呢？请看江苏的专利故事之二——掂掂专利的分量。（原载于《中国专利报》1996年11月11日）

例7-2-15

掂掂专利的分量
——江苏的专利故事之二
本报记者 刘瑞升

专利为江苏做出的贡献有多大？这是一道很难用一句话解答的问题。但是，我们通过对具体事例的分析，不难得出这样一个结论：专利在江苏的社会、经济、科技、文化等众多领域中可谓"举足轻重"。

这日，记者同省局综合处施光亚处长谈及此事，他随手递给我一张当日的《新华日报》，在一版报眼的位置，醒目的黑体标题"国务院批准我省开工建设南化大化肥项目"映入眼帘。南化，即南京化学工业（集团）公司，是一个拥有4万余名职工的特大型化工联合企业。它的前身是我国化工先导、爱国民族实业家范旭东先生和享誉中外的著名化工专家侯德榜博士创办的永利铔厂。

这条消息称：国务院批准在南化公司建设年产30万吨合成氨、52万吨尿素大型化肥装置，投资30多亿元。"大化肥"项目既是国家重点建设项目，也是江苏省"九五"期间最大的支农工程。施处长对我说，南化公司深知专利的分量，至今，已申请专利145项，授权95项，实施100余项。就拿"大化肥"项目来说，其主要设备是从意大利司南普吉提公司和美国空气产品公司引进的。南化公司为防止谈判桌上外方"漫天要价"，于是将30万吨合成氨装置中的近200项专利进行了检索，结果发现无效专利近百项。此刻，我忽然想起改革开放之初，由于我们对专利了解甚少，在引进外国技术设备时，当外方提出专利使用费时，我们不打磕巴地如数奉送。而今，我们已能运用专利战略来保护自己。此时，专利所展示的"分量"已不是用金钱所能衡量的了。

最能掂出专利份量的莫过于刚刚在江苏落下帷幕的'96中国专利及新产品博览会了。由中国专利局和江苏省人民政府共同主办，中国专利技术开发公司和江苏省专利管理局承办的'96中国专利及新产品博览会于9月下旬在被称为苏、锡、常"火炬"带的中心城市常州市举行，工作繁忙的江苏省省长郑斯林参加了开幕式，郑省长热情洋溢地将此次博览会称之为"加速江苏技术进步的一个极好的机遇。""博览会将有力地推动江苏经济与科技的紧密结合，把我省的经济、科技事业提高到新的水平。"他真诚希望"江苏大地成为海内外朋友成就事业的一方热土"。

的确，全国众多的省市都看好这一沃土。北大、清华、中国科技大学、上海交大、中科院等60余家大院大所不远千里前来"献宝"，全国24个省、市、自治区的32个展团计2000多项专利技术和科技成果云集这里。原计划200个展位规模的博览会，爆满得最后增加到258个展位。

双重角色的江苏省，首先要将十余年优秀的专利项目展示出来，向参观者展现江苏专利的风采，又要吸纳兄弟省份送来的专利精华。结果表明，江苏在这两方面都是赢家：据统计资料表明，此次博览会成交额高达34.9亿元，其中技术成交额近2亿元，现场签订技术转让、联营合同及产品购销合同1000余份，意向协议800余份。扬州大学工学院的"透明导电膜玻璃技术"与射阳经济开发区签订了技术转让合同，金额为200万元；无锡市有13项技术当场签订合同或付款，成交额119.7万元。

江苏省各市、县把这次盛会视为"淘金寻宝"的良机，都派人参展、参观。盐城、扬州等市由市政府副秘书长带队，各率2000多人前来参观选项；江都市在开幕前就与高校展团取得联系，专门进行对口洽谈；武进、常州二市以其地理优势，分别组织5000和1万人次到会。据武进市科委庄志林副主任介绍，常州市委书记虞振新出差回到常州已是博览会的最后一天，他急忙赶到会场参观。按常规，类似的展览会到最后两天参观的人较少，但在这里却人流不息。9月下旬的常州已没有酷暑，但在武进展馆里，汗水湿透了人们的衣衫。虞书记不无感慨地说，别看有些产品是"小专利"，但却有"大市场"，这股购买专利的热流，一定能在我市掀起一股专利的热潮……当他走出展览大厅，眼前霍然一亮，广场上停有30余辆小轿车，大多是周边城镇厂长经理、各级领导的。他再一次激动起来。在这最后一天，还有这样多的"领头人"前来参观选项，怎么不让这位市委书记高兴呢！

俗语说："窥一斑而知全豹。"从以上的例子不难看出，在科技是第一生产力的今天，专利作为最为活跃的因素，对江苏的发展起到了令人瞩目的作用。读者是否要问：专利这超乎寻常的"分量"又是谁创造出来的呢？那么，请您接着读江苏的专利故事之三——"国家队"与"半壁江山"。（原载于《中国专利报》1996年11月13日）

例7-2-16

"国家队"与"半壁江山"
——江苏的专利故事之三
本报记者 刘瑞升

1995年江苏企业申请专利889件，大中型企业约占50%，全省申请量前10名的企业中，国有大企业占7个，这就是"国家队"的风采！常熟、武进、锡山等中国专利江苏十强县的统计资料显示：专利项目累计创产值89.25亿元，利税12.65亿元，这就是"半壁江山"——乡镇企业的真实写照！

"国家队"的风采

看过电影《英雄儿女》的读者，一定记得王成这个人物，但他向指挥部疾呼"向我开炮"时身背的小型电台，您大概就不知道是谁生产的了，它是南京熊猫电子集团。"熊猫"厂诞生于60年前，1937年生产出我国第一台收音机，我国第一颗人造卫星上天、第一颗洲际导弹发射，以及南极长城站、葛洲坝水利枢纽工程，都有"熊猫"的功劳。到该厂参观的人们不由地发出感叹："原来'熊猫'不单单生产彩电，它还是中国电子工业的高科技中心，中国最大的电子工业基地。"就是这个企业，在实施自己发明的"本振幅射抑制方法"的收录机调试工艺专利后，几年来，累计创造产值超过10亿元。这就是江苏国有大型企业专利实施的一个缩影，这就是"国家队"的风采。

　　江苏省地处长江下游，是著名的平原水乡，科技、经济基础较好。全省拥有大中型企业2000多个，小型企业4万多个。1994年资料表明，大中型企业实现产值2090.13亿元，虽然从企业数量上只占全省工业企业总数的4%，但产值却占全省工业总产值的41.3%。全省专利实施效益超亿元的22个企业中，大中型企业有17家，占77%，其中，南化公司的一项发明专利"脱除混合气中二氧化碳的复合催化钾溶液"的实施效益就达1.17亿元，创产值20.5亿元。

　　拥有4万多职工、技术人员达6000多人的南化公司，为适应本企业专利工作的需要，于1989年成立了专利事务所，现有6名代理人。1995年成立了以总经理任组长的公司知识产权办公室。企业专利工作者40多人，分布在二级单位，每季召开一次会议。专利事务所副所长朱戈胜幽默地说："每当有活动我就将这个专利的立体网络接通'电源'，时间不长，人们就会从各处的分厂汇集到我的办公室。"

　　为了使"国家队"不断增加光彩和活力，1996年5月，江苏省专利管理局与省科委联合召开了江苏省十大企业集团专利工作情况交流会，共同研究探讨在新形势下大中型企业如何在国内外市场竞争中，创立一批自己拥有的知识产权，形成较大规模的高新技术产业，如何将以往只注重专利战术、"单兵出击"上升到运用专利战略、形成"联合舰队"的高度。这次会议为风采卓然的"国家队"提出了一个如何超越自我的新课题……

"半壁江山"不可替代

　　江苏有乡镇及村办企业10万多个，乡镇企业经济占据江苏经济的一半，因而被称为"半壁江山"。特别是苏、锡、常"火炬"产业带和苏北"星火"产业带之所以得到生机勃勃的发展，其主要支撑点就是乡镇企业。1994年全国综合实力百强县前十名中，有5名是从这里产生的。荣登榜首的锡山市（原无锡县），1993年国民生产总值达120亿元，工农业生产总值470亿元，财政收入7.3亿元。几年来，专利技术实施效果显著，新增产值超过30亿元，利税超过4.5亿元；依次排列的是江阴市，专利实施率达80%以上，新增产值10.1亿元，利税1.05亿元；张家港市将专利申请纳入各部门百分考核之中；常熟、武进也取得了可喜的成绩。

在无锡市我们了解到，目前，全市共申请专利3400多项。在职务发明中，乡镇企业、小型企业占38%。重视专利保护已是大多数乡镇企业的共识，江阴市微型喷雾器厂是个村办企业，自行研制了"手搬式微型喷雾器"，使用效果好。接着出现大量仿冒厂家，正当该厂不知所措时，无锡市负责专利的同志与该厂取得联系，使其日后发明的各种新型产品都及时申请专利，至今该厂已申请专利8项。厂长张国兴说得好："专利保护了企业的合法权益不受侵犯，使我厂计算出：5000元起家+专利保护=500万元产值这道不等式。"无锡大箕山工仪厂也是一家村办企业，1994年专利项目的产值就达2000多万元。

宜兴市张泽化工设备厂是化工部非金属泵定点生产企业，据厂长蒋龙福介绍，该厂当初只是一个小农具厂，靠给别的厂家加工配件过日子。如今企业共有15项专利，主导产品的关键技术都得到保护，目前，年销售收入达1400多万元。这个厂没有外出销售人员，产品都是用户直接来订货，仍然供不应求。

置身于江苏，"国家队"和"半壁江山"的专利故事不仅很多，而且还很生动，是不是给人一种"个人奋斗""孤军作战"的感觉呢？从宏观上说，企业专利工作是一个有机的整体，这个整体是我国专利制度赖以生存和发展的基础，因此，在新形势下，是不是应该有一个姓"专"的组织统领一下"三军"？回答是肯定的，这里的专利管理者也正朝着这个方向努力着。江苏的专利故事之四讲的就是——有这样一个"行业协会"。（原载于《中国专利报》1996年11月18日）

例7-2-17

有这样一个"行业协会"
——江苏的专利故事之四
本报记者　刘瑞升

将"江苏省企业专利工作研究会"称为"行业协会"这是笔者的

提法；没经研究会的理事会通过，若出现问题，文责自负。虽然这个类比不太恰当，但却道出各行各业申请专利的企业，在姓"专"上是一致的。

"机制转换"出来的新事物
是专利的因缘使不同行当的人们走到一起

当笔者问及建立研究会的初衷时，研究会理事长周嘉鹏陷入了往事的回忆中：研究会是1991年成立的，这之前他们感到在实施专利法的几年间，全省的专利工作打下了一定的基础，企业对专利也逐渐地重视起来，专利申请、实施等工作也取得了一定成绩。如何继续深入下去，再提高一步，尤其是面临我国加速实行由计划经济向社会主义市场经济过渡的新形势，专利管理机关怎样调整思路，这是一个亟待解决的问题。单一的行政手段对企业专利工作进行管理，红头文件、召开会议来指导和推动企业的专利工作，已不能适应新的形势。让已建立起专利工作体系的企业孤军运作？让企业的专利工作者各自为政？那么，费尽心血刚刚培育起来的企业专利工作队伍，很有可能停滞不前或者夭折。况且，企业专利工作不是可有可无，"企业专利工作是我国专利工作的基础"。所以，他们感到，必须拓宽思路，把这项工作搞好。

不久，由省专利管理局、省计经委、省科委牵头，以扬子石化、南化集团、熊猫集团、常柴集团、长城集团等大型企业为龙头的旨在促进企业专利工作发展、推动企业技术进步的"江苏省企业专利工作研究会"正式成立了。目前，已有500多家企业加入了研究会，拥有会员1500多人。概括地说，研究会是改革开放机制转换过程中出现的一个新事物。正像一个企业专利工作者说的："是专利使我们本不是一个行当的人们走到了一起，既然有专利这缘分，那么，我们一定要呵护它、爱护它，使其茁壮成长……"

"众人拾柴火焰高"
新思路不断涌现水到渠成出现了一个立体网络

创办伊始，曾有人担心，这种自由度较大、不具任何行政束缚的群众性组织会不会流于形式？事实证明，这种担心是多余的。研究会秘书长施光亚对笔者说，"众人拾柴火焰高"这话不假，人多主意多的确如此。比如有的同志提出江苏这样大，研究会坐镇南京鞭长莫及，能不能成立一些分会？这个建议好。经省民政部门同意，先后在会员较为集中的常州、徐州、盐城、镇江、如东、宜兴、淮阴、泰兴等8个城市建立了工作委员会，作为省研究会的下派机构。本着广开思路，多种形式的思想，各个分会各有其特点，例如泰兴市是由市总工会牵头，联络市科委、经委共同组建，还聘请市长、人大常委会主任担任顾问。另外，有些会员单位，特别是国有大型企业深知专利的分量，因而他们感到形单影只搞专利不行，应当组织"专利联合舰队"。扬子、南化、金陵、仪征等4家大型国有企业集团联合成立了研究会下属的专利技术开发部，可以想象，在当今市场竞争日趋激烈，特别是面临外国企业专利的触角已伸向我国众多的高科技领域，国外企业在中国申请的发明专利已占45%的严峻现实，国有企业这种"合纵"策略是值得称道的。

目前，江苏省涌现出不少市、县级的这类社团，苏州、常熟有"企业专利工作者协会"，盐城、张家港成立了市属的"企业专利工作研究会"。省研究会还设立秘书处处理日常事务，设立由省专利管理局负责的专利咨询服务部，因此说，在江苏已初步形成了一个自上而下的企业专利工作立体网络。

有的放矢地组织活动
增强了研究会的凝聚力和号召力

在南化（集团）公司采访，我有意识地从侧面了解一下人们对研究会的反映，专利事务所副所长朱戈腾对我说，研究会有的放矢地组织活动，他们很欢迎。比如第一次修改专利法时，针对我国专利法保护范围扩大，研究会举办了"江苏省化工、医药专业专利实务研讨班"，使来自全省化工、石化、医药等行业的企业专利工作骨干，既了解了国外化学产品和药品方面专利保护的业务知识，又学会了分析和办理这类事务的实际操作本领。扬子石化科技处高级工程师李泽鉴也深有感触地告诉笔者，这种务实的活动他们最欢迎，而且还增加了研究会的凝聚力和号召力。

据了解，1992年5月，高卢麟局长来江苏作关于中美知识产权谈判方面的报告，研究会为了使更多的人了解这一热点问题，摄制了录像带，然后发放到大中型企业，合计近百盘，据不完全统计，有近3万人观看了录像。

另外，许多大中型企业拥有企业专利工作者20~40人。向兄弟城市企业学习，互相交流经验，也是日常工作的一部分。研究会先后组织企业到苏州、南通以及山东、福建、浙江等地参观上百人次。1994年以来，先后组织省内有关企业十余人次赴美、德参加知识产权培训和考察。

服务 服务 还是服务
研究会是对专利管理机关工作的完善和补充

在谈到多为企业办实事、服务第一这个话题时，施光亚说："几年来，研究会及下属各工作委员会接待企业关于专利方面的咨询数万人次，为企业新品开发、专利申请查新、检索课题数百项，提供中外专利文献数千件，还帮助企业妥善解决了数起专利纠纷。"他举例说："江苏第一泉酒厂因使用泸州老窖酒厂的外观设计专利酒瓶而发生纠纷，研究会及时帮助第一泉酒厂提高认识，并向对方书面道歉。同时我们又启发他们开发有自己特色的产品包装。如今这个厂已申请了7项专利，不仅加入了研究会，还对周边的企业义务宣传专利法。"

在采访中我们了解到，企业的老总们加入研究会并非赶"时髦"，而是实实在在追求技术进步。例如燕舞电器集团总工程师刘鸿生积极与盐城专利工作委员会保持联系，通过查阅专利文献和挖掘企业内部技术潜力，现已拥有专利20多项，为企业创产值3.2亿元，获利近千万元。许多专利工作者更是把研究会的工作当作自己的事来做，大丰县专利工作者陈斌，经常到企业宣传专利知识，几年前，他帮助大丰自行车飞轮厂申请了5项专利，如今，已有4个成为该厂主要产品，利税已达9000多万元。

采访过程中，施秘书长不止一次地对我讲，研究会是对专利管理机关工作的完善和补充，取得的成绩应归于各级领导和广大企业的支持，特别是与省专利管理局许多默默工作的同志分不开。是啊！这话很实在，同样，江苏的专利事业若没有如此众多默默耕耘的同志，怎能有辉煌的今天？我想，若把江苏的专利工作比喻为一棵根深叶茂、硕果累累的大树，那么，我前几篇文字都是为果实唱赞歌。其实，作为这株大树的根——专利管理、代理、受理、司法、文献、开发、研究和信息等部门一直在默默地工作着。因此我决定将江苏的专利故事之五，也就是连续报道的最后一篇的标题定为——"根"仍在默默地工作。（原载于《中国专利报》1996年11月20日）

例7-2-18

"根"仍在默默地工作
——江苏的专利故事之五
本报记者　刘瑞升

> 当人们赞美硕果的时候
> 根仍在默默地工作
>
> ——民谚

在常熟偶翻报纸，见到一则重排京剧《沙家浜》的消息。对了，沙家浜就在常熟呀！这时，京剧中的一段唱腔仿佛回响在我耳边"朝霞映在阳澄湖上，芦花放，稻谷香，岸柳成行……"一派丰收景象。这次长途采访，常熟是最后一站，看着写得满满的三个笔记本和八九盘录音带，我也萌生一种收获的欣喜，这欣喜的原因是由江苏专利累累硕果而引发的。

常熟是一个与丰收相连的名字，作为我采访的结束地，多么令人回味。此时此刻我想，芦花也好，稻谷也罢，其之所以能够丰收都与深埋于地下的根分不开。江苏专利工作的成绩又何尝不是这个道理呢！

当人们赞美为江苏经济发展起到积极作用的专利制度时，可曾想到在其背后有一大批默默耕耘的人们，这些工作在专利管理、受理、代理、司法等岗位上的同志们，就像"根"一样，十几年如一日默默地工作着。

采访省专利管理局高恒龙副局长时，在他的办公室里，有两件"道具"令我久久不能忘怀，一件是窗台上锃亮的铜质奖牌，上写着"1991—1995年度全省'二五'普法先进单位"，落款为江苏省法制宣传领导小组，时间是1996年7月。高副局长看着奖牌深情地说："这块看似普通的奖牌，包含着我们江苏省全体专利管理部门对专利的一片赤诚。"他接着说："'二五'普法，我们来了一个三部曲：首先从科研单位入手，让他们知道专利可维护智力成果；第二是向'半壁江山'——乡镇企业普及，使他们懂法、遵法、用法；第三是围绕国有大中型企业，让他们认识到专利是促进企业进步的法宝。"

第二件"道具"就是他案头厚厚一摞手稿——为"三五"普法准备的教材。他拍了拍书稿介绍道："马上就要发排的这部40多万字的教材，将过去单一的普及专利法引申到整个知识产权领域，包括著作权法、商标法、反不正当竞争法等，任务还是很重的啊！"两件"道具"折射出"二五"的辉煌成绩和"三五"的任重道远。

普法工作者在默默播种，执法工作者更是辛勤耕耘。据省局法政处处长顾伯兴介绍，自专利法实施至今年10月，该处受理各类专利纠纷案件310件，已结案260件。

南京代办处又是如何在繁忙的气氛中度过十个春秋的呢？据省局诸杏娟副局长介绍，截至1995年12月，代办处已受理来自江苏、浙江、安徽等地的专利申请20878件，接待来信来访万余人次。虽然专职工作人员仅3人，但他们常年不懈地坚持每周二、六将收费汇总表和申请文件寄往北京。仅1995年收费总额就达147万元。

再请读者随着记者一同前往部分市、县，目睹默默工作着的专利工作者们的生活：

我们到达常熟市那天正好是星期日。在静悄悄的办公大楼，我们见到了专利办的钮言骏副科长和原科长易敬德，加一个"原"字是因为易敬德已于去年退休了，但他并没有离开岗位，办公桌还在原处，每天仍有许多事情等着他做。谈话间，门外传来响动，是谁在星期天还来办公室呢？原来是隔壁常熟市专利事务所所长朱伟军，年轻的小朱对我们说，有个发明人急着申请专利，于是利用今天加个班。我说这不影响休息？他笑道，这是常事，并诙谐地说："为发明人服务是咱的天职嘛！"写到此，我想，有关常熟的"根"是怎样工作的便一目了然了。一个退休后仍耕作的、被大家亲切称呼为"专利老前辈"的易敬德，一个利用公休加班加点的年轻小伙子朱伟军。对了，还有前面提到的钮言骏呢，他的年龄应算在中壮年阶段。我走进办公室后，发现唯有他的办公桌上放着一块绘图板，我脑海中出现了一个问号。后来得知，他平时喜欢写字绘画，于是，有些发明人递交的"不合格"的附图就通过他的双手免费变成了"规范产品"。

　　这"老中青"的言行就足以说明一切了。就因为这些默默工作的"根"，才使常熟的专利工作蒸蒸日上，申请量在江苏县级市中名列前茅，1994年荣登中国专利江苏十强县榜首。来到宜兴市专利事务所，在办公桌上放着一块小巧的桌牌，上面写着专利代理人秦绍清的姓名、电话、呼机号等资料，开始不知其意，后来我明白了，原来这个事务所人员较少且身兼数职，以所长史建群为例，是所长，又是宜兴市环保科技创业中心主任，还是宜兴全国环保技术市场主任。使用桌牌的目的在于，当代理人下基层或到企业，若有申请人来此，凭借小小桌牌便可与代理人联络上。

　　在无锡专利事务所采访，使我感触最深的是，那是一个责任感很强的集体。从聂汉钦所长那里我了解到，他们在代理委托前，都要对申请项目先进行能否申请专利及有无必要申请专利的分析，对缺乏"三性"或无实施价值的项目，本着对申请人高度负责的态度，不盲目代理。

　　"'服务第一'是科委给我们立的规矩"。这是苏州市专利事务所副所长马明渡与我谈话中不时提到的一句话。听他介绍情况，的确时刻都体现着"服务"二字。我深深感到，为了"服务第一"这个宗旨，对于一个自收自支的事务所，名列全省市级所专利代理量前位谈何容易。

　　这种为结出更多专利之果而默默工作的人和事还有许多，像省专利管理局孙忠民、无锡市郊区科委专利办公室负责人刘焯群、无锡市专利管理处的徐士金、李国华等同志都给我谈了许多"根"在默默工作的故事……

　　我之所以不厌其烦地在这里述说"根"的工作，礼赞"根"的功绩，目的只有一个：当人们赞美硕果的时候，不要忘记仍在默默工作的根。

　　到此，我讲述的江苏的专利故事便告一段落。但不知怎的，"芦花放，稻谷香，岸柳成行……全凭着劳动人民一双手，画出了锦绣山河鱼米乡"的唱腔旋律又在我耳畔回想，而且久久地不能散去……

　　编后语：从太平天国洪仁玕在南京提出"首创至巧者，赏以自专其利"，到清朝皇帝准予的中国第一件专利——织布工艺，到侯德榜的制碱法，到电影《英雄儿女》中王成背的小型电台与熊猫集团的关系，到江苏专利管理局的诞生，到"随手递给我一张当日的《新华日报》"，一直到"朝霞映在阳澄湖上"。这一则则令人高兴的故事，似一颗颗美丽的珍珠，如一首首动听的歌谣，在闪光，在吟唱。通过这几篇故事，人们感到：十几年来，江苏专利事业经过了一个从无到有，从小到大，从弱到强的过程，这个"专利大省"的概念不是申请量和授权量这些枯燥的数字所能够涵容的。而是他们在寻找自我，发现自我，不断完善自我的过程中，终于成为这个领域的强者。正是这一个个生动的故事推动了江苏的专利事业的蓬勃发展。倘若这样的故事能给更多的省份带来启示、生机和希望，我们又怎能不为之高兴，我们愿意多采写、多编发这样的故事。（原载于《中国专利报》1996年11月25，本文获第四届全国专利好新闻二等奖）

三、系列报道的特征

系列报道的主要特征有以下三点：

（1）主题突出，内容丰富。系列报道是通过主题串联篇章的报道。主题贯穿整个报道的逻辑脉络。系列报道的主题必须突出、集中、鲜明。围绕主题，系列报道内容一定要丰富多彩，从而才能拓展报道的深度和广度。

（2）单独成篇，连续发表。系列报道各自独立成篇，每篇都有完整的结构和内容，每篇报道之间并无承接关系，它们遵循的是同一主题下的逻辑脉络，通过一篇一篇的连续发表而使逻辑关系得以展现，主题得以突出，从而发挥整体优势。

（3）形式统一，整体感强。系列报道的每篇文章文体一致、篇幅相近、风格统一。同时，见报的版面位置、标题字体字号相同等，造成一种视觉的冲击力，整体感较强，能够给读者留下深刻的印象。

第八课
采访

第九课
摄 影

一、新闻采访的基本概念

新闻采访是指记者为获取新闻事实而对客体所进行的观察、询问、倾听、思索和记录等活动。新闻采访是新闻传播活动中最基础、最关键的一环，是新闻写作的基础和前提，是记者必须掌握的基本功。新闻采访要求记者具有新闻敏感、应变能力和采访技巧。也就是说，记者要能够在错综复杂的现实中敏锐地发现新闻；在稍纵即逝的机遇里迅速地捕捉新闻；在困难重重的条件下巧妙地挖掘新闻。新闻采访既要快速及时，还要有深度且准确，反映在新闻报道中便是新闻作品生动形象，又绝没有任何的虚假成分。

二、新闻采访的方法

（一）新闻线索

首先，请大家回忆一下自己写新闻稿时，你的信息来源在哪里？大概有以下六个方面：

（1）从有关领导机关和部门了解情况。这些机关对上了解全局，熟悉方针、政策，对基层的情况也较为了解。

（2）参加各种会议（包括记者招待会、新闻发布会等）。

（3）参加各类活动。就知识产权而言，比如"4·26"世界知识产权日、"3·15"消费者权益日等。

（4）到基层单位了解情况。线索产生于实际工作和实际生活，基层是最出新闻的地方，是新闻的主渠道，基层面广，包括企业、院校、科研机构以及发明人、代理人等。

（5）党政文件、领导讲话。这些材料是针对实际工作中的各种情况和问题而做出的，其中含有大量的新闻线索，有的经过采访就可写成新闻稿，有的经过补充、核准就可以报道，有些稍加改编就可见报。

（6）从报纸杂志、电视、网络、广播中寻找线索。这是一个巨大的新闻库，内容多、角度多、涉及面广。

下面举例说明，一定要注重从报纸杂志等媒体上寻找为我所用的新闻线索。

1989年中秋节前夕，我在电视上看北京新闻时，有一个镜头是报道北京糕点六厂生产出一种软化月饼。现在的月饼都很软，而当年北京产的自来红、五仁月饼等硬得像砖头。当年流传着这么个笑话，说一个人扔给另一个人一块月饼，正好打在对方的头上，月饼滚落到马路上，正巧一辆汽车经过，将月饼轧入地里，待人们将月饼挖出，其仍完好如初。

报道说这种软化月饼的制作方法是发明专利。于是我赶紧与这个厂家联系，了解到这种运用专利技术生产的月饼受到消费者的欢迎，该厂24小时加班仍然供不应求。待我到该厂采访，见商店的汽车在厂外排着队等着拉货。于是，在中秋节前夕，这则运用专利技术生产软化月饼的消息见报了。

回顾"座包"的采访和写作，也有类似的经历。1990年9月22日，第十一届亚运会在北京开幕，在这之前，各家报社纷纷发表与亚运会相关的文章。我报也开辟了"亚运与专利"栏目。

记得8月的一天，我浏览《北京日报》时，一条二三百字的消息吸引了我，文章介绍了北京皮件厂工人如何加班加点为亚运会赶制礼品——座包，并说是一个专利产品。我感到这是一条不可多得的新闻线索。通过电话询问得知，该厂的确在生产能当凳子坐的包，于是约好第二天到这个厂去采访。原来，该厂只是给门头沟一家校办工厂做加工，至于座包是谁发明的，如何成为亚运会礼品都不清楚。

为了深入而全面地进行报道，我决定前往门头沟，并请报社摄影记者同行。长途汽车在年久失修的公路上颠簸着，8月似火的太阳本已让人难熬，汽车上又人挨着人，简直透不过气，下车后还步行了数里路才找到这个鲜为人知的校办工厂。

从校办工厂厂长曹永诚那里了解到，这个产品是山东一发明人研制的，并申请了专利。校办工厂在北京地区是独家生产经营。曹永诚领我们参观了车间、库房，并介绍了跑亚运会集资部、与发明人重新设计图纸、同合作厂家反复商谈等情况。记者由此掌握了大量的第一手资料。

回顾这篇文章的采访和写作过程，我认为有几点经验。首先，要善于挖掘材料。北京皮件厂的负责同志介绍职工们如何加班加点赶制座包，例子具体生动，完全可以写一篇不错的文章。但是，我觉得继续采访一定还会有更鲜活的内容，深化专利产品成为亚运礼品这个主题。的确是这样，到了门头沟这家校办工厂，又掌握了许多第一手材料。第二，根据情况要及时修改采访方案。我的初衷是采访发明人，当来到门头沟后，我觉得掌握的材料已够用了，将发明人的情况转做背景材料更为妥当。第三，要尽量进行全方位的采访。这里包括请摄影记者同行，留下照片资料备用。后来，文章见报时配发了照片，使这篇报道生动形象，说服力强。另外，还采访了区教育局负责校办工厂的领导。第四，要不怕吃苦。对类似于长途汽车的拥挤以及酷暑等困难要有思想准备，并勇于克服。

（二）采访的方式

新闻采访的方式有很多，比如个别采访、集体采访、电话采访、网上采访、隐性采访（**在某些特殊场合由于特殊原因而不公开记者身份或不申明采访目的的采访活动**）等。采访记录的方式有默记、笔录、录音、录像等不同形式。

新闻的主要特点是用事实说话，而事实应当是具体的、生动的、形象的，只有这样才能吸引人、感动人、教育人。要做到这些，作者就要深入现场、发现典型，才能采写出生动形象的新闻报道。所以说，新闻作品是用脚走出来的，是用眼睛看出来的。

那么如何进行采访呢？我认为首先要学会用眼睛采访。

记得有一次听艾丰讲课，他介绍说曾采访一个农村先进党支部，这个支部有许多条好的经验，其中有一条说的是支部成员不占公家的任何便宜。他观察到，党支部办公室前有一片果林，这是进出办公室的必经之路。他从树下走过，见枝头果实累累，掉在地上的水果都烂了。这个现象从一个侧面说明支部一班人的工作作风。他将这段亲眼所见写进了报道之中。这是用眼睛采访的最好例证。

上面提到的《亚运礼品，从这里诞生》的开头我是这样写的：

来到北京门头沟区龙泉镇，从柏油路转下一条石子小径，见前方有一弯浅水，河乎？溪乎？问及路旁老人，回答只是摇头。在这不知名的水流旁，有一个名叫"北京龙腾旅游用品厂"的校办工厂，不久前的它，就像这弯浅水一样鲜为人知。（原载于《中国专利报》1990年9月12日）

不亲临现场，就不会有这段文字，而亲临现场，不用眼睛观察也是徒劳的。

凡是读过阎吾《战后谅山情景》的人，都会感到，那就是作者对现场情景的真实描写。其中有一段是描写战后景象的，着重写越南当局的背信弃义："街头巷尾到处堆放着越军丢下的武器弹药和各种食品，这些武器弹药和食品大都是过去我国作为援助物资送给越南的。"结尾一段中写了一个细节："记者在谅山敌军的一些阵地上，看到所有的日历都没有翻到2月28日，有的翻到了2月27日。"（注：谅山战斗是27日打响的）。

这种对现场的形象描写，不亲自前往是写不出来的。当然现场的描写是为主题服务的，不是为描写而描写。

我在1996年10月到江苏采访，回来后发了一组连续报道，题目叫"江苏的专利故事"，内容包括对江苏专利大省的介绍（《走近专利大省》）；专利在江苏的地位（《掂掂专利的分量》）；国企与乡镇企业在专利中的作用（《"国家队"与"半壁江山"》）等，其中有一篇是写专利管理部门的，管理部门指的是各级专利管理局、处、办公室，这篇的标题叫《"根"仍在默默地工作》。文章一开始，我先引用了一句民谚："当人们赞美硕果的时候，根仍在默默地工作"。我将专利事业比喻成一株大树，而这些管理者被视为大树的根。顺便说一下，在一篇文章中，要在适当的地方使用一些谚语、警句、格言。谚语被称为"语言中的盐"，这就说明谚语的重要性，当然使用谚语要恰到好处，就像做菜，盐放少了索然无味，放多了便难以下咽。

我之所以把管理者称之为根，是说明他们的重要性，那么根是如何默默地工作呢？这就需要观察，用眼睛仔细地观察。我将我看到的事实如实写在了报道之中。

例 8-2-1

　　采访省专利管理局高恒龙副局长时，在他的办公室里，有两件"道具"令我久久不能忘怀，一件是窗台上锃亮的铜质奖牌，上写着"1991—1995年度全省'二五'普法先进单位"，落款为省法制宣传领导小组，时间是1996年7月。高副局长看着奖牌深情地说："这块看似普通的奖牌，包含着我们江苏省全体专利管理部门对专利的一片赤诚。"他接着说："'二五'普法，我们来了一个三部曲：首先从科研单位入手，让他们知道专利可维护智力成果；第二是向'半壁江山'——乡镇企业普及，使他们懂法、遵法、用法；第三是围绕国有大中型企业，让他们认识到专利是促进企业进步的法宝。"

　　第二件"道具"就是他案头厚厚的一摞手稿——为"三五"普法准备的教材。他拍了拍书稿介绍道："马上就要发排的这部40多万字的教材，将过去单一的普及专利法引申到整个知识产权领域，包括著作权法、商标法、反不正当竞争法等，任务还是很重的啊！"两件"道具"折射出"二五"的辉煌成绩和"三五"的任重道远。（原载于《中国专利报》1996年11月25日）

例 8-2-2

　　我到达常熟市那天正好是星期日。在静悄悄的办公大楼里，我见到了专利办的钮言骏副科长和原科长易敬德，加一个"原"字是因为易敬德已于去年退休了，但他并没有离开岗位，办公桌还在原处，每天仍有许多事情等着他做。谈话间，门外传来响动，是谁在星期天还来办公室呢？原来是隔壁常熟市专利事务所所长朱伟军，年轻的小朱对我们说，有个发明人急着申请专利，于是利用今天加个班。我说这不影响休息？他笑道，这是常事，并诙谐地说："为发明人服务是咱的天职嘛！"写到此，我想，有关常熟的"根"是怎样工作的便一目了然了。一个退休后仍耕作的、被大家亲切称呼为"专利老前辈"的易敬德，一个利用公休加班加点的年轻小伙子朱伟军。对了，还有前面提到的钮言骏呢，他的年龄应算在中壮年阶段。我走进办公室后，发现唯有他的办公桌上放着一块绘图板，我脑海中出现一个问号。后来得知，他平时喜欢写字绘画，于是，有些发明人递交的"不合格"的附图就通过他的双手免费变成了"规范"产品。

这"老中青"的言行就足以说明一切了。就因为这些默默工作的"根"，才使常熟的专利工作蒸蒸日上，申请量在江苏县级市中名列前茅，1994年荣登中国专利江苏十强县榜首。（原载于《中国专利报》1996年11月25日）

例8-2-3

来到宜兴市专利事务所，在办公桌上放着一块小巧的桌牌，上面写着专利代理人秦绍清的姓名、电话、呼机号等资料，开始不知其意，后来我明白了，原来这个事务所人员较少且身兼数职，以所长史建群为例，是所长，又是宜兴市环保科技创业中心主任，还是宜兴全国环保技术市场主任。使用桌牌的目的在于，当代理人下基层或到企业，若有申请人来此，凭借小小桌牌便可以与代理人联络上。（原载于《中国专利报》1996年11月25日）

例8-2-4

扬子石化科技处李泽鉴对我说，扬子在自己申请专利的同时，还大量引进国外的装置，这些装置涉及专利的利用和侵权问题，因而，他们对引进的设备中有关1200余项专利进行整理翻译，并陆续出版单行本，供公司各级技术人员参考。谈话间，她打开柜门，我看见一沓沓厚厚的稿纸上写满了中文、英文等不同文字，翻译专业极强的技术资料且数量又多，这该下多大的功夫啊！（原载于《中国专利报》1996年11月25日）

如果不是将用眼睛观察来的事实写在文章中，只是用一些抽象的词句，诸如废寝忘食、兢兢业业等枯燥乏味的赞美之词，不仅不感人、不深刻，文章也不会有个性，更不会好看。

用眼睛采访不是见到采访对象之后才开始，而是要贯穿始终。我曾采访江苏好孩子集团，这是一个生产童车的校办企业，当年负债累累，就要倒闭之时，这个学校的一个教数学的老师授命于危难之时，转产生产童车。可谓时来运转，从1989年10月生产出第一辆童车，到我1996年来这家企业采访，仅六七年的时间，已拥有8家下属企业，员工3000余名，固定资产净值9000多万元，年销售额3亿元，创利税3000多万元。

当时我在苏州专利办采访，听到这个企业的简单情况，我意识到这是一个好题，于是决定马上前往昆山。

当我决定要去昆山好孩子集团时，我的眼睛也开始了工作：

轿车在刚刚开通的沪宁高速公路上飞驰，十月的江南是一派丰收景象，透过车窗扑入视野的是一片片成熟的稻田。望着点缀其间收割的人们，我不由地问胡主任（注：好孩子集团法律事务室主任）："好孩子集团经过这几年的奋斗，如今已进入收获的季节，宋总如今是不是就像一位优哉的庄园主踌躇满志？"（原载于《世界发明》杂志1997年第1期）

这段路途中的景物描写，实质是为整篇文章服务的。进入昆山市后，我又观察到另一幅图画：

谈话间，黑色的"桑塔纳"从高速公路转入正在兴建中的昆山市。这里西距苏州42公里，东距上海58公里。公路两旁，坐落着不少现代化的厂房。胡主任一会儿指着一片以白为主色调的厂房告诉我说这是好孩子——康贝婴儿用品公司。一会儿，他又用目光示意我那几栋洁白如银的楼房是好孩子自行车厂。转瞬，他又让我看在色彩斑斓的建筑群衬托下，一座像高傲的"白雪公主"样的楼房——好孩子童装厂……白色是那么的耀眼，那么的高洁，构成了昆山的一道风景。

"好孩子"给我的第一印象是：她穿着白色的裙。（原载于《世界发明》杂志1997年第1期）

从自然界的秋收，转向好孩子的一个个不同造型的厂房，循序渐进用事实告诉读者依靠专利起家、发展、壮大的好孩子已步入收获的季节。如果上述两次用眼睛观察到的情景是远景和中景，下面这段描写就是近景和特写了：

在车间生产线上，在产品陈列室中，我看到了令人眼花缭乱的各色产品："推、摇、坐、行"四功能的叫"成长型"，高雅而情趣盎然；线条粗豪、色彩沉着象征"小男子汉"风格的自行车叫"都市煌"；颜色花俏、轮胎洁白，体现大自然情怀的称为"热带风"；像卡通拼插的是三轮车系列；飘逸着花穗的叫"女孩子"系列；儿童铁床充满浪漫；木床满载着温柔；布床带着母爱的芬芳；学步车、餐椅、童装、玩具都有着精美别致、娇憨可爱的特点……

漫步在"好孩子"集团公司大院，宋总指着迎面一座四层楼房说："这是我们的工业设计研究所，这里云集着一大批优秀的设计人才。"（原载于《世界发明》杂志1997年第1期）

由此可见，眼睛在采访中的作用。

我曾与不少其他报社的记者一同去采访，发完稿子我们有时互相寄样报，取长补短、互相学习。一次，我与《农民日报》等几家报社的记者一同参加北京科技周，到郊区通县马驹桥镇采访"农村科技咨询日"。回来后我发了一篇题为《愿做农民的科技朋友》的通讯，讲的是北京农林科学院的十几位专家、高级农艺师现场咨询的事。通讯的开始是这样写的：

"葡萄大面积发黄是怎么回事？"

"因为缺铁造成的。"

"紫洋白菜得了褐腐病该怎么办？"

"您可用30%倍生乳油1000~1200倍液喷雾。"

"去哪儿买种子保证无假货？"

"农林科学院的种子销售部。"

这一问一答，可不是电视台播放的知识抢答赛，而是北京市通县马驹桥镇街头"科技咨询日"的一组画面。5月26日，在马驹桥镇熙熙攘攘、人来人往的十字街口，与以往不同的是一幅高高悬起的红色横标引人注目："北京市科协、通县科协科技咨询日"。二十几张条桌一字排在横幅下面，录音机里传出的音乐，使路人不由得驻足观看。

来自北京市农林科学院的十几位专家、高级农艺师坐在桌前正为农民兄弟进行科学种田的咨询指导，透过人群隐约可见桌上竖立的红牌上写着果树、蔬菜、水稻、小麦、畜牧等字样。通县科协的几位女同志也兴致勃勃地向过往的人们散发着宣传品。记者顺手拿起一份，见是关于如何种植家庭香菇的内容，从备料配料、打穴接种、培养发菌，每道工序介绍得清清楚楚。

在蔬菜咨询桌前，一个农民小伙儿用手比画着诉说自己买假种子的苦衷："豆角出苗才一拃多高就不长了。"这道难题让专家也束手无策。他一面说一面记下农业部和北京市政府蔬菜顾问李明远教授的电话。（原载于《中国专利报》1996年6月17日）

后来，《农民日报》的记者给我来电话说，那天咱们基本上在一起，怎么你看到的好多东西我怎么没看见呢？

这就是观察的不够，在这篇稿子中，还加入了耳朵——用耳听实际也是一种观察。

这样的例子还有许多。我写过一篇题为《再造甘霖》的通讯，介绍广东的一位叫梁克诚的发明人进行污水处理的事迹，其中一段是这样描述的：

在梁克诚的引导下，我们来到人称广东"龙须沟"的东濠涌，只见一条散发着熏人气味、泛着黄沫的河水缓缓向前流动着。在其旁边的广州市第17中学校园内建有高效水质净化装置，但见一铁管伸入污浊的河中向上抽水。水质净化装置主体是两个圆柱形罐体，旁边有滤床、配水池等配套设备。梁克诚指着污浊的河水说："污水输入配水池后充氧、加药使之进行凝聚化反应，然后进入以泥渣为载体的生物流化床进行第一级生化处理。这样水中大部分杂质被吸附、截留、降解，而后进入生物滤床再进行生物处理。经过化学凝聚、生物净化、物理净化等过程处理的水，就可达到国家规定的饮用标准了。目前这项技术处于国际领先地位，除了不能过滤盐水和含放射性元素的水源外，所有水源均可过滤净化。"

谈话间，梁克诚伸手拧开罐体上一水龙头，只见清水流出，他用助手递过的透明玻璃杯接了半杯水，一饮而尽。难怪欧洲专利局局长罗·布兰德利到此参观时赞叹道："难以置信，这么好的技术，在欧洲也很值得推广。"（原载于《中国贸易报》1994年2月28日）

新闻写得不生动、不感人、不鲜活，最根本的原因就像穆青所说的："病根就在于采访不深入，缺少细致的现场观察，只看到了轮廓，而没有找到典型场景的细节，因而只能告诉读者一个一般化的概念，构不成感染读者的具体、生动的形象。这是我们记者队伍里一个常见的顽固症。要治好它，就要尽可能深入现场，用眼睛去观察，全副身心去体验。"

吴晗说过，历史工作者是记录过去的历史，新闻记者是记录今天的历史。这种记录不是抽象的记录，而应该是形象的再现。

"采访"二字的安排很有道理，采在先，"采"字其中包括看、观察，往往比询问还重要。新闻报道中成功地写景状物，色彩、形象、声音都是描写现场时必不可少的材料。深入实际，对所采访的事物有感性认识，写出的文章才能深刻感人，生动活泼。

第九课
摄 影

第十课
文献综述

一、什么是新闻摄影

新闻摄影是使用照相机对新闻事实作现场纪实的新闻报道，并附有简短的文字说明，以介绍事件发生的背景和过程，其目的是说明事件、传播消息、扩大影响等。新闻照片和文字说明二者相辅相成，是一个有机整体。

二、知识产权新闻摄影作品欣赏

这里展示的图片是《中国知识产权报》摄影记者王文扬、张子弘、杨申和蒋文杰的作品。包括知识产权界的一些重大事件，还有新闻宣传中经常出现的会议摄影，很多重要活动都是通过会议的形式表现的。另外，企业知识产权工作是知识产权宣传工作的重要组成部分，与企业有关的新闻图片是报纸不可缺少的重要内容。大家在学习的过程中，可以领略到知识产权新闻图片是怎么表现的。通讯员欣赏后也许会说，自己一辈子也不可能碰到什么大事件。其实，这里只是提供一种新闻摄影的思路。通讯员一定能够遇到省领导或市领导或外事活动中的参观、奠基、颁奖等活动，这些活动图片就是省报市报的头条新闻，或是重要的文献资料。而企业专利发明、实施、保护工作，大专院校、科研院所的知识产权工作，是通讯员经常接触得到的，也是报纸、网站最需要的最鲜活的最有生命力的新闻图片。

图 9-1

图9-1作品赏析：1984年《中华人民共和国专利法》诞生，图为中国专利局职工在北京西郊八里庄办公地点庆祝时的场景。"庆祝中华人民共和国专利法诞生"红色条幅几乎横贯整个画面，很有冲击感，让读者一目了然。画面中燃放的鞭炮及敲打的锣鼓，仿佛让人闻到了"高兴"的味道，听到了"欢庆"的声音。横式构图及记者略为偏侧的站位，使画面空间感得到"放大"。同时，也最大限度地使人物不会重叠。

图9-2作品赏析：图片记录的是1984年4月1日《专利法》实施第一天，航空航天工业部207所工程师胡国华（右一）为争取提交全国第一份专利申请，在中国专利局受理处足足等候了3天3夜，

图 9-2

这是他拿到中国第一个专利申请号后，与专利局工作人员交谈的情景。本图是以中国专利局受理处为背景，有不少申请人在远处走动，表述的是一个环境的氛围（*看似有些杂乱，其实很有必要*）。近景是两个人物表情的自然流露，胡国华手中拿着一份首日申请纪念卡。图片抓拍的瞬间很到位，无做作之感，是一幅珍贵的历史照片。笔者认为，如果胡国华端端正正地捧着受理通知书，面向镜头同样是难得的一幅新闻图片。就胡国华的这个"第一"，怎么拍都是值得的。30年后，已是白发苍苍的胡国华来到国家知识产权局参加活动，本报记者不失时机地记录下了这个历史瞬间。

　　图9-3作品赏析：1985年12月28日，首批专利证书在人民大会堂隆重颁发。图片表现的是第一批专利权人在人民大会堂获得专利证书的情景。大多数颁发证书的图片，是以特写的形式表现的，而这个画面是一个大全景，还是竖式构图，画面的二分之一以上部分，是人民大会堂顶部灯池的图案，具有强烈的装饰效果。这种构图可视为一

图 9-3

种大胆的尝试。仅此一次在人民大会堂举行的颁发证书的仪式，意义是深远的。如果换成以特写的方式构图，人物清晰可见，但环境特色是不可能达到本幅图片的效果。有时候，在判断以什么样的画面表现新闻事件，记者必须准确地判断新闻事件的历史价值和意义。

图 9-4

图9-4作品赏析：1989年11月，世界知识产权组织总干事鲍格胥（左一）在北京为首次专利金奖获得者颁发证书，本幅图片构图中规中矩。其实，凡是类似的颁奖现场，被拍摄者的每个动作都是

转瞬即逝的，授奖者有时还会互相重叠。记者要抓拍的颁奖人，一定是参加本次活动是中心人物（本幅图片的中心人物是鲍格胥），既然是中心人物，也一定是坐在主席台的中间位置，如果记者没有拍摄经验，往往较难撇开镜头前杂乱的其他领奖人，拍到如此"干净"的画面。

图9-5作品赏析：1997年1月16日，中国知识产权培训中心大楼奠基。本幅图片表现的是中国知识产权培训中心的奠基仪式，来宾的行政级别近似，又是分别代表不同的机构或部门参加这次活动，记者便没有必要突出其中的某一二位领导了。

图9-6作品赏析：2000年1月11日，国家知识产权局局长姜颖在新闻发布会上宣布，中国专利申请突破100万件。中国专利申请首次突破100万件，这是一个重大的新闻事件。大凡这样的新闻发布会，发布者都会按照新闻稿一字一句地念出来，拍出的画面与一

图 9-6

（2000年1月19日报样，本版编辑阎庚）

般会议发言没有差异，弄不好，被拍者还是闭眼照——因为是低头念稿。本幅图片上的姜颖局长在念到100万件的同时伸出右手食指，并抬起头平视前方，如此配合记者的拍摄，可谓天衣无缝。本报摄影记者王文扬曾向我介绍说，如何用图片表现100万，着实让他费尽心机，在姜颖局长入座之前，他向姜颖说明了自己的想法。而王文扬早早选定拍摄位置，竖式构图是为了把"新闻发布"等字样拍入镜头。记者能与被摄者直接沟通的机会不是很多，以这张成功的新闻图片为例，是要说明，记者无时无刻都要开动脑筋、创造条件为我所用，才能完成新闻采访任务。

图9-7作品赏析：2009年4月20日，全国知识产权宣传周启动仪式现场。本幅图片上有关"启动仪式"需要的要素齐备，"2009年全国知识产权宣传周启动仪式"背板，全景场面

图 9-7

及近处手持国旗的人群。记者事先在相机的取景框中把这些要素一一框住，就等待彩色喷撒的纸屑弥漫的一瞬按下快门。

图 9-8

图9-8作品赏析：2013年11月11日，世界知识产权组织总干事

弗朗西斯·高锐（**右二**）在国家知识产权局专利成果展示厅参观。常规这类照片的表现形式是一堆人簇拥着客人站立在某一个产品前听介绍。本幅图片一反常态，抓拍到高锐与陪同者行走的瞬间，且二人正在兴高采烈地交谈中，自然而亲切。记者在把握人物的时候，不忘环境的交代，即占据画面近半幅的面积表现一台设备，以及屋顶的国家知识产权局的标识。

图9-9

图9-9作品赏析：2015年3月12日，云南开展省、市、区三级知识产权联合执法活动。图片采用中景构图，其特点，一是既能够最大限度地保留场景中必备的环境要素，比如货架上物品的形状、颜色及产品名称"创可贴"等字样，背景中的货架等都是新闻图片要交代的环境。二是人物表情和动作能够得到很好的表现，还有执法人员的臂章上的国家知识产权局局徽及"知识产权执法"字样等。可以设想，假如是一个全景画面，就不会产生如此效果。

图9-10作品赏析：2012年5月26日，田力普体验陶瓷绘画。图片是中景构图，全体"旁观者"目光都集中在田力普的画笔上。瓷瓶、画笔及颜料等烘托出绘画的环境。

图9-11作品赏析：此幅图片的场景比较"宏大"，远处有大量

的展位，说明展览会的规模。本图同样是表现领导人参观专利设备的主题，重点表现田力普局长与发明人的交流。但是，发明人的视线游离开，其他几位佩戴鲜花的嘉宾也没有与田作目光的交流。田力普左后的几个人的目光也投向他处。由于场面较大，这些细节被掩饰过去了。即便如此，仍不失为一幅报道博览会活动的合格的新闻图片。

图 9-12

图9-12作品赏析：2014年9月12日，新型自动饺子机亮相专利技术成果展览会。在知识产权领域，时有各种展览活动，这类新闻，常规是以中景来表现。在这里分析一下中景构图。第一，图片要表现的人物或产品往往放在画面的主要位置，本图所示自动饺子机和工作人员手持的饺子；第二，被突出的人物一定要有沟通的对象，本图中两三位参观者的眼神都集中在小小的饺子上；第三，产品或者机器设备是人物彼此交流的介质，在图片说

明中要有所介绍；第四，画面上的人物还要有"动作"，比如本图中工作人员的手势；第五，站立在比较主要位置的几个人物尽量不要互相遮挡，或闭眼、斜视等，能够随着"被突出的人物"的视线及表情而行。

图9-13

图9-13作品赏析：在"2013北京海关知识产权保护宣传日"的横幅下，身穿海关制服的执法人员与一位着西装的外国人士，正在用剪刀销毁一个红色的手袋，虽然读者看不到商品的商标，无疑这是一个假名牌。图片的构图是"四平八稳"的仰视，所谓"四平八稳"就是对称式构图，不偏不倚，表现庄严、庄重氛围的一种形式，而"仰视"更是表现威严的构图方式。"老外"抬高右臂反手动作的瞬间，也是这幅照片的亮点，背板上的海关标识等都是需要的。

图 9-14

图 9-15

　　图9-14、图9-15作品赏析：各种表彰会、总结会及纪念会是报纸经常报道的一个内容，如何通过图片把画面近乎雷同的"主席台"及颁奖现场呈现给读者，确实让摄影者费劲脑汁。两幅例图

是颁奖的领导与获奖者瞬间交流的画面，特点是画面比较亲切，授奖者与被授奖者有目光和语言的交流，轻松愉快。前图为2014年8月国家知识产权局申长雨局长向获得第十五届中国专利金奖的企业颁发奖牌。后图为国家知识产权局鲍红副局长在中国知识产权报社全国通联工作年会上向先进工作者授奖。

图 9-16

图 9-17

图 9-18

　　图9-16、图9-17、图9-18作品赏析：很多人认为合影照拍摄起来比较容易，其实，这里面也有一些注意事项。授奖后合影的照片，最易出现的问题是前排领奖人遮挡后排的领导。如果主席

台的高度在50厘米以内，就请获奖者站到下面来。如果两排人是站在一个平面上，只能让前排人拉开距离，尽量插空。实在躲不开，求其次的办法是，不要遮挡主要领导。

　　图9-19、图9-20、图9-21作品赏析：会场图片报道是常见的新闻宣传方式。选择的拍摄角度要能最大限度地展现会议规模。有时也需要记录参会人员的场面，一般采取俯拍。会议的照片最好有会标在画面上出现。

图9-22作品赏析：图片表现的是上海海关查获假冒商标案，身着制服的海关工作人员，手指产品包装上的假冒商标的一瞬，记者按下了快门。这是一幅典型的焦点透视作品，图片遵从近大远小的透视关系，将视角聚焦在海关工作人员的身上，在这种稳定有序的视觉效果中，不同距离的物体得以在同一画面上得到体现。就这幅图片而言，使用摄影语言来说明假冒商标这一很有视觉感的侵权产品，记者把假冒商标的产品，即黄色的包装箱置于镜头的右侧，使读者能看到其全部的文字和图案，"近大远小"的透视效果，产生强烈的冲击感。而焦点透视的聚焦处是身着制服的海关工作人员，暗含着执法者的威力。左侧两个"旁观者"也是不可缺少的画面"成分"，其作用是与海关工作人员的呼应，及让整个画面构图的稳定。

图9-23作品赏析：画面表现的是激光扫描成型新技术，摄影者把产品当做近景处理，使读者一目了然。而通常以人为中心的报道形式中的"人物"，在本图片里成为配角。这种拍照方式在报道中常被采用。

图9-24作品赏析：图片表现的是一个广阔的大型车间场景，

虽然没有就某项具体的专利技术或专利产品进行仔细的介绍，但通过这个画面，使读者能够体会到，知识产权保护在鞍山钢铁集团公司所起到的巨大作用。当然，在图片说明中，对企业知识产权保护的整体情况进行了报道。

图9-25作品赏析：图片展现的是企业负责人向前来采访的记者介绍产品情况。这是一幅介于全景与中景之间的画面，记者抓住负责人动感的手势，表明其与参观者之间的交流。左边手持相机拍照的人士也是不可缺少的，一是有稳定画面的作用，二是说明这是一次记者集体采访活动。图中高大的螺旋式产品，通体红色，具有很好的形式美感。

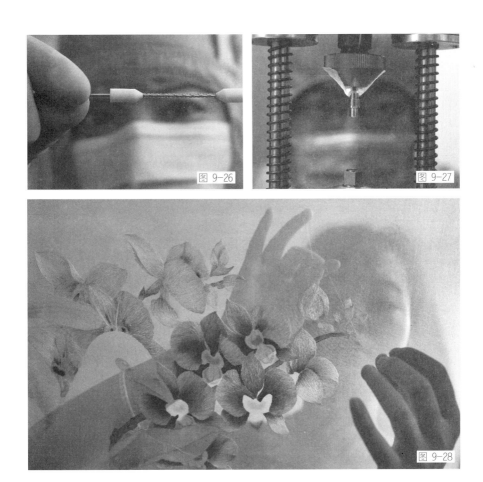

图9-26、图9-27、图9-28作品赏析：图片采用虚实结合的方式，试图表现专利产品心脏支架、激光器技术及湘绣技艺。记者把焦点对在产品上，使人物虚化，突出了产品的视觉效果。

三、本书作者新闻摄影实践简介

经常与本报摄影记者一同采访，在不知不觉中也"偷艺"几分。我的体会是在实践中多观察，不断向专业摄影记者学习。今天"自不量力"地把这些见报的图片摆在台面上来，请大家指正。

（一）综合报道

图9-29：2001年11月，中国杨凌知识产权信息中心正式成立，时任国家知识产权局副局长田力普及陕西省副省长陈宗兴参加了揭牌仪式。拍摄这种场面，大多是正面构图，一定要把握好揭开红丝绸的一瞬间按下快门。揭牌时人物动作较大，容易拍虚，或出

现人物闭眼等废片，最好是连拍，事后有挑选的余地。就本图而言，如果左右再有一些与会者纳入画面，现场感会增强。

图9-30：2007年11月22日，第四届中国国际专利与名牌博览会在苏州国际博览中心开幕。国家知识产权局副局长张勤（左二）参加。作为《中国知识产权报》的记者，图片的重点要放在张勤的身上，其他省市的领导人次之。如果还有上一级的领导，那么，图片上最好是张勤与其共同参观的情景。

图 9-31

图9-31：2001年2月22日，我在长沙采访，正好遇到刚刚从北京获首届"国家最高科学技术奖"归来的袁隆平，湖南省委、省政府为其召开庆功大会并颁发奖金。在大会现场，我选择靠近主席台的位置等候时机。他与省委书记杨正午握手时，写着300万元的"大红封"不是侧着就是歪着，即便二人正过身子让记者拍照，袁隆平手持的"大红封"的位置也是下垂在腹部。放到目前的位置就是一眨眼的工夫。当时还是用胶片机拍摄，我先拍了一张下垂在腹部的，正感到不满意的时候，他突然向上移动了一下"大红封"，随后再次与杨正午握手便各自转身离去。（原载于《中国知识产权报》2001年4月18日）

图 9-32

图9-32：图为田力普局长在无锡参观中国专利新技术新产品博览会。整体构图尚可，宾主交流在画面上也无可挑剔。不足之处是画面下方的产品不完整，只能借助图片说明了。另外，由于女子穿着的是黄色上衣，曝光过度。

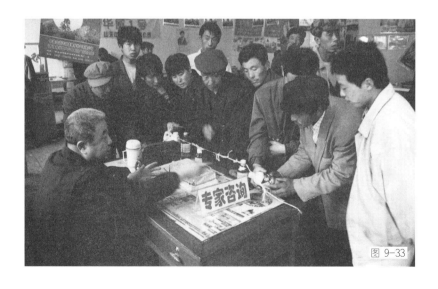

图 9-33

图9-33：2000年5月我在吉林省农科院的农药厅采访，见到很

多农民正在向农业专家咨询农药的使用方法。本图采用略有俯视的角度拍摄，这样可以最大限度地把桌子上的瓶瓶罐罐及众人身后花花绿绿的宣传材料收入镜头，营造一种氛围。画面定格在七八位农民的目光齐聚在一个农民手上拿着的一瓶农药，且这位农民与专家对视的瞬间，此刻专家"动感"的手，也让画面似乎"有声有色"起来。

（原载于《中国知识产权报》2000年6月16日）

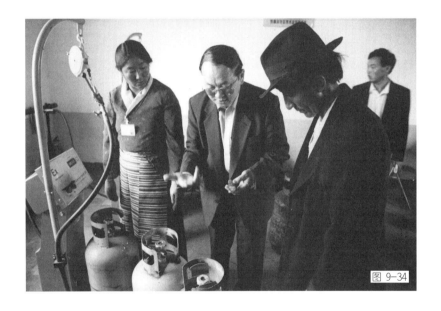

图9-34：本图与我写作的《让高原之火燃得更旺的人——雪域高原科技人物速写之二　姚农林》同时见报，也可以认为是为该篇通讯配图。通讯讲述的是姚农林（左二）介绍一种放在燃气罐上的防伪装置专利产品为企业赢得了荣誉、增加了经济效益的故事。因为说的西藏的事情，为了表现地域特色，我建议他让藏族工人穿上民族服装。姚农林笑呵呵地说，平常他们就是穿藏族服装的。本图以煤气灌装现场为背景，姚农林与工人就专利保护装

置进行交流。图片中包含了燃气罐、灌装设备、藏族工人等。这是一幅"摆中有抓"的图片，为了构图的需要，让人物站在相应的位置，然后由他们自行交流，适时按下快门，整个过程中，不排除有不知情的旁人进入画面，大可不必理会。图中右上角的男子，就是无意中的闯入者，其实很好，使图片更真实。（原载于《中国知识产权报》2000年10月20日）

图9-35：图片是我在中国第一汽车集团公司时拍摄的照片，公司负责知识产权工作的同志在生产车间向吉林省专利局的同志介绍情况。这是一幅稍稍变换了角度的焦点透视构图的图片，如此这般，可以使生产流水线延伸。两位主要人物有交流有手势等。画面中动态的工人身影，为照片增添了几分趣味。（原载于《中国知识产权报》2000年6月9日）

图9-36：纳西东巴古籍文献纳入《世界记忆遗产名录》，使云南省丽江市继丽江古城列入世界文化遗产和三江并流区域列入世界自然遗产之后的第三项世界文化遗产项目。《纳西东巴古籍译注全集》共计100卷，获第五届国家图书奖。图为参与此项工作的丽江市东巴文化研究院李静生先生介绍情况。（原载于《中国知识产权报》2013年1月11日）

图9-37：浙江省非物质文化遗产——衢州麻饼，最惹人眼的是如杂技表演的"上

麻"，操作者手拿竹笸箩，面饼粘上芝麻后腾空而起的过程。经过几次"折腾"，面饼两面都均匀地粘满了芝麻。

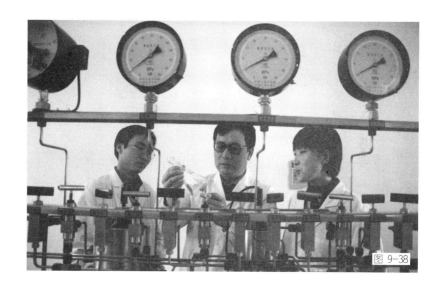

图9-38：内蒙古科迪高科技产业有限公司围着沙棘做文章。公司完成的国家重点科技攻关项目"超临界二氧化碳萃取沙棘油工业开发"，使我国在这个领域达到了国际先进水平。公司从沙棘产品的配方、包装及商标等，进行了全方位的知识产权保护。图为公司董事长邢国良（中）与科研人员在实验室。（原载于《中国知识产权报》2001年11月28日）

图9-39：宁夏回族自治区发明人张全山（中）研制的防冻柴油油箱，解决了冬季行车的一大难题。图为发明人在向宁夏回族自治区知识产权局的同志介绍情况。（原载于《中国知识产权报》2000年12月6日）

图9-40：怒放的奥运礼花。（原载于《中国知识产权报》2008年7月18日）

（二）组照

9-41（组图）

第八届杨凌农业高新技术成果博览会剪影

赶一趟科技大集

本报记者　刘瑞升　摄影报道

从汉族赶集、侗族赶社、苗族赶坡、彝族赶花街、布依族赶六月场，到杨凌农高会赶现代科技"大集市"，一个"赶"字，赶出了潮流、赶出了时尚、赶出了科技盛会。

今天的"大集"，不再仅仅是农畜产品的交易和农妇的叫卖。你会看到杨凌这个中国农耕文明的发祥地正在进行着一场深刻的变革：

"农高会"上，老婆婆丢去"三寸金莲"的羞涩，与年差半个世纪的后生共享创新的欢乐，现代农耕文明催生出的高科技成果，富饶了西北大地；克隆羊群、杂交小麦、白菜新品……新一代农民还开创出一片新天地，让五湖四海的专利在这里生根。去了杨凌"农高会"，如同赶了一场科技大集。

本届农高会资料：

☆由国家科技部、外经贸部等17个部委主办，联合国开发计划署等4个国际组织协办，全国各省、自治区直辖市及美、法、加、日等25个国家和地区派团参加。

☆国家知识产权局首次作为主办单位参展，带来的133个项目均申请了专利。其中发明专利103项、列入国家促进专利技术产业化示范项目41个、获中国专利金奖项目9个、列入国家重点新产品项目15个。

☆共设展位1250个，参会人数130万人次，交易额150亿元。

（原载于《中国知识产权报》2001年11月30日，责任编辑崔卫国）

（报样）

9-41（组图）

老婆婆体味着科技大集的味道

农民后生诉说着创造的奇迹

"国际名种长肉最猛"

年年岁岁都赶集，今天行市大不同

攥了一辈子锄把子的手，如今握着希冀和未来

抱棵"摇钱树"把家还

9-42（组图）

澳洲掠影

本报记者 刘瑞升　摄影报道

有着"骑在羊背上的国家"美誉的澳大利亚，科技成就令人瞩目：盘尼西林、飞机上的"黑匣子"、心脏起搏器等都是澳科学家发明的，有8位科学家获得诺贝尔奖。澳教育非常发达，政府每年对教育投资达240多亿澳元，占国内生产总值的6.4%。澳大利亚被称为"袋鼠之国"，而每天要睡20个小时的国宝考拉熊，更是人见人爱。

（原载于《中国知识产权报》2010年1月29日，责任编辑王文扬）

（报样）

9-42（组图）

澳知识产权局审查员介绍专利审查情况

科普教育从"娃娃"抓起

畜牧业是澳的支柱产业，绵羊饲养数量居世界首位

袋鼠是澳的一张著名名片

被誉为冲浪者天堂的澳海岸线

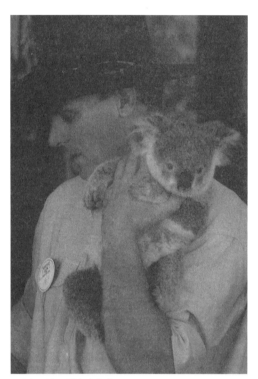

憨态可掬的国宝考拉熊

悉尼大学Malcolm Donnell先生介绍专利申请情况

塑料（UV聚合物技术）制成的澳元，是澳发明家发明的

悉尼歌剧院是澳标志性建筑

科技馆内的昆虫标本可以使人们了解大自然的奥秘

9-43（组图）

全国发明展上的"小人物"

本报记者　刘瑞升　摄影报道

　　在第十三届全国发明展览会上，与生活息息相关的巧、奇产品俯首可拾。您瞧，自来水龙头发明至今，水都是向下流的，现在您看到了"带洗面喷头的节水龙头"——水往高处"走"。用这种龙头洗脸、漱口可节水80%呢。

　　王璇同学告诉我，初学小提琴时，练琴时单调的噪声曾惹得四邻不安。能不能发明一种静音电小提琴呢？于是在老师的指导下，他们几个同学根据所学的电子技术知识，采用高灵敏度、高线形的压电式传感器，将小提琴琴码的振动转换为电信号，经扩音产生传统小提琴的声音，这一设计打破了电乐器使用电磁式传感器的传统，由于没有共振音箱，成为一种弱音小提琴，练习时不会产生环境噪声，同时还可以利用耳机或音响放音。它可以奏出127种音色，集传统小提琴的所有优点于一身。

　　有线电视线是继电力照明、电话线之后进入家庭的第三条线。如果用宽带的有线电视线上互联网那该多好呀！发明人手托着的又薄又轻的回传光接收机就实现了这一梦想，它将传统的又大又重的4台光接收机集成在这个19英寸IU机箱内，使原4台光接收机的输出信号在机内混合，放大后由一个输出口输出，使输出线减少了3/4。

　　双腿都安着假肢的周中超举起他发明的可预防小学生近视、驼背并可矫正写字姿势的坐姿矫正架的瞬间，记者按下快门。他动情地说："虽然身有残疾，但看到自己研制出的专利产品被许多小学生使用时，我的心里总是热乎乎的。"

　　（原载于《中国知识产权报》2001年10月26日，责任编辑阎庚）

9-43（组图）

回传光接收器

带洗面喷头的节水龙头

静音电小提琴

坐姿矫正架

9-44（组图）

非物质文化遗产展示

$$\frac{1}{2 \mid 3}$$

1．侗族大歌，被誉为"一个民族的声音，一种人类的文化"，2009年9月被列入联合国《人类非物质文化遗产代表作名录》

2．纳西族白沙细乐，是纳西先民创制的一部器乐、声乐及舞蹈相结合的古典音乐套曲，入选国家非物质文化遗产名录

3．蜀绣，中国四大名绣之一，图为国家级非物质文化遗产项目（蜀绣）代表性传承人康宁和她的作品

$$\frac{4}{5 \mid 6}$$

4．维吾尔族模制法土陶烧制技艺，已有2000多年的历史，入选国家级非物质文化遗产名录，传承人图尔逊江·祖农在制作仿古土陶工艺品

5．夜光杯雕，玉料选用采自祁连山的老玉，2006年5月被列入首批国家级非物质文化遗产名录，图为代表性传承人黄越肃和他的作品

6．华阴老腔，中国戏剧的活化石，2006年6月被载入国务院公布的中国第一批非物质文化遗产名录中

9-45（组图）

全国书市卖了8亿多

本报记者　刘瑞升　摄影报道

在举国上下大力推进西部大开发战略之际，第十二届全国书市日前在昆明举行。来自我国各地的1500多家出版发行单位、70多家电子音像和电脑网络单位共展出图书近12万种，电子音像和电脑网络产品1万余种，共有10万人次前来参观选购，成交额达8.1亿元，创下了历届书市之最。另外，全国125家单位和部分个人捐赠图书300多万册，金额达588万元。上海出版界还捐资兴办了一所希望小学，并捐赠价值14万元的"七彩书包"7000个。知识产权出版社也携几十种有关专利、版权、商标方面的图书参展，受到各界读者的欢迎。

（原载于《中国知识产权报》2001年10月19日，责任编辑阎庚）

（报样）

9-45（组图）

第十课
文献综述

一、什么是文献综述

广义上讲，凡属论述科学技术内容的文章，都称为科学著述，如各种与科学研究有关的论文、简报、报告、述评、专著、汇编、文献综述，以及教科书和科普读物等。

文献综述又称为文献评论，指的是对某个领域相关的各种文献进行系统查阅和理性分析，以了解该领域发展状况的过程。通过对大量情报资料的综合分析，得出相关的结论，写就的学术论文，被称为文献综述。它是科学文献的一种。

文献综述是反映当前某领域中的最新进展、最新学术见解，它能反映出有关问题的新动向、新趋势、新水平。

文献综述是在对现有文献进行阅读、选择、分类、比较、分析和综合的基础上，研究者用自己的语言对某一问题的研究状况进行综合叙述的情报研究成果。文献的收集、整理、分析是文献综述撰写的基础。研究者占有的文献越多，对他的论文撰写越有裨益。

由于与一个研究问题相关的文献浩如烟海，且鱼龙混杂，这就需要作者去粗取精、去伪存真，要找到同类研究中的最权威、最优秀的文献，要寻到最前沿的理论研究或实践研究的文章。文献综述中，"综"就是通过对文献资料进行综合分析、归纳整理，使材料精练明确、逻辑清楚；"述"就是要对综合整理出的文献进行比较研究，全面、系统、深刻地加以论述，尽可能利用第一手资料，特别是实证资料，包括实地考察、访谈报告、实验研究等归纳分析。

总而言之，文献综述是作者对某一问题的历史背景、前人研究成果、遗留问题、研究现状或发展前景等进行评论的科学性论文。

二、文献综述的写作

文献综述的写作步骤是选题、收集文献资料、拟写提纲，最后形成论文。文献综述的写作与其他科学论文大体相同，但也有其特殊的要求，下面按论文的结构顺序依次叙述如下。

1. 题目

文献综述的题目应当简明、具体、确切地反映出本文的特定内容，一般情况下，题目中应包括文章的主要关键词，既能概括全文内容，又能引人注目，便于记忆和引用，做到恰当、确切、简短、鲜明，起到画龙点睛的作用，以引起读、编者的注意与兴趣。尽量不设副题，题目中不用惊叹号或问号，也不能写成广告语或新闻报道用语；要避免笼统或哗众取宠的词句出现。同时还应具备可检索性、专指性、信息性。题目一般不宜超过20字。

2. 署名

著者署名是论文的必要组成部分。论文要署真实姓名和真实的工作单位。主要体现责任、成果归属并便于后人追踪研究。署名的作者只限于那些选定研究课题和制定研究方案、直接参加全部或主要研究工作、作出主要贡献，并了解论文报告的全部内容，能对全部内容负责解答的人。其他参加工作的人员，可列入附注部分。合写论文的著者应按论文工作贡献的多少顺序排列。

3. 摘要或提要

以200字左右简要地概括论文全文，放于篇首。读者看了摘要就像看到了论文的缩影，看了论文摘要就想继续看论文的有关部分。此外，还应给出几个关键词，关键词应是学术词汇。摘要中不用图表、符号及化学结构式等。

4. 引言

一段好的引言，应当让读者明白论文的学术地位。要写出论文立题依据、基础、背景、研究目的，包括撰写文献综述的原因、意义等。作为论文的开端，主要回答"为什么"（Why）这个问题。它简明介绍论文的背景、相关领域、前人研究历史与现状，以及论文作者的意图与分析依据，包括论文的预期目标、研究范围和理论、技术方案的选取等。

5. 正文

正文是论文的核心组成部分，主要回答"怎么研究"（How）这个问题。

（1）正文应充分阐明论文的观点、原理、方法及具体达到预期目标的整个过程，并且突出一个"新"字。

（2）正文包括课题研究的历史（寻求研究问题的发展历程）、现状、基本内容（寻求认识的进步）。

（3）正文包括研究方法的分析（寻求研究方法的借鉴），已解决的问题和尚存的问题。

（4）正文要详尽地阐述课题研究对象对当前的影响及发展趋势，可以使研究者确定研究方向，也便于他人了解该课题研究的起点和切入点，明确是在他人研究的基础上有所创新。

（5）正文要求思路清晰，合乎逻辑，用语简洁、准确、流畅。

（6）正文内容务求客观、科学、完备，要让事实和数据说话。

（7）凡用简要的文字能够说清楚的，应用文字陈述，用文字不容易说明白或说起来比较烦琐的，可使用图表。

（8）正文中使用物理量和单位应采用法定计量单位。

6. 结语或结论

文献综述的结语或结论是整篇论文的最后总结，主要是回答"研究出什么"（What）。要概括指出作者对该课题的研究意见，存在的不同意见和有待解决的问题等。结语或结论应该以课题研究中得到的现象、数据和分析作为依据，由此较为完整、准确、简洁地指出本论文在理论上与实际应用上的意义与价值，以及对进一步深入研究本课题的建议等。

7. 参考文献

这是论文中很重要、也是存在问题较多的一部分。列出参考文献，说明文献综述所依据的资料，增加综述的可信度，也便于读者了解论文研究命题的来龙去脉，便于读者进一步检索。它反映论文的科学依据和论文作者尊重他人研究成果的态度。被列入的论文参考文献应该只限于那些论文作者亲自阅读过和论文中引用过的文献，而且是发表在正式出版物上面的，或其他有关档案资料等。

有的作者不标注参考文献的出处，故意不引，或贬低别人研究成果，抬高自己的做法都是错误的。

一篇论文中几乎自始至终都有需要引用参考文献之处。如论文引言中应引上对本题最重要、最直接有关的文献；在方法中应引上所采用或借鉴的方法；在结果中有时要引上与文献对比的资料；在讨论中更应引上与论文有关的各种支持的或有矛盾的结果或观点等。

不查文献、漏掉重要文献、故意不引别人文献或有意贬损别人工作等错误是比较明显、容易发现的。有些做法则比较隐蔽，如将该放在引言中的，作者把它引到讨论中。这就将原本是你论文的基础或先导，放到和你论文平起平坐的位置。又如科研工作总是逐渐深入发展的，你的工作总是在前人工作基础上发展起来做成的。正确的写法应是，某年某人对本题做出了什么结果，某年某人在这基础上又做出了什么结果，现在我在他们基础上完成了这一研究。这是实事求是的态度，这样表述丝毫无损于你的贡献。有些论文作者却不这样表述，而是说，某年某人做过本题没有做成，某年某人又做过本题仍没有做成，现在我做成了。这就不是实事求是的态度。

三、写作文献综述需要注意的问题

1.注重综合提炼和分析评论

文献综述不应是对已有文献的重复、罗列和一般性介绍，而应是对以往研究的优点、不足和贡献的批判性分析与评论。有时文献综述的作者列举了国内外专家、学者关于某一领域的论述和做法，查阅了大量文献资料，了解了有关研究情况，这些有助于作者通过比较、分析，根据研究的可行性确定论文的范围。但是，作者对专家学者所持理论和做法的优点与不足所进行的分析与评论不够，没有进行归纳和提炼。因此，文献综述是在掌握大量文献资料的基础上，对其进行综合提炼和分析评论。

2.提出作者的见解、观点、意见和建议

写作文献综述的目的是通过深入分析过去和现在的研究成果，指出目前的研究状态、应该进一步解决的问题和未来的发展方向。对各种研究成果进行评论，系统总结某一研究领域在某一阶段的进展情况，并结合论文的实际需要，提出自己见解、观点、意见和建议。同时，尽量避免大量引用原文，要用自己的语言把观点说清楚。

3.做到全面、准确、客观、真实

要尽可能掌握第一手资讯及最权威的有代表性的观点，做出较为准确客观的分析。而用于分析评论的观点、论据一定要来自原始文献，尽量避免使用别人对原始文献的解释或综述。做到既能系统全面地反映研究对象的历史、现状和趋势，又能反映研究内容的各个方面。当然，这一切的前提是真实。

注：本文系2012年8月22日在中国专利信息中心《知识产权与信息化》编辑培训班上的发言提纲。（根据录音整理，有删节）

附 录···

一、通讯员习作选

三大"法宝"托起的一流企业

本报讯（通讯员王华明**武汉报道）**武汉光讯科技有限责任公司是由武汉邮电科学研究院控股的高新技术企业，在成立不到3年的时间里，公司就已形成了10亿元的生产规模，2002年销售产值达2.5亿元，利润2000多万元，是什么让企业在这激烈的市场竞争中站稳了脚跟、步步为营、发展壮大，成为中国光电子器件行业最具影响力的企业呢？光讯公司副总经理许远忠博士告诉笔者：重视知识产权保护，把专利制度与标准有机结合，注重人才培养，是我们企业向一流企业迈进的有效法宝。

光讯公司的前身是武汉邮科院固体器件研究所。2001年转制成为企业运作模式的光讯公司。成立之初，企业并没有很快认识到专利、标准、人才对企业未来发展的重要性。在企业的发展过程中，公司高层领导逐步认识并达成共识，确立了专利、标准、人才三大战略为企业的发展战略。公司副总经理许远忠博士非常坦诚地说："一开始，我们也是处于认识阶段，认识到位，量变到质变，实施也就成了必然。"

2002年，光讯公司申请专利36项，其中发明专利19项，实用新型专利16项，美国专利1项。2002年申请量比2001年增长56％，发明专利增长170％，企业累计申请已达59项，累计授权已达18项。在全国光有源器件、光无源器件以及光通讯仪表等领域的100多件专利中占了一半左右。众多专利的占有使得企业放心、大胆地将开发的新产品迅速地投放市场，占领市场。2001年、2002年两年间，光讯公司出口产值达862万美元，预计2002年的出口产值将更高。不仅如此，光讯公司还是一个打标准战略的行家。公司深知，在迅速发展的信息领域，光通信技术的国家标准及行业标准与专利的综合运用将成为技术垄断和市场限制的重要手段。在公司制定的10项国家标准中，有4项容纳了2～3项相关专利，在制定的18项行业标准中，有5项融入了相关专利。特别是在2002年公司所承担的国家"十五"863高科技项目——Raman光纤放大器的研制中申请了2项发明、3项实用新型专利，并申请了Raman光纤放大器的国家标准。融入了专利和标准的Raman光纤放大器将被公司作为重磅"炸弹"推向市场，并将在2003年公司销售业绩中占据重要地位。

　　光讯公司众多专利的申请，新产品的开发、标准的制定离不开公司的人力资源。600多名高素质的优秀员工是光讯科技的核心竞争力所在。目前，公司拥有本科、硕士、博士人数占公司总人数近一半，强大的研发队伍为公司的技术创新奠定了基础。我们有理由相信，光讯公司的前途正如他们所振臂高呼的口号："国内顶尖、国际一流。"（原载于《中国知识产权报》2003年3月28日）

走进汉正街
本报通讯员　刘咏梅

　　带着无尽的遐思与想象，我们来到了这条与数以万计人唇齿相依的商业老街，最先映入眼帘的，不，更确切地说，触目皆是的除了商品以外，便是一块块牌子。知名的像"登喜路""万里马""啄木鸟""袋鼠"等等，还有一些是闻所未闻的，如"托萨莫""亨通""紫竹"等等，不一而足。也许这又是一个"假亦真时真亦假"鱼目混珠的所在？笔者惶惑了。恰在此时，接受我们采访的人来了。

　　在接待我们的会议室里，武汉市硚口区工商局、汉正街管委会的领导和汉正街一些企业的代表已经就座。我想他们应该就是促成汉正街发展最最基本的主体了。或许，我来时的困惑就可以从他们那里找到答案。这时，带着浓重的武汉口音的话语自耳边响起，武汉市硚口区工商局和汉正街管委会的领导开始了他们的介绍。

没落"贵族"遭遇尴尬

　　汉正街是全国发展最早的小商品批发集散地，曾几何时，作为全国同行业中的"贵族"，何其风光，何其显赫。然而，当改革开放进一步深化，当我国走进世界贸易组织的大门，"贵族"汉正街开始一步步走向没落。

　　尴尬一：汉正街一商户欲抢注"汉正街"商标。

当汉正街的故事随着电视剧《汉正街》的播出传遍了大江南北、街头巷尾的时候，"汉正街"这三个字便不仅仅代表一条街名成为客观存在。它的爱恨情愁、它的荣辱兴衰都是人们关注的所在，它本身就蕴含着丰富的无形资产。而今，汉正街一商户欲抢注"汉正街"商标，如果注册申请被批准，"贵族"就有可能连名字都要更改。

面对这一尴尬，汉正街管委会采取了果断的应对措施，以政府的名义向国家工商总局提出注册申请，拥有了"汉正街"的商标权。

尴尬二：马耳他事件。

2002年，汉正街商户根据贸易合同向马耳他出口一批服装，然而货物运到目的地后，没有注册商标的产品被悉数打回，造成了巨大的经济损失。

面对严峻的形势，只有加强知识产权尤其是商标权的宣传力度，强化企业、业主的知识产权意识，使企业、业主自觉地保护自主知识产权才能力挽狂澜！"事情的发生存在偶然，然而偶然之中又蕴含着必然。传统的经营方式和经营理念必将造成这种'尴尬'不断上演。"这是发自硚口区工商局和汉正街管委会领导们心里最真诚的呼唤。

通过深入企业进行调研以及对汉正街市场发展前景及存在的问题进行深入透彻的分析，武汉市硚口区工商局和汉正街管委会达成共识：汉正街二次创业的出路只有一条，必须打造自己的品牌，创造和拥有更多的自主知识产权，才能恢复"贵族"的荣誉。

"孩子还是自己的好"

也许是被现场热烈的气氛所感染，汉正街一些企业的代表都流露出真诚而又热切的目光，表达了他们想倾听、想讲述的愿望。

一皮具老总说："我来到汉正街已10年了。10年里，我经历了汉正街的风风雨雨。我是从小作坊做起的，那时候一件货只挣一毛钱，一个偶然的机会，我发现代理品牌很挣钱，品牌产品用质量和信誉赢得了顾客的信赖，于是我便开始了代理品牌之路。到今天，我已经拥有自己的品牌了。"

他还说："入世带给我们的冲击太大了，没有自己的品牌，就无法开拓自己的市场空间。'汉正街'就是品牌，相信有一天，经过我们所有人的共同努力，'汉正街'也会像'家乐福''沃尔玛'一样，冲出国门，走向国际。"

我惊讶了，这些通常都是我们这些为知识产权大声呼吁的人们口中常说的话，而今天，竟出自坐在我面前的一位貌似农民般淳朴憨厚的商户口中。此时此刻，我想没有谁能把他再与"小手工作坊"连在一起了。

"我代理别人的品牌，就像是在为别人带孩子，做得再好，也是别人的。我想打出自己的品牌，也许很艰难，但我总觉得孩子还是自己的好。"这女子的干练，从她眼中闪烁着的坚定就可以看到。她说："我是1993年到汉正街，一直代理别人的品牌，做得很好，但那毕竟是别人的，于是我就注册了自己的商标'托萨莫'，并在法国提出了注册申请，由我自己生产，自己销售。2002年，是我做生意以来销售额最低的一年，但我有信心，只要质量有保证，就一定会有市场。"

在汉正街13000多户业主中，10%以上的业主拥有大专以上学历，"博士后""双硕士"者也大有人在。正是他们在激烈的市场竞争中相互学习、彼此促进，搞活了这方市场，也正是他们构成了汉正街二次创业的中坚。

付出总有回报。汉正街仅2002年一年就申请注册商标20多件，相当于十几年来注册商标数的总和。今年，武汉市政府又拨地3500亩，建设汉正街工业园，原来"前店后厂"的外延正扩大延伸。此时，我们已相信：门外街上，那一块块牌子之下，蕴含着商机无限、潜力无限。有朝一日，再来汉正街时，定会别有洞天。

低头间，看见饮水的一次性纸杯上有这样一句话："十里帆樯依市立，万家灯火彻霄明""中国·汉正街"，原来在这小小纸杯上，就已印明了一种答案。

（原载于《中国知识产权报》2003年3月28日）

是什么将他们造就为百万富翁

本报通讯员　许耀文　莫瑶江

20年前，骑着两个轱辘的自行车上下班，如今却能以豪华的四轮轿车作为代步的工具；

20年前，一家人挤在50平方米的小窝里生活，如今却有五室两厅两卫的空间可以徜徉；

20年前，过春节时只在武汉市内走走亲戚，如今却携家人游历新马泰、欧洲、澳大利亚、美国。

这是记者在湖北省化学研究院采访几位研究员时获得的深刻印象和鲜明对比。

是什么原因让科技人员如此富有？记者带着这一疑问走进了该院科技办公

室。在科技成果展示厅，橱窗里一摞摞专利证书十分醒目。墙上悬挂着一系列科技奖励政策，专利法实施细则第74条一下子吸引了记者的目光："一项发明专利的奖金最低不少于2000元……"细则的旁边是化学研究院的知识产权管理办法："把专利申请、专利授权和专利实施后的经济效益与发明人的经济效益结合起来，申请一项专利，给予发明人500元奖励，专利授权后给予3000元奖励……对专利技术实施后产生的经济效益按纯收入的33%奖励给发明人……"记者看到33%这一比例，似乎明白了什么。再仔细聆听刘良炎院长接受记者采访的一番介绍后，记者的心中豁然开朗，所有的疑问均有了答案。

湖北省化学研究院前身为化学研究所，于1973年成立。1987年通过变换催化剂发明专利的实施掘得了第一桶金。以此为依托，在水解催化剂、脱硫剂、光通讯化学材料等方面充分发挥科技人员的积极性，形成了一系列自主知识产权。1993年开始，该院重奖有功科技人员。将专利技术实施所带来的利润的三分之一奖给发明人。这种奖励不是一时头脑发热，用刘院长的话说是制度化了。1993年，化学院的几位功臣能拿到十几万元的报酬，而近几年，每年能拿到上百万元。谈到这些，刘院长兴奋地说："我们不仅生产专利产品，我们也生产百万富翁。我们就是要构建良好的机制，充分调动科研人员发明创造的积极性，让他们的聪明才智为单位作贡献。世上没有无缘无故的爱，他们爱单位，我们就重奖他们，为他们创造一流的生活条件和工作条件。"

好的机制激活了广大科研人员创新的热情。目前，该院申请发明专利85项，获得专利权53项，其中95%已转化为生产力。职工的收入从"七五"期间的年均0.29万元增长到"九五"期间年均4.25万元，增长12倍。

记者在结束采访返回的路上一直在思索：好的科研人员能研发出好的专利产品，好的专利产品能打开市场，好的市场能为单位创造好的效益，好的机制尤其是知识产权参与收益分配的机制能造就百万富翁。造就富翁是表象，其深层次的问题却耐人寻味。（原载于《中国知识产权报》2003年3月28日）

流失乎？回流乎？
——武汉大学"回流现象"的启示
李晓梅

近日，笔者在武汉大学发现一种现象：有的科研人员自愿将自己的非职务发明纳入学校，按学校的职务成果进行管理。有人把它叫做"知识产权回流现象"。

在知识产权工作实践中，我们经常会发现，在很多企事业单位，由于知识产权意识淡薄，知识产权管理工作不到位，利益驱使以及奖酬政策不落实，造成国有资产严重流失现象。

武汉大学何以会出现与之相对立的"知识产权回流现象"呢？早在5年前，在经历了一系列"流失"的尴尬和教训后，武大就对该校的知识产权管理工作进行了总结和反思，制定出台了《武汉大学知识产权管理办法》及其配套措施，设立了专利基金，兑现了专利奖酬，将知识产权工作与科技人员安身立命的职称评定、年度考核、业绩津贴及分配等"资本"挂钩。5年过去了，不仅"知识产权流失"问题减少了，而且出现了将非职务发明"转化"职务发明，实现了发明人与学校的"双赢"，呈现出可贵的"回流现象"，这从某种意义上讲，也是一种"倒流"。

纵观以上两种"现象"，表面上看是知识产权在流动，但透过现象看本质，应该是国家和个人的"利益"在流动，是调控机制也就是政策有无吸引力在起作用，而政策就像一个杠杆的"支点"。在社会主义市场经济体制下，作为知识产权管理工作者及其相关部门，只要找到这一"支点"，建立一套"有吸引力"的激励机制，就不仅能防止知识产权的流失，而且还可以实现回流。但"回流"到何种程度，是否需要我们及时把"支点"找准，值得深入研究。

知识产权倒流乎？回流乎？（原载于《中国知识产权报》2003年3月28日）

专利铺就通天路
——山西榆次筑路机械厂发展纪事
本报通讯员　洪烟庆

出太原城往南30余公里有个晋中市（原榆次市），市郊有个窑上村，村里有个破落的院子。早先是生产队圈养牲口的地方，今天已是国内外市场声名远扬的榆次筑路机械厂。故事就是从这个牲口棚里开始的。

1979年，十几位退休工人和待业青年集资330元钱，租了一个氧气瓶、一部砂轮机和一台电焊机，在这里开始起步创业。如今，他们已发展成为国内生产公路筑路、养护机械以及沥青储存、加温设备和压力容器的专业生产厂，固定资产1280万元，员工238名，并设有筑路机械科研所和自动化研究中心，年产值过亿元。

由原始小作坊到专业化生产厂，成为国内同行业著名企业，榆筑厂快速发展之路是怎么蹚出来的？

坐在厂里宽敞舒适的会客厅里，四周各类奖杯、牌匾璀璨夺目，锦旗镜框交相辉映。厂里的李总工程师开门见山：可以说，是技术创新使我们在市场站稳脚跟并不断发展壮大，是专利申请等知识产权保护为企业撑起了市场保护伞，坚持科技兴企和重视知识产权保护，铺就了榆筑厂的广阔发展之路。

就在企业成立不久，他们揽来一项业务，有用户希望生产一种卡车上专用的沥青保温罐。当时，这项技术在国内还没听说有人用过。沥青油必须是液态下才能在公路施工中使用，一旦冷却就会结成硬块，处理起来非常麻烦。为解决这一难题，全厂老少开动脑筋，提出了多种方案。他们设想，如果将罐体分两层焊制，中间加入保温层，问题不就解决了吗？但是，这又面临夹层要多厚、保温材料怎么解决等一系列疑难问题。通过反复试验，沥青保温罐终于做成了。把160℃的沥青油装进去，经过上百公里运输送到工地，测量一下，温度下降了3℃，用户非常满意："用上这家伙既安全、又方便，还可大量节省施工成本，我们还要再买几个。"客户一传十、十传百，一时间，订单源源不断。

这次经历让榆筑厂尝到了甜头。从此，做别人没有做过的事，面向市场需求创新攻关，成为全厂上下的共识。

1985年年初，榆筑厂瞄准了当时国际上最为先进的导热油加温新工艺，并组织力量展开攻关研究，尝试将此项工艺用于沥青加油中。功夫不负有心人，经过一段时间的艰苦努力，他们的报告经过专家论证，并得到了国家主管部门的扶持。又经过百日奋战，终于攻克了诸多难关，填补了这项国内空白。为保护自己的创新成果，他们及时将这一发明申请了中国专利。

工艺技术进步促进了企业产品不断升级，企业的生产规模也随之不断扩大。1996年，厂里挤出资金、招揽人才，成立了筑路机械研究所和自动化技术研究中心，以成果带动产品。此举使榆筑厂更加如虎添翼，厂里的科研成果一个接一个，新产品一代接一代。为了加强对专利成果、商标品牌、商业秘密等知识产权的管理，厂里专门设立了知识产权管理机构，厂长亲自牵头负责。

回顾企业多年来的成长经历，李总工程师深有感触地说：科技创新和专利保护，这是企业取得今天成就的核心和灵魂。依靠不断的技术创新，榆次筑路机械厂产品在国内同行业处于领先地位，部分产品接近、达到了国际最先进的技术水平。现在，国内多数工程公司选购筑路机械设备，首先想到的是榆筑，并在竞标工程时强调这种优势。榆筑产品已销往国内多个省区，在各地市政工程建设，在太旧、沈大、济青、京深、京大、京津塘等高速公路以及107、108国道等工程建设中，发挥了重要作用。部分产品已取代国外进口，并随援外工程，出口到蒙古、哈萨克斯坦、赞比亚等国家。

我们看到，在榆次筑路机械厂内过道两侧，整齐地摆满了准备出厂的各式工程设备，"榆筑"标牌格外醒目。厂里的同志说，他们已投资购买了土地，即将建起一座现有规模五倍的生产基地，将来，榆次筑路机械厂还打算建设国内第一座筑路机械工业园。

在祖国大江南北，榆筑的机械设备铺就了一条条宽阔平坦的大路，同时，也在成就着企业持续发展的通天之路……（原载于《中国知识产权报》2004年5月15日）

老骥伏枥 志在千里
——记山西华奇机械有限公司董事长唐寿海
本报通讯员　赵毅

1998年，太原市被国际有关组织列为世界上十个不宜人类居住的严重污染城市之一。此事像一把利刃，深深地扎在一位年近七旬的老人心上。他想不通，拥有2500年悠久历史，自古以来人杰地灵的古城太原，如今怎么就成了"人类不宜居住"、污染严重的地方了呢？

2000年6月，我国第一台中频感应锅炉在太原研制成功，其相关核心技术共申请2项发明专利和2项实用新型专利。而发明人正是前面提到的那位老人——山西华奇机械有限公司董事长唐寿海先生。

2004年4月，在春风送暖、万物充满生机的日子里，我踏上三晋大地，专程采访了唐寿海老先生。

初见唐先生，若不是他那已斑白的头发，仅从那充满活力与智慧的眼神、硬朗而灵活的身板、清晰而敏捷的思路，你绝对想不到他是一位年过七旬的老人。

"您是怎样想到发明中频感应锅炉的？"随着我的提问，唐寿海的思绪又回到了六年前……那时他已下决心，一定要发明出一种取代烧煤的、多功能环保节能新产品。可该从哪儿入手呢？

能否将自己多年从事并精心研制的中频感应技术应用于锅炉领域？当时，这在世界上还没有人尝试过，无疑是一种创举。

"我就是要干别人没有干过的事！"唐寿海说干就干，他带领全体技术人员开始进行艰苦的攻关。深夜大家都休息了，老人还伏在灯下设计着一张张图纸，一干就是五六个小时，常常到第二天凌晨三四点钟；白天他既是组织者，又是实践者，领着一帮技术人员和工人进行反复的试验；面对一次次的失败，他毫不气馁，从1998年到2000年这两年时间里，在经过数百次的试验之后，他终于成功了。功夫不负有心人，2000年6月，他研制出我国第一台中频感应锅炉，这对一位已年近七旬的老人来说是何等的艰难啊！

老人自豪地说：经专家鉴定，将中频感应技术应用于锅炉领域，在国内外尚属首次。

为使这一先进技术得到及时保护，2000年8月，唐寿海就该技术及其相关技术申请了专利。中国研制出中频感应锅炉的消息震惊了世界，美国、德国、日本等国外许多相关企业纷纷来电、来函寻求合作，美国一家公司愿出高价购买此项技术。该产品的成功研制为公司带来了巨大的经济效益和荣誉：2000年获得国家经贸委重点新产品推广计划和重点新产品证书，并被列入国家科技部星火计划；2003年被国家建设部推荐为大型工程及奥运工程使用产品；公司被授予太原市"高新技术企业""技术创新先进企业"等称号。

在获得巨大成功和荣誉面前，唐寿海表现得异常冷静，而谈到发明创新，他却显得十分动情："我的人生格言是：创新无止境，发展无终点。发明创造使我感到越活越年轻，为我带来无穷的乐趣。"

谈到公司下一步的发展，他充满自信地说道："公司将本着生产一代、储备一代、研发一代的发展战略，使新产品不断展现在世人面前。我已年过七十，要在有生之年，用掌握和积累的技术造福于人民，有益于社会，我要让'华奇'继续为中华民族创造奇迹。"

听了老人的话，我不禁想起曹操的诗句"老骥伏枥，志在千里"。这不正是唐寿海的真实写照吗！（原载于《中国知识产权报》2004年5月15日）

打造专利"金刚"利器

本报通讯员　宁静

2000多年前，汉武帝刘彻为了保国安民，与匈奴人征战20余年。匈奴人使用的兵器锋利无比，常常把汉军的刀枪拦腰砍断，着实让刘彻头疼了多年。直到张骞出使西域归来，带回了"金刚砂"，打造出来的兵器削铁如泥。

随着社会进步，人类对金刚石的认识和应用不断加深，金刚石工具成为许多行业不可或缺的专用设备。石家庄博深工业集团在租来的厂房里创业起家，仅仅10年，已发展成为拥有国际前沿技术和70余项专利，制造生产切、钻、磨三大类2000多种大型金刚石工具的企业。

自主开发淘到"第一桶金"

1994年，现任博深集团董事长的陈怀荣与4名志同道合的同事毅然下海创业。公司成立之初，他们手头只有东拼西凑来的10多万元资金和租来的300来平方米的厂房。没有设备自己造，没有工人自己干，没有工资，每人每月只拿300块钱的生活费。在艰苦环境下，陈怀荣等人瞄准了水平高、市场份额大的金刚石工具开始了自主研发。经过无数次试验，第一张"博深"牌金刚石锯片——冷压烧结铁基金刚石锯片终于诞生了。产品上市第一年，就为公司带来了600多万元的销售收入。博深集团淘到了创业史上的"第一桶金"。

成功的喜悦坚定了博深人依靠自主技术创新、进一步开拓市场的信心。他们从提高和稳定产品质量上下功夫，加大技术创新投入，不断研制和开发新产品。短短几年，集团陆续研制开发出200多种新产品，满足了市场对不同种类金刚石工具的需求，并牢牢占据了国内市场的霸主地位。

知识产权保护赢得市场主动权

金刚石工具结构简单、加工方便，技术门槛不高，极易仿造。随着"博深"产品在国内一步步做大做强，业内企业纷纷"群起而效之"。一度，仅石家庄市就有大大小小几十家企业涉足这一领域，蚕食博深集团的市场。博深集团被迫采取措施，对产品进行市场保护。

痛定思痛后，1998年，博深集团申请了第一件专利"金刚石薄壁钻头耐压模具"。这一模具将生产效率提高了5～20倍，把许多同类企业甩在了身后。

尝到专利甜头的博深集团一发而不可收，截至2005年年初，博深集团已经申请了75项专利，平均每项专利创产值286万元人民币，创汇28万美元。此外，他们还申请注册了39项商标，对700多个原材料配方通过商业秘密加以保护。

如今，知识产权成为博深集团发展的重要支撑点。集团成立了知识产权办公室，由副总工程师全面负责，制定了一系列知识产权工作制度。集团每天都在跟踪了解国内外金刚石工具领域的最新专利信息，对所有立项项目必须进行全方位的专利检索。

有了"金刚砂"打造的利刃，汉朝军队无坚不摧，终于在与匈奴人的对决中大获全胜。今天，博深人利用知识产权这一市场竞争的利器，正在中国工具产业领域扬起一面"金刚"大旗！（原载于《中国知识产权报》2005年4月15日）

浙江翔隆："细节决定成败 专业成就卓越"
本报通讯员　鲁洁

"细节决定成败，专业成就卓越！"杭城如画，草长莺飞，在钱塘江畔核心商务区的一栋高楼内，浙江翔隆专利事务所（下称翔隆）所长戴晓翔在接受采访时说到。作为一个老牌专利事务所，翔隆一路稳扎稳打，执着以求、精攻于业。近年来，翔隆先后在多起知识产权诉讼案中胜诉，颇受业界瞩目。究其原因，还是要归功于戴晓翔所强调的专业服务精神。

内修外炼　提升服务能力

"相比做大，我们更希望做强，特别是以过硬的业务能力引领高品质的服务水平。"戴晓翔十分看重团队的能力，"只有精英的团队才能保障经手的每一份专利文件都经得起时间的考验，才能保障在关键时刻群策群力、化腐朽为神奇。"因此每个月，戴晓翔都会带着翔隆的同事对各类典型案件进行研讨，并不时提醒专利工作是非常严谨的，必须一丝不苟地对待。

"专利服务切忌空谈，必须从技术的角度出发，从法律的适用出发，让客户真正得到应有的权利。"戴晓翔表示。在业务上翔隆一直坚持专利申请代理与诉讼两条腿走路。"代理经验能帮助诉讼理清技术要点，诉讼过程也能提醒我们在专利申请中要避免哪些问题。"在业内知名的赛伯状告爱仕达关于压力锅的侵权案中，翔隆就是准确地把握了爱仕达压力锅与赛伯专利区别技术特征，在高院二审中据理力争，最终胜诉。该案也入选中国法院50件典型知识产权案例。

成立17年来，翔隆不仅为包含30余家上市企业在内的3000多名客户代理了6万余件专利申请、侵权纠纷、无效复审等，戴晓翔本人也被评为中国首批专利代理行业高层次人才，星级代理人。

主动出击　彰显服务品质

随着我国知识产权服务业的发展和完善，服务质量和服务能力不断提升，知识产权服务的理念也与时俱进。"专业化服务的精髓不是等待客户发出需求，而在于了解客户的需求，主动帮客户解决问题。"每年，戴晓翔都会带着他的团队走访各个客户，为的不是拉客户，而是把最新的资讯送到客户手中。通过面对面的沟通，让客户及其技术人员更了解专利怎么撰写，专利保护该怎么实施，遇到专利纠纷该如何处理等。

"我们已经看到了一些成效，现在我们收到的技术交底书写得越来越充实，越来越规范。"随着翔隆团队一次次深入企业现场讲解，企业对知识产权也更加重视，开始鼓励更多的科技人员去研究创新。一些尝过专利甜头或苦头的公司甚至主动提出了各项战略合作，让翔隆团队帮助企业明确专利权属关系，优化申请流程。

对于知识产权服务业的发展，戴晓翔表示非常有信心。或许未来专利行业的准入标准会进一步降低，但是只要坚持专业服务一定能赢得更多的认可。"人过留名，雁过留声，发挥专业优势，帮助客户保护好创新成果是知识产权服务人员的最大心愿。"望着窗外潋潋钱塘江水，我们听到了一名知识产权从业者最质朴的声音。（原载于《中国知识产权报》2015年6月17日）

二、通讯员随笔选

通讯员就是这样上道的
——2004·太原笔会感怀
本报通讯员　张菱

问渠哪得清如许，唯有源头活水来

4月5日，在山西省太原市的中国科学院煤化研究招待所二楼会议室，"2004·太原《中国知识产权报》骨干通讯员笔会"开幕了。与其他会议不同的是，开幕式后有一个别开生面的内容：主持人刘瑞升老师要求每个学员自报家门，难道他们互不认识？

原来这些学员虽然年龄层次悬殊较大，但有一个共同的特点：在单位身兼多职，大多数学员在没有经过通讯员培训的情况下，便承担起《中国知识产权报》通讯员的任务。许多通讯员只在报纸上闻到其名，而未见过其人，自报家门的方式使大家迅速"零距离"接触。刘老师告诉大家，用简洁的语言将自己"隆重推出"，是做好通讯员的第一要素。

知识产权的主阵地《中国知识产权报》是信息交汇的平台。通讯员工作起着举足轻重的作用。"工欲善其事，必先利其器"。为了使这些通讯员在新闻写作上早日上道，《中国知识产权报》的老师们忙里偷闲，在"4·26"之前进行一次"速成战"：笔会的形式——集中培训、实地采访、限时写作、分析讲评。由此，我们不难理解：《中国知识产权报》之所以立于不败之地、被公认为是知识产权界的权威媒体，只因有源头活水——一心扑在知识产权事业上的记者编辑和老师们。他们在工作中的不懈努力和对通讯员的言传身教，《中国知识产权报》才有了如许源远流长的生命力。

采得百花成蜜后，为谁辛苦为谁甜

哗哗的汾河水，好像在叙述着山西2500年的文化史。汾河岸边的煤化所会议厅里，身为副总编的张岳庚，在娓娓讲述着"通讯员工作的再认识"。之后，他以"消息"的写作打开"通讯"的入口。他声情并茂，不时地用提问的方式授业、解惑，加深学员对新闻知识的理解："××，导语的形式你能回答几种？""哪位学员补充并举例说明？"有问有答。呆板的理论在他那绘声绘色的讲述中，深深地铭记在学员心里。其实一个总编"对付"几十个初学者，是绰绰有余的。然而令人感动的是：他讲解的每一个问题都是经过精心备课的！

下午，报社王少冗老师主讲"通讯的写作"。他从记者综合能力的培养讲到整体构思与写作，把理论穿插在生动的事例中，使学员在不知不觉中进入了他的教学方式。

刘瑞升老师以他切身的体验主讲了"我采写通讯的经验和体会"。为了使学员尽快上道，他将自己的作品复印件发给学员，对照着作品，把自己怎样采访的前后背景告诉大家，分析采访的切入口。

杜颖老师严谨的工作作风和治学态度早已在老通讯员中间传为佳话。这次她对一年来的通联工作所做的分析、总结性发言，指导了新学员在搞好通联报道工作上少走弯路……

晚饭后，学员分成5个小组讨论第二天的采访事宜。报社老师不顾白天讲课的疲劳，又一个房间挨一个房间地了解各小组采访前的准备工作，指导帮助大家如何采访及遇事怎样随机应变。他们，为谁辛苦为谁忙？学员们都深深感悟了"无私奉献"这个词的内涵。

纸上得来终觉浅，绝知此事要躬行

6日早上7点，在报社老师的带领下，五个小组准时出发前往被采访单位。它们是：太原理工天成科技股份有限公司、山西省农科院蔬菜研究所、山西华奇机械有限公司、山西榆次筑路机械厂、太原理工大学。学员们进车间、下菜地、听介绍、观产品，那一件件用知识产权保护起来的自主高新技术、主导产业，都一一陈列在了学员的心里。半天时间，各小组采访顺利完成，学员们各个满载而归。

谁言寸草心，报得三春晖

下午，学员住的宿舍楼与往日不同：出奇地寂静。是因为连日的路途疲惫和紧张的学习采访，使学员们留恋于枕席之间了吧？或许，是因为那太原市诱人的人文景观吸引了采访完毕的学员们前去徜徉？都不是。那是什么呢？他们没有一个出去，无一例外，都在各自的宿舍里聚精会神地写着稿子！而且，有必要说明的是，一个房间两个人，家具是一桌一凳。其中一个学员必须蹲着或趴在床沿上写，但没有一个有怨言的！

夜里11点，学员们没有一个"离岗"。报社的老师们也没有休息，他们挨屋走访解疑释惑，甚至与学员探讨文章标题、指导构思……时钟指向午夜2点，房间的灯光依然。学员都有一个心愿：拿出最好的文章，不负老师的苦心。

学员的稿件交上去了，我们的老师们又马不停蹄地审阅着每一篇稿子……

笔会年年都搞，汾河夜夜奔流

下午两点，在一双双注目礼下，张总编走上讲台，但见他表情有些倦意，他环视了一下台下的学员后开始为每一位学员点评作业。令人惊叹的是，篇篇稿件他都过目不忘，从主题到结构，从内容到形式，因人而异，篇篇都有独到的见解，令人折服。拳拳苦心、连日的劳累，换来了可喜的回报：每个学员都有不同程度的长进。不久后的《中国知识产权报》登载的学员采访的文章，将会从另一个侧面反映这次笔会的成绩。

为期三天的笔会结束了。晚上，领导、学员会聚一堂，为这次时间短、收益大的"笔会"举杯庆贺。张总编即兴赋对联一副："成也文章，败也文章，笔会年年都搞；聚也山西，散也山西，汾河夜夜奔流。"为这次笔会画上了圆满的句号。

时至今日，"笔耕不辍，上道就好"，刘瑞升老师的这句话，仍然萦绕在耳际。每每想到太原笔会，我的心中便产生敬意与鞭策：有报社一位位敬业的良师益友，你能不早日上道吗！（原载于《通联工作简报》2004年7月10日）

幸沐春风承甘露
本报通讯员　黄健

"就你吧！"竟未想到，领导一句简洁而充满了信任、肯定的话语，从未与新闻写作沾过边的我，就这样成了知识产权宣传阵地里的一名新兵。《中国知识产权报》厦门通联站成立之时，我因出差在外，与报社的老师们擦肩而过。看着别人代领的《通讯员证》，我并未掂量出这本薄薄证件中承载着报社和领导多少殷切的寄托和期盼。漠然中，这小小的证件，孤寂地缩卷在办公室被遗忘的一角。自然，通讯员应肩负的职责，在我眼中成了可有可无的"副业"。

第一次亲密接触

阳春三月，中国知识产权报社拟在武汉举办骨干通讯员培训班。当一纸通知书传递手中时，我多少有些遗憾。因为厦门、福州两关准备联合召开知识产权保护研讨会，日期正好与武汉的笔会相冲突。我作为厦门海关专门从事知识产权执法的关员，参与会议的筹备和组织工作。对知识产权宣传工作非常重视的处领导，十分看重这一难得的提高写作水平和宣传工作能力的绝好机会，在人手异常紧张的情况下，抽调他人替代我的工作，鼓励和支持我参加培训班。

于是，在领导的重视下，我有幸坐在了武汉华中科技大学的课堂，像一个懵懵懂懂的小学新生，开始了人生第一堂新闻知识启蒙课。第一次听总编通俗易懂地讲述导语的作用，第一次明了消息的几种最常见的写法，第一次在报社老师的带领下实地采访生物科学家……这众多的"第一次"会聚，如神来之法，竟使我这个对新闻写作无一星半点知识的"文盲"，有了一种豁然开朗之感。

满载着沉甸甸的收获，我奔赴福州，参加还在进行中的福厦两关知识产权研讨会。领导马上让我练笔，同时也是检验我的学习效果，给我下达了写一篇消息的任务。

报道会议最易落入俗套，面孔呆板，缺乏新意，即不中看，也不易被采用。如何才能把握好会议报道的切入点？运用报社老师教的几招，我尝试从保护自主知识产权这个亮点入手。一篇《福厦两关联手保护自主知识产权》的消息成稿，且很快被地方报刊采用。

不会说话的良师益友

武汉笔会，不仅使我有幸结识了报社的记者、编辑和来自各地的通讯员，成为我工作和生活中的良师益友；也把《中国知识产权报》——这一不会说话的朋友带到我的工作中来。说实话，以前，我并未留意过它，而现在它已成为我工作中不可缺少的好伙伴。

一份《中国知识产权报》在手，我可以及时了解掌握国家有关知识产权工作的大政方针，获取商标、专利、著作权等知识产权最新知识和动态，借鉴知识产权行政管理部门和兄弟海关的知识产权管理和执法经验。《海关保护知识产权关口前移》《力保奥林匹克知识产权》等一篇篇稿件，见诸报端，收到了一定的社会效果。

"喜结良缘，白头到老"，反复咀嚼着张岳庚副总编在培训班上送给大家的这8个字，这不是普普通通的8个字，这分明是报社对我们最真挚的情怀，最真切的希望。（原载于《中国知识产权报》2003年8月2日，本文有删节）

态度决定一切
——从事知识产权新闻报道的几点体会
本报通讯员 赵毅

　　一年多的知识产权新闻报道，使我感触颇深，体会很多。承蒙报社领导和老师的厚爱，我荣幸地在本期地方版"执笔生涯"栏目里写出来，与通讯员朋友们交流。

态度决定一切

　　首次带领中国足球队冲出亚洲、走向世界的前国家足球队著名外籍主教练米卢，常常挂在嘴边的一句话是"态度决定一切"。意思是说，作为足球运动员，要想踢好球，首先要端正自己的态度。有了积极认真的态度，热爱这项事业，才能踢好球。对此，我深有感触，踢足球如此，从事知识产权新闻报道亦如此。

　　刚开始做这项工作时，我是把它当作任务来完成的，觉得既然是领导交办的活儿，按数完成就行了，加上自己又担任局办公室主任，日常工作十分繁杂，专门写稿时间又少。在这种态度支配下，稿件质量就可想而知了。每年虽然也能在《中国知识产权报》上发个几篇，但大都是一般工作情况的"豆腐块"。

　　2002年5月，我有幸参加了中国知识产权报社在安徽举办的"知识产权新闻工作者业务培训班"。这次培训，不仅使我在新闻写作业务上学到了很多知识，更重要的是使我看到了其他省、市的通讯员在新闻报道工作上做出的成绩和获得的荣誉，对我产生了极大的触动。我在心里问自己：别人能做得这么好，我为什么没有做到？难道我不能做到吗？看来关键是一个态度问题。当时我就暗下决心，一定要将自己过去那种"要我做"变成"我要做"，而且一定要做得比别人更好！

　　将这种触动和压力变为巨大的动力，再加上积极的态度，自然就会产生巨大的创作力。回到襄樊后的一个月里，我注意在工作中认真地观察、思考，捕捉、发掘典型事例，并进行提炼，相继写了《看世界杯不要出专利盲点》《注重素质教育从培养创新入手　襄樊：获专利中考加10分》两篇热点问题的报道，分别登在2002年6月5日和19日《中国知识产权报》的头版头条，编辑还加了编者按，在全国引起一定的反响。省、市局的领导表扬了我，我也体会到了做好通讯报道所带来的快乐。以后又陆续发表了《"入世与专利"电视大餐进社区》《正版光碟离我们有多远》《"专利之花"在大山深处静静绽放》《"专利大王"专利香四

方》《爱拼才会赢　有为才有位》《不能再"狸猫"换"太子"》等文章。从去年
5月到今年5月的一年时间里，共发表新闻稿20多篇。

领导支持是重要保障

如果说态度是做好通讯员的前提，那么领导的支持就是重要保障。襄樊局马
则才局长多次在全局工作会议上要求大家"从知识产权工作发展的战略高度充分
认识宣传报道工作的重要性，要把它作为整个专利宣传工作的重心"。为充分调
动大家的积极性，局党委把在《中国知识产权报》的见报量纳入对各科室业务工
作的考核内容。虽然经费十分紧张，但仍制定了"优厚"的奖励政策。为使通讯
员能掌握第一手资料，局领导定下一条不成文的规定：凡参加重要活动，必带上
通讯员。只要采访需要，局领导都给予时间、资金、交通上的支持。遇到困难，
要想办法帮助解决。这些为我多写稿、写好稿给予精神和物质上的大力支持。去
年5月，在资金十分紧张的情况下，局里派我参加在安徽举办的培训班；8月又派
我参加在杭州举办的《中国知识产权报》全国通联工作会议；今年3月又参加在武
汉举办的全国骨干通讯员业务笔会。通过参加多次的培训，极大地提高了我的理
论素质和写作水平，使我在知识产权新闻写作这块天地里"羽翼渐丰"。

省知识产权局局长程时桓、办公室主任姜有明总是尽一切可能为地、市、州
基层像我这样的通讯员提供学习、培训机会，注重对我们的培养。程局长经常对
我们说："只说不干的是假把式，只干不说的是憨把式，又会干又能说的才是真
把式。"他要求通讯员既要干好本职工作，又要做好知识产权宣传报道。对我所
取得的一点成绩他们总是及时给予肯定，坚定了我做好通讯员工作的信心。

报社的领导和老师们更是以办报人的敬业精神言传身教。在安徽、在杭州、
在武汉，几乎每个晚上，张岳庚副总编总是逐个房间地为我们"开小灶"。通
过"说戏"，剖析市州工作现状，帮助我寻找新闻点，解决写作中存在的问题。
他强调的新闻报道要"说地方事、论全国理"的观点，使我豁然开朗。可以说目
前我所取得的成绩是各级领导的关心、支持和老师们帮助、指导的结果。

创作中的苦与乐

一年多的知识产权新闻报道，虽然有时感到很辛苦，但更多的是乐趣。感受
最深的有"三苦""八乐"。

所谓"三苦"：一为寻找好的新闻线索、好的新闻点之苦。一个好的新闻线索是写好一篇文章的前提，需在日常生活工作中勤观察、多思考、反复提炼，做到了这一点，你就一定能在"沙漠"中发现"绿洲"。近期发表的《不能再"狸猫"换"太子"》这篇评论就是我在专利"打假"活动中提炼出来的。二为采访过程之苦。去年10月，我根据盗版光碟在我们生活中无处不在这一现实，用整整三天时间和文化市场管理办公室的舒正宏主任一起，采访了四家音像超市和三家影碟出租店，与多位采访对象进行了交流，最终写出了《正版光碟离我们有多远》这篇新闻观察，在社会上产生了一定的影响。三为创作过程中的提炼、推敲之苦。有时仅一个题目就要想上好几天，每一篇"大"一点的文章都要熬上一到两个晚上，真有一种"十月怀胎，一朝分娩"的感觉。

所谓"八乐"：一为找到一个好的新闻线索、好的新闻点之乐；二为采访顺利，发现"宝藏"，钓到"大鱼"之乐；三为写作顺利，写出一篇内容好、题目妙的好稿之乐；四为看到文章在报纸上发表之乐；五为文章发表后得到领导和老师们的肯定，同事们的赞赏及通讯员朋友们的电话祝贺之乐；六为拿到稿酬，请同事们"撮一顿"之乐；七为在采访过程中结交了一大批朋友之乐；八为每年参加培训班、通联会，与报社的领导、老师和通讯员朋友们见面之乐。

以上是我一年多来从事知识产权新闻报道的体会。我深信，只要真正热爱这项事业，以积极认真的态度一直干下去，就会获得更加丰硕的果实。（原载于《中国知识产权报》2003年7月5日）

拿什么奉献给你
——致《中国知识产权报》
本报通讯员　刘咏梅

"美是到处可寻的。对于我们的眼睛，不是缺乏美，而是缺乏发现。"

—— 罗丹

在这样一个"非典时期"，在这样一个"非常时刻"，看到一期期"如约而至"的《中国知识产权报》，特别是4月26日那期12版彩报，我有太多太多的感慨。

快一年了，从我走出校门成为知识产权战线的一员到现在的这300多天里，这张报纸伴我而行。

　　一年，弹指一挥间，用任何一种年龄来衡量也许太短太短，然而用心来衡量却很长很长。

　　在这近一年的时间里，于这张报纸，我是"看客"、是读者，同时，又在局各级领导的帮助和支持下，成为黑龙江这块土地上报道全省知识产权新闻的一名通讯员，一个参与者。

　　记得，去年那个葱郁的夏天，在美丽的西子湖畔，我结识了《中国知识产权报》的众多新闻人，以及来自全国各地记者站、通联站的同志。在他们身上，我感受到了才干与热情，感受到了他们对我国知识产权事业的那份热爱，更感受了他们对《中国知识产权报》的忠诚与执着。在他们相互交流的话语里，共同的主题只有一个：知识产权事业加速发展，知识产权舆论宣传必须先行。

　　还记得，三月扬花的春日，在武汉华中科技大学报社举办的通讯员笔会那一个个不眠的夜晚。报社的几位老师为我们讲授消息、通讯、言论的写作，并亲自带领我们到6家企事业单位进行实地采访，然后对我们采写出来的文章一一点评。深夜里，有他们走遍每个房间一一指导的细心；文章中，有他们字字圈改精益求精的精心；灯光下，有他们与每位通讯员促膝谈心寻找新闻线索的耐心。

　　在这两次与报社几位老师的亲密接触中，在平时与报社记者、编辑们的沟通中，他们的谦虚、他们的热情、他们常常挂在嘴边"谢谢你对报社的支持"的话语，甚至有时会让我产生一种错觉：难道真的是我们支持了报社？

　　看着"4·26"这张具有历史意义值得典藏的彩报，我想起了张岳庚副总编在报纸增刊之际所书《风雨同行》中的一段话："作为国内新闻界唯一以'知识产权'冠名的媒体，我们深感肩负之重。知识产权作为一项制度，从来就不是为自身而存在的，如果不能惠及国民经济的发展，服务于全面建设小康社会的需要，知识产权就成了无源之水，无本之木。本报的命运如出一辙。"这种使命感与责任感点醒了我，打动了我，感染了我。恰恰是这种使命感和责任感支撑着中国知识产权报报人十四载风雨兼程，支撑着他们在"非典"时期依然执着、依然忘我。这是他们皓首穷经精心奉献的一份纪录，是真心捧给读者的一份礼物。

　　此时，我直觉想起罗丹那段关于美的经典论述，想起了这一幅幅关于"奉献"的画面。此刻，我该拿什么奉献给你呢？有了，"书成蕉叶文犹绿，吟到梅花句亦香"。（原载于《中国知识产权报》2003年6月7日）

三、《通联工作简报》摘登

　　《通联工作简报》是本书作者担任通联记者部主任之职后，创办的一份旨在与各站进行业务交流的内部刊物。"窥一斑而知全豹"，通过《"4·26"各站来稿点评》及部分站的反馈意见，说明《通联工作简报》上传下达、沟通联络的重要性。

石家庄笔会印象
本报通讯员　辛秀玲

　　2005年3月，有幸参加了《中国知识产权报》在石家庄举办的通讯员笔会。为期一周的时间虽然是短暂的，与老师和各地通讯员相处的时间也很有限，但却给我留下了美好和难忘的印象。

　　印象一：

　　3月初的石家庄乍暖还寒，但笔会的会场和氛围从始至终让人感到暖意浓浓、情真意切、其乐融融。笔会别开生面，生动活泼，让我耳目为之一新。笔会时间不长，但内容却很丰富，有理论教学、有即兴命题练习、有实战采访写作、有稿件点评交流，还有参观考察。整个笔会期间有张有弛，有滋有味。多年来难得有机会参加这样的学习。从心底里感谢笔会主办方，真是用心良苦啊！平日里往往十天半月脱不了一篇稿子，在这里竟能在一天之内交出千字以上的文章（尽管还不尽如人意），这对我来说简直是一个不小的奇迹。"缺少描述"这就是写公文的习惯，而写通讯报道则往往需要这一点，使我看到了自己的不足和差距。主编的点评一语切中要害，让人折服，让我终身受益。听说这样的笔会已办了三次，这是第四期，真是相见恨晚，若能经历几次这样的培训，有高人指教、点化该多好。

　　印象二：

　　到会的《中国知识产权报》的总编及各位老师博学、谦和、敬业、平易近人且多才多艺。讲台上无私传授，闲暇中谈笑风生，麦克风前歌声动听。正是有他们才使得笔会办的有声有色，也正像他们所说，报社是通讯的娘家，让人感到亲切、信赖。他们给我留下的印象是深刻的。杜颖老师，笔会之前只闻其名，通过一次电话，这头次见面她竟能立刻说出我在2004年3月间投的一篇稿件的内容，让我惊异和佩服，一下子我们之间没有了任何距离。她在学识上、办事中、做派上、为人上都很有亲和力。主编张岳庚、编辑王少冘，课讲得好，歌唱得更好。少冘老师的山西民歌唱得很有味道。主编的稿件点评是满堂喝彩、笑声不断，是笔会的精华所在。而刘瑞升主任的《专利情怀》一书，目前就是我学写通讯报道的教科书。

印象三：

笔会办得"少、高、实"，即会务人员少，办事效率高，求真务实，充分体现出主办方中国知识产权报社和承办方石家庄市知识产权局的一贯工作作风。会务组人员既有授课老师又有参会通讯员，他们身兼数职，会前会后辛勤服务，安排会务、待人接物有条不紊，这种高效率、低成本的办会精神值得我们学习和借鉴。细节之处见功夫，办会人员虽少，但他们处处以人为本，细致到了每个人，不仅妥善有序安排迎来送往，就连有几个人因赶火车吃不上早餐，他们都提前为之准备好了可携带的早餐。返程那天，我是下午的车次，上午想去南三条市场转转，谁知不经意的一句话，也让会务组的人员记在心头，主动安排我搭乘送站的顺路车，让人心里感到热乎乎的。负责接送的安师傅更是热情周到，与他的接触让我再一次感受到了石家庄人的朴实和真诚。他不仅善于交谈，而且细心周到。送人到火车站后，他完全可以把车停在车站广场入口处，但为了方便他人，他不惜麻烦交停车费而进到广场里面，找到离候车室最近最好走的地方才停。

总之，石家庄笔会让我难忘，让我回味。通过这次笔会，见到和结识了不少通讯员，使我对《中国知识产权报》有了更亲近的感觉。回来后看到所熟悉的通讯员的见报稿件备感亲切，阅读得也比较仔细，同时也很关注他们的报道，进而更加关注《中国知识产权报》。（原载于《通联工作简报》2005年5月20日）

笔耕不辍 上道就好
——2005·石家庄《中国知识产权报》通讯员笔会有感
本报通讯员　耿玉伟

来参加笔会前，听同事钟志飚说：每届笔会都要进行实地采访，现场写作，专家逐个点评，时间安排得相当紧凑。说实在的，大大小小的会我也参加过几次，但这种活动还是第一次，更何况一点写作经验也没有。我是怀揣一颗忐忑不安的心，硬着头皮来石家庄参加笔会的。

天公作美，早春三月的石家庄，已有暖意。笔会是由报社通联记者部刘瑞升主任主持的，《上道就好》是我对他的最初印象。记得去年刚到局里工作时，周宝刚处长递给我的第一本书就是《上道就好》。单看书名，就有一种新鲜感，再看内容，刘瑞升主任为了知识产权事业，单骑走遍中国，险象环生，克服了常人难以想象的困难，足以见得一个知识产权宣传工作者对事业的执着和追求，让我着实感动了一回。也许是爱屋及乌吧，我对他的印象特好，今日一见，果然不同凡响。清瘦高挑的个头，一口流利调侃的京腔，让笔会气氛轻松了许多。他以"笔耕不辍，上道就好"来鼓励学员们。他还将多年写作的体会和感受整理打印后发给每个学员，真可谓用心良苦。

花白的短发和厚厚的镜片印证了张总的博学与敬业。资深老报人张岳庚副总编原在《中国青年报》工作，曾到南极和北极采访。最近身体状况一直欠佳，患有高血压等多种疾病，可他不听劝阻，还是从北京来到石家庄，为我们上了精彩的第一课，听他的课就是一种享受，用抑扬顿挫，深入浅出来形容张总的讲课水平之高一点也不为过。他给了我们写作的勇气和信心。与其说上课，更确切地说是一种交流，一种互动。在他讲课过程中，随时解答学员提出的问题。

"我叫牛进栏，"来自《湘潭日报》的记者刘敬兰用乡音自我介绍说，一句话逗得大家哈哈大笑。笔会开始有一个重要环节，就是主持人刘瑞升主任让大家自报家门、自我推介，他说，从现在开始每个在座的学员都要转换角色——你就是一名记者。面对采访对象，不管他的职务多高，学问多大，你跟他是平等的。你必须落落大方，不能唯唯诺诺，你必须掌握主动，不能被人牵着牛鼻子。如何在采访现场闪亮登场，就从不同寻常的自我介绍开始。张总编提议用自己家乡话的自我介绍，这就出现了"牛进栏"，课堂气氛一下子活跃起来了。

学到的东西还没来得及消化，明天的采访任务就已经下达了。我分在第三组，拟采访三鹿集团公司。手头倒是有一些三鹿公司的材料，但还是觉得心里没底。张总编上课时说："写报道要七分采，三分写"，由此可见采访的重要性。我们小组七个人，反复斟酌现有材料，集思广益，精心准备了一份采访提纲，想想明天就要进入实战状态了，就特别的兴奋，都下半夜了，还无法入睡。

真的去采访了，心里反而有了临战前的平静。三鹿集团技术部长生博士和其他几位负责人接受了我们的采访。采访涉及很多学问和技巧，想让采访对象说的话要想办法让他说出来，他感兴趣而与采访内容无关的话要很自然地岔开。好在这些采访前刘瑞升主任特地交代过我们，运用起来还算得心应手。此次采访我们学会了用眼睛去细心观察，善于发现生活的亮点。半天的采访时间，基本达到了我们的采访目的，七分的工作量完成了。

剩下的三分工作自然是写作了。说是三分的工作量，但我觉得那是很难的。伏在案前，苦思冥想，根本静不下心来，大脑一片空白。怎样确定题目，怎样安排结构，怎样选材，不知从何处下笔，那感觉就像热锅上的蚂蚁，时时刻刻在受着煎熬。三个小时就这样过去了，还没有一点头绪。我强迫自己静下心来，努力把所学的知识与实际采访相对照、相结合，奇怪，心静下来了，灵感也随之而来，然后赶紧下笔。经过反复修改，我的处女作《三鹿腾飞　知识产权护航》终于问世了。此刻手表的指针已走过深夜两点钟。哎！想想自己可以按时交作业了，我长长地松了口气，而且自我感觉良好。

老师们批改作业忙了一上午。下午两点钟，张总为每个学员的作业进行点评。张总的点评别具一格，一语击中要害，但更多的是对新学员的一种理解、宽容和爱护。听完张总点评，场上响起雷鸣般的掌声。点评结束后，我心里的一块石头也终于落地了，至少对我的点评还不错。

笔会结束了。在归途的列车上，我心中陡生一股莫名的惆怅，这次笔会乐趣多多，学习多多，朋友多多，收获多多。有紧张、有兴奋，更有紧张和兴奋过后的轻松。真的很感谢报社的各位老师，感谢石家庄市知识产权局的各位同人，让我有了这次难忘的经历。在火车悠长的汽笛声中，笔会结束的晚餐会上，刘瑞升主任即席赋诗的情景不由得浮现在眼前，他充满感情地咏叹道：

　　笔会耕耘已四春，

　　"第一庄"内聚新人。

　　春寒料峭心中暖，

　　祈望明天版面新。

我是一个新人，我能为"明天版面新"做些什么呢？　思忖良久，我感到，对我来说"笔耕不辍，上道就好"就是最好的开始。

在列车车轮充满节奏感的声音中，我进入了梦乡……（原载于《通联工作简报》2005年5月10日）

质量是报纸生存和发展的关键
——有感于报社开展稿件点评活动

读罢通联发行部最近下发的《通联工作简报》，精神为之一振。因为本期《简报》对"4·26"第一个世界知识产权日各地特约记者、通讯员的来稿进行了点评，这是报社提高办报质量的一个重要举措。

作为具体负责武汉市专利宣传报道工作的责任人，在同武汉地区众多新闻记者广泛深入的交流过程中，我深切感受到专利新闻报道工作的艰难。一篇稿子从策划到发表，其间要经过认真细致的推敲，如何准确地将专利工作语言转化为新闻语言，真正实现深入浅出，使之达到"唤醒民众、感动上苍"的目的，绝非易事。反过来讲，一篇成功的报道将会在社会上产生强烈的震动，收到意想不到的效果。

几年来，从事新闻工作的阅历让我深刻地感悟到，稿件的质量决定了报纸的生存和发展。所以，我认为，报社开展稿评活动十分及时，很有必要。事实上，知识产权工作是广大民众非常关注的一个热点。近一段时间以来，武汉市办的报纸——《武汉晨报》销量急剧上升。其中一个关键因素就是该报拿出多个版面对武汉市中级人民法院知识产权庭最近审理的一系列知识产权纠纷案件进行了连续跟踪报道，引起广大市民的极大兴趣。人们普遍感受是：哦，知识产权就在我们身边。

我真诚希望报社将稿评活动坚持下去。作为特约记者，我特别希望得到报社的帮助，指出自己的不足，努力提高自己的水平，以便能及时、准确地做好知识产权宣传报道工作。

武汉市专利管理局 陈保国

2001.5.25

（原载于《通联工作简报》2001年6月1日）

"4·26"各站来稿点评
刘瑞升

2001年4月26日，第一个世界知识产权日，全国各地的知识产权主管部门举办了丰富多彩的活动，为记者和通讯员提供了广泛的采访空间。部分省市的特约记者、通讯员迅速及时地将当天采写的稿件传到报社，据不完全统计，截至4月26日下午1点，本报收到了辽宁、江苏、广东、湖北、陕西、上海、河南、四川、宁夏、武汉、天津、福建、石家庄等站的来稿。

随后，又有30多个省市区，包括一部分市县都寄来了稿件。

从整体上看，"4·26"期间的来稿普遍较好，但我们感到仍有部分稿件存在不足，现简要分析如下：

第一，特点不够突出。

同样写街头咨询活动，大多数稿件是写锣鼓齐鸣、人声鼎沸、彩旗飘扬。而下面两篇的开头比较有特色：

"我有一项发明创造，应该如何申请专利？"

"前年，我申请了一项发明专利，怎么现在还没批下来？"

"有人仿冒我们企业的商标，该怎么办？"

这是昨天上午在上海市南京东路世纪广场"4·26世界知识产权日"咨询现场的情景。

（本报上海通讯员·林旭）

广东省政府旁边的大楼上，一条庆祝世界知识产权日的大幅标语凌空而下；街头公共汽车站的候车亭里，醒目的海报吸引了路人驻足端详；在各个发放点，广东省邮政局发行的"纪念4·26世界知识产权日"邮资明信片，正成为集邮爱好者们追逐的目标；翻开报纸、打开电视、收听收音机，介绍知识产权的节目接连不断。

（本报广东通讯员·莫瑶江）

这是上海和广东来稿的开头，较为生动并有自己的特色。

同一题材，要抓住本地的特点，并力求在新闻中突出地表现出来。因此，无论是角度的选择，还是现场情景的描写，都要特别注意。

任何事物都是共性和个性的统一。对同样"4·26"这个主题，通讯员要善于抓住事物的个性，选择有本省特点的角度和材料进行采写，力求同中求异，同中求新。

如果我们在报道中只讲共性，不讲个性，即特点不突出，那么便是一般化的报道。

据了解，"4·26"当天，国家知识产权局有两位局长分别在两个省参加庆祝活动。试想一下，我们的通讯员寻着这条线索，将有别于其他省份的特点挖掘出来，不失为一条有本省特点的新闻。当然，通讯员在确定了这个"个性"的主题后，还要通过选择材料：现场描写、人物对话等方法，方能采写出一条独具特色的新闻。

第二，文章过长或过短。

来稿中有部分文章较长。当然，长短是因新闻事件的轻重而定，但就来稿而言，一个座谈会或一个报告会是不必写3000或4000字的。比如有两篇稿件就是写座谈会的，作者从世界知识产权日的由来写起，接着写到参会的各有关领导部门、大专院校、科研院所、重点企业，然后又排出各级领导，继而是各位领导讲话的内容。而后是对专利、商标、版权的回顾、各种数据等。这还不够，全球经济一体化、知识经济等也有所涉及，最后还忘不了再次用某领导的口说出"4·26"的重要性。洋洋洒洒3000多字。每项内容一一展开，面面俱到，作者的用意是好的，但这么一来，与写新闻要简明扼要的要求相悖。当然，文章越短越难写，特别是座谈会这类的内容要写出新意，写得短而精的确不是件易事。

相反，来稿中又有相当一部分的稿件很短，400~500字，内容乏味，只是泛泛的介绍，省市名字一换，便成为全国各省的"通稿"，这也是不足取的。令人痛心的是，写这种稿件的有从事新闻报道多年的本报特约记者。

第三，有关照片的问题。

这次来稿有不少照片，应该说是个很好的开端。但令人惋惜的是大多数照片画面零乱、构图失当，有的画面将人的后背放在主体位置，有些图像不实。

当然，瑕不掩瑜。从"4·26"来稿可以看出，各站对稿件的采写下了一番功夫，这是一件可喜的事情。同时，报社也看到了自身的不足，由于版面所限，许多生动活泼、有声有色的稿件，被压缩成500多字的简讯，让编辑非常痛心。今后遇到此类活动报社会统筹考虑，采取相应措施，比如增刊等。在此，只能向大家表示歉意。（原载于《通联工作简报》2001年5月8日）

《"4·26"各站来稿点评》的信息回馈

对"4·26"各站来稿的简评在2001年5月8日第3期《通联工作简报》刊登后，报社接到了贵州站成丹、石家庄站李晓梅和武汉站陈保国的信函，现摘编如下。

贵州成丹在信中说："今年第3期《通联工作简报》上短短的800字的'4·26'各站来稿点评一文，既肯定了我们特约记者和通讯员写稿的长处，也善意地指出我们撰稿的一些笔误。颇见通联部敏锐的洞察力和较大的工作牵引力。"

成丹在信中也分析了通讯员写成"通稿"现象的一些原因，他说，大多数通讯员由于熟悉行政文字工作，形成了一定的写作"定式"，故而出现"通稿"现象。细想起来，除了有点生疏各种新闻文体的写作要求，没有意识挖掘新闻事件的"本土文化"外，可能还有一个写稿时角色转换的问题。写稿时，你就是记者；你就是通讯员；甚至是读者。

石家庄李晓梅在来信中写道，收到第3期《通联工作简报》"4·26"各站来稿点评一文。文章是对"4·26"这一天各地活动来稿进行的讲评，读后，使我对当时写稿时的某些困惑和问题得到解决。真的很好！

由于我以前是学理科的，撰写新闻稿件经验也较少，特别像"4·26"这样全国统一行动的大型活动，内容较多，因此不知如何取舍驾驭材料。稿子寄出后，感觉心里没底：一是稿子没有反映出活动全貌；二是稿子能否符合编辑部的要求。通过这次讲评，心中豁然开朗。首先是看到了自己的差距，第二是懂得了对类似体裁的稿子如何处理和把握。总之，我觉得这一期的来稿讲评对我们提高写作水平很必要、很重要，也很及时。（原载于《通联工作简报》2001年6月1日）

自跋

拜读张岳庚先生的序文后，迫不及待地把自跋的标题定为"为知识产权新闻人点赞"（后为与序文统一，均做无题处理——本书作者注），一气呵成此篇小文。也许本文不入后记之规范，但这是我有感而发。

写作本书的初衷，如是我在自序中所言："本书是我在培训班讲义基础上整理而成。出版的目的有二：一是为了感谢，感谢《中国知识产权报》对我的栽培；二是为了留下一些经验和体会——如果说对后继的通讯员有一点点帮助的话。"

而张岳庚先生让这本小书有了高度。他说："光看书名，就已经让我足够兴奋的了。兴奋的原因，在于它开宗明义，在出书的意义上，率先打出了'知识产权新闻'这面旗帜。""知识产权新闻从呱呱坠地的那一天起，就注定要担负起事关民族振兴的重大职责，即让知识产权制度在中国尽早生根、开花、结果。"

他使这本书有了深度："要想让知识产权新闻不断地为知识产权事业输送能量，就要像其他老的新闻种类一样，在大量实践的基础上，通过不断地挖掘其功用、辨识其优势、寻觅其规律，进而从采写到编辑，从实操到理论，从感性到理性，尽快建立起一整套属于自己的知识体系与价值体系，从而使其早日羽翼丰满。正是在这样的背景之下，该书的问世，不仅使知识产权新闻这一概念被广为传播，也使得知识产权新闻的全面打造，有了良好的肇端。"

他使这本书有了厚度："时刻想着'科普'，瑞升在观念上领先于大家的，正是他的培训意识。""就知识产权新闻而言，要想加大我们对知识产权事业发展的贡献度，除了对报社编辑记者队伍的打造以外，对全国广大通讯员的培训，就成为一项事关重大的当务之急。"

他赋予这本书以责任和使命："在国内新闻界，一直就有'社会责任'之说。这部书的面世，恰恰验证了社会责任的刚性功效。可以说，对每一名新闻从业者而言，有了社会责任，不一定能成事；但如若丧失了社会责任，则必将一事无成。"

就新闻大家庭中最年轻的成员——知识产权新闻来说，《中国知识产权报》的记者和编辑的新闻实践，他认为"在相当程度上折射出了我那一茬儿老报人的光荣与梦想"。的确，我们这个年龄段的报社同人，应当是报道中国知识产权事业新闻的第一代新闻人。

本报众多的记者、编辑在这30年的时间里，为知识产权新闻之路的开拓，付出了大量的心血和汗水；为知识产权新闻事业的发展，殚精竭虑，功不可没。从本书引用的报道我之"世纪行"记者采写的新闻作品和摄影作品就能窥一斑。我深感欣慰的是，我与他们共同见证了知识产权新闻发展的全过程。看过他的序文后，我认为，本书的出版是对知识产权新闻人礼赞的一个很好的方式。

张岳庚先生是我多年的领导，是我敬重的新闻人。他在调任本报副总编辑岗位之前，曾作为《中国青年报》记者，两赴南极一去北极考察。这一工作经历好生让我羡慕和钦佩。他对知识产权新闻的解读具有前瞻意识，对《中国知识产权报》的办报模式、业务建设都有自己的构想，他在厘清了知识产权新闻与其他新闻异同之后，首先提出了知识产权新闻报道对象是行政类、社会类和产业类三个方面，确定了知识产权新闻的基本任务，为本报探索出了一条独特的新闻报道新形式。

本书还得到如下女士们先生们的支持：

老一代报人黄实先生的序文，对晚生赞许有加，我深知这是对我的鞭策。黄实先生是我的"徐学"师父，我与老人家关系甚深，他是我非常崇敬的新闻前辈。在他身上发生过很多鲜为人知的故事，我要把他的简况记录在这本书中。黄实1926年11月11日出生，四川成都人。其父黄慕颜是中共地下党员，"沪顺起义"时，刘伯承是总指挥，黄慕颜是副总指挥。新中国成立前，黄实曾担任《活路》主编，《每周时报》社长。1949年，他任南京二野司令部情报处情报参谋时，是成功策反邓锡侯、黄隐起义的重要人物之一，后被派遣到香港工作。1957年被打成右派。1979年平反后到农民日报社工作。1991年离休后，参与中国徐霞客研究会的筹建工作，任副会长兼秘书长，担任《徐霞客研究》主编。黄实为中共党员，第六、七届北京市政协特邀委员。

本书的责任编辑孙昕女士，曾在《中国知识产权报》任编辑、记者多年，她对新闻的理解与图书的编辑有着独特的把控能力，为本书出版费心劳神。书名题签是本报原山东记者站站长、山东省知识产权局副局长刘鸿锋先生的作品。他在担任站长期间，与我所在的通联记者部保持热线联系，为报社在山东的各项工作贡献力量。感谢《中国知识产权报》摄影记者王文扬、张子弘、杨申及蒋文杰为本书提供了大量的摄影作品。感谢王岚涛、吴晖、阎庚等编辑记者采写编发"世纪行"活动的新闻稿件。感谢时任报社社长的郭玉琦及国知局宣传处处长朱宏对"世纪行"活动的支持。已故国知局办公室副主任邓军对"世纪行"活动的鼎力相助，让我终生难忘。杜颖女士是必须记录的，她与我在通联记者部"搭档"十余年，借此机会向她道声"谢谢"！感谢其他报社的多位记者及本报部分通讯员为本书提供的稿件。

末了，要特别引用"承蒙专利文献出版社诸君抬爱，慨允编辑出版，在此致上衷心谢忱"，这是20年前的1998年，我的知识产权新闻作品集《专利情怀》在今天知识产权出版社的前身专利文献出版社出版时，我写在后记中的一段话，此时引用，以表示我对知识产权出版社一如既往支持我的感激之情！

记于2017年6月4日凌晨时分